Lesen, wie, wann und wo Sie wollen!
ZU DIESEM BUCH ERHALTEN SIE DAS E-BOOK EINFACH MIT DAZU

1. Öffnen Sie die **Webseite** www.campus.de/ebookinside.

2. Geben Sie unter der Überschrift »E-Book inside« folgenden **Download-Code** in das Eingabefeld ein, um

   Ihr E-Book zu erhalten: T74VP-SHYLA-3NN89

3. Wählen Sie das gewünschte E-Book-**Format** (MOBI/Kindle, EPUB oder PDF).

4. Füllen Sie das Formular aus und mit dem Klick auf den Button am Ende des Formulars erhalten Sie Ihren persönlichen **Download-Code** für das ausgewählte E-Book-Format per E-Mail.

Erfolg hat, wer mit Liebe führt

Mike Fischer

Erfolg hat, wer mit Liebe führt

Vom Egoismus zum Wir

Campus Verlag
Frankfurt/New York

ISBN 978-3-593-51101-6 Print
ISBN 978-3-593-44215-0 E-Book (PDF)
ISBN 978-3-593-44214-3 E-Book (EPUB)

Das Werk einschließlich aller seiner Teile ist urheberrechtlich geschützt. Jede Verwertung ist ohne Zustimmung des Verlags unzulässig. Das gilt insbesondere für Vervielfältigungen, Übersetzungen, Mikroverfilmungen und die Einspeicherung und Verarbeitung in elektronischen Systemen.
Trotz sorgfältiger inhaltlicher Kontrolle übernehmen wir keine Haftung für die Inhalte externer Links. Für den Inhalt der verlinkten Seiten sind ausschließlich deren Betreiber verantwortlich.
Copyright © 2019 Campus Verlag GmbH, Frankfurt am Main.
Alle deutschsprachigen Rechte bei Campus Verlag GmbH, Frankfurt am Main.
Umschlaggestaltung: Guido Klütsch, Köln
Illustrationen: Ralf Danndorf
Satz: Fotosatz L. Huhn, Linsengericht
Gesetzt aus Minon Pro und Mongoose
Druck und Bindung: Beltz Grafische Betriebe GmbH, Bad Langensalza
Printed in Germany

www.campus.de

INHALT

1 **Bedeutsam führen** 9

2 **Der Egoismus – Ich bin ja sooo wichtig** 19
Die Hähne – Wir müssen den Egoismus erst verstehen,
um ihn abzulegen 19
Niemand kommt als Egoist auf die Welt –
Warum Helfen ein natürlicher Zustand ist 21
Drei Fahrschüler stehen rum –
Warum die Egoismus-Kultur allen schadet 28
Tunnelblick – Was uns alles in den Egoismus treiben kann .. 33
Morgens um acht – Die überholte »Ich-Meeting«-Kultur 37
Frisurencomputerberatung – Von dem Friseur,
der nicht wollte, wie ich wollte 41
Eins gleich sechs – Wie Lob und Tadel vieles verderben 46

3 **Die Sackgasse: Wie Einzelkampf Sinnlosigkeit produziert** 51
Doofheit oder Klarheit? – Warum Liebe und Fürsorge
wichtiger sind als Geld 51
Hintenrum – Was passiert, wenn jemand mit seinem Frust
hinterm Berg hält 54
Trennung ohne Happy End –
Wenn dem Fußbodenleger im Winter gekündigt wird 59
Hauptsache Aufmerksamkeit –
Wenn Klickzahlen wichtiger werden als Werte 63
Die Zeit der Einzelkämpfer ist längst vorbei –
Wem der Schwarm folgt 66

Machtspiele oder Brücken bauen – Was uns trennt oder
zusammenführt 70

4 Die persönliche Klarheit: Wie Mitarbeiter und Chefs sich weiterentwickeln 73

Sag mir bitte, was du willst! – Warum auch die Mitarbeiter
sagen müssen, was sie brauchen 73
Wir können andere nicht motivieren –
schon gar nicht mit Belohnungen 78
A oder B? – Warum wir radikale Entscheidungen brauchen .. 85
Meine neun Wege zur Exzellenz –
die persönliche Klarheit ist die Basis 93
Die persönliche Standortanalyse – Klar werden 113
Sei still und geh! – Mein Umgang mit »Hatern« im Netz 115
Wann ist ein Unternehmen erfolgreich? – Meine persönliche
Definition und die finanzielle Seite 119
Was mein Beckenrand war, muss heute dein Zehnmeterturm
sein – Von anderen lernen 124

5 Das Klima des Vertrauens – Sicherheit und Geborgenheit schaffen ... 130

Messenger-Dienst und »Daumen hoch« in der
Führungskräftesitzung – Erfolge feiern als Teil der
Unternehmenskultur 130
Jeder hat ein Mitspracherecht – Der demokratisch
gewählte Chef 134
Als mein Fundament zu wackeln begann –
Selbstführung im hierarchiefreien Unternehmen 136
Frühstück beim Bäcker und der Frauenverwöhntag –
Was Mitarbeiterwertschätzung bewirkt 139
Die Mystery Shopperin – Wir verkaufen unvergessliche
Lebenszeit 143
»Ich helfe dir, wenn auch du mir hilfst« – Das Motto
der Zukunft 145

6 Die Wir-Kultur – Wir machen uns gemeinsam auf den Weg ... 148

Disruption der Arbeitswelt – Wie aus Veränderungen
Visionen entstehen ... 148
Fischschwärme haben auch keinen Vorsitzenden –
Teamintelligenz ... 154
Mit Liebe und Wertschätzung – Das Geheimnis erfolgreicher
Teamarbeit ... 156
»Toll, Ein Anderer Macht's«? – Warum Teamarbeit doch
mehr sein kann als Gruppenfaulheit ... 160
Hierarchie Zero – Das umgedrehte Organigramm ... 164
Wenn David nicht mehr mit Goliath mithält –
Nicht nach den Regeln des Stärkeren ... 169
Hilfe, das Bürokratie-Monster kommt – Was Verhinderungs-
politik mit Veränderungspotenzialen macht ... 171
Held der Herzen – Wie wir sinnvolles Handeln würdigen ... 176

7 Die Entfaltung – Als unsere Ideen plötzlich aus dem Herzen kamen ... 180

Stelle den Zweiten ein, wenn du den Dritten brauchst –
Wie wir ohne weitere Mitarbeiter noch besser arbeiten ... 180
Vom abgelehnten Auszubildenden zur Geschäftsführerin –
Nancys Transformation ... 183
Unser Motto »Glücklich sein« –
Glück als Unternehmensprinzip ... 185
Der Wohlfühlfaktor – Warum die Trennung von Arbeit
und Freizeit eine Illusion ist ... 187
Gibt dir das Leben Saures, mach Limonade daraus –
Antifragilität ... 193

8 Die bedeutsame Firma – Warum wir sinnvoll werden müssen ... 199

Felix – Wie wir besondere Mitarbeiter besonders fördern ... 199
Der Brief an die Zukunft – Warum wir jetzt schon
stolz sein können ... 203
Der Sinn – Was haben andere davon, dass es mich gibt? ... 205

Der Kern ist die Liebe – Auf welcher Grundlage
Organisationen wirklich funktionieren 208
Vertrauen ist gut ... – und ohne Kontrolle sogar besser 211
Die Würde des Mitarbeiters ist unantastbar – Was Würde
mit Neinsagen zu tun hat 216
Von innen heraus – So entwickelt sich Bedeutsamkeit 222
Wir stehen am Ende doch erst am Anfang 225

**Dank – Dankbarkeit kann so vieles bewirken
und kostet nichts, gar nichts** 232

Über den Autor 235

1 BEDEUTSAM FÜHREN

Da ist so ein vages Gefühl, dass etwas fehlt. Nur, was? Als Firmeninhaber eines mittelständischen Unternehmens könnten Sie dieses Gefühl kennen. Manchmal gibt es in stillen Stunden diese Ahnung, noch nicht bedeutsam genug zu sein. Mitten in all dem Tun und im rauschenden Alltagsgeschäft eine Leere zu empfinden. Sich zu langweilen. So ging es mir jedenfalls. Zugleich ist eine diffuse Zukunftsangst da: Wie wird es weitergehen, wenn es so wie bisher nicht mehr gehen kann und soll?

Ich schreibe dieses Buch für Menschen, die wie alle in meiner Firma und wie ich selbst bedeutsamer und glücklicher leben und arbeiten wollen. Ich schreibe das Buch für alle, die deshalb an neuen und sinnorientierten Denkweisen in der Wirtschaft interessiert sind. Ich schreibe nicht für diejenigen, die Dinge tun, »weil das schon immer so war«. Sondern für Sie, die Sie als erfolgreiche Unternehmer nicht stehenbleiben, sondern sich auf das nächste Level weiterentwickeln wollen. Damit Sie sich vorstellen können, wer hier aus seiner Erfahrung spricht, erzähle ich kurz von mir und meiner Firma:

Ich bin seit über 30 Jahren Unternehmer von ganzem Herzen. Genauer gesagt: Fahrschulunternehmer, Gastronom, Bildungsträger, Auto- und Fachkräfteverleiher sowie Sachbuchautor und Vortragsredner. Daneben bin ich auch bodenständiger Familienmensch und lebe mit meiner Frau und meinen beiden Söhnen in Gera. Aufgewachsen bin ich in der ehemaligen DDR. Nach der Wende habe ich mit 1 000 Euro Startkapital meine Fahrschule gegründet, die heute zu den umsatzstärksten in Deutschland gehört.

Von klein auf vertraut mit einem Wir- und Gemeinschaftsgefühl, das typisch und besonders für die Kultur in der DDR war, entwickeln wir diese Wir-Kultur heute in meinen Unternehmen weiter. Daraus entstehen schon seit Langem große Ideen wie etwa unser Fahrschulinternat, mit dem es uns gelungen ist, statt Umsatzrückgang durch die geburtenschwachen Jahrgänge eine Umsatzsteigerung von über 33 Prozent zu erreichen.

Ich sage von mir, dass ich einen unkonventionellen und leidenschaftlichen Führungsstil habe, der von Querdenken und Werten wie Ehrlichkeit, Fairness und Menschenliebe geprägt ist. Ich will mein Wissen und meine Erfahrung an andere und die nachfolgende Generation weitergeben. Genau das ist meine Motivation zu diesem Buch, und da ich ein sehr dankbarer Mensch bin, bin ich dankbar dafür, mit dem Buch diese Gelegenheit zu haben.

Die Fischer Academy GmbH mit Sitz in Gera ist eine der führenden Fahrschulen Deutschlands. Das 1990 gegründete Bildungsinstitut hat sich auf die Fahrschulausbildung in allen Führerscheinklassen, EU-Berufskraftfahrer-Weiterbildungen und Fahrlehrertrainings spezialisiert. Seit Bestehen haben wir über 15 000 Fahrschüler ausgebildet. Zu den Angeboten gehört eine 7-Tage-Kompaktausbildung mit Unterbringung im firmeneigenen Fahrschulinternat. Das mehrfach ausgezeichnete Unternehmen – unter anderem Top-Arbeitgeber 2011, 2014 und TOP 100 der innovativsten Unternehmen in Deutschland – beschäftigt derzeit 25 Mitarbeiter.

Unser neu gebautes »FischerDorf«, verkehrsgünstig gelegen im Stadtzentrum von Gera, vereint Seminarzentrum, Herberge, Restaurant, Ideenwerkstatt und Bühne zu einer lebendigen, kosmopolitischen Bildungsstätte für Jung und Alt. Es ist die 3 000 Quadratmeter große »kleinste Gemeinde Deutschlands« mit fünf multifunktional nutzbaren Gebäuden (www.fischer-academy.de).

Die Idee zu diesem Dorf entstand genau aus der zentralen Frage dieses Buchs: Wie können Unternehmen jenseits von Profitgier und Mitarbeiterausbeutung einen neuen, sinn- und wir-orientierten Führungsstil entwickeln und leben? Und dabei auch noch – oder gerade deshalb – wirtschaftlich exzellent agieren? Viele Unternehmer meinen immer noch, sie stünden vor einer Entscheidung: entweder mitarbeiterorientiert und sinnerfüllt oder unternehmerisch erfolgreich. Sie wissen nicht, dass – und wie – sich beides vereinen lässt.

Darum geht es hier. Bei mir in der Firma freuen sich – so die letzte

Mitarbeiterbefragung – die meisten Mitarbeiter am Sonntagabend auf Montag. Natürlich muss sich nicht jeder immer und ständig auf Montag freuen. Der überwiegende Teil sollte es jedoch schon tun, und das ist bei uns so. Diese Vorfreude ist ein Anzeiger für glückliches Arbeiten. Wenn sich die meisten NICHT freuen, stimmt etwas nicht.

Bei uns herrscht ein innovativer, hierarchiefreier Spirit – etwa bei Budgetverwaltung, Entscheidungsfindung, Meetings, aber auch bei der Leistungsbeurteilung und Innovationsentwicklung. Wir verabreden uns morgens beim Bäcker zum Mitarbeitergespräch, und es geht bei Brötchen und Kaffee vor allem um die Frage: »Bist du glücklich bei dem, was und wie du hier arbeitest? Ist es das, was du wirklich tun willst?«

Diese Fragen führen dazu, dass Mitarbeiter ihren Arbeitsplatz nicht mehr als »Mittel zum Zweck« ansehen, den sie notgedrungen zum Geldverdienen brauchen. Der sie frustriert und entkräftet. Stattdessen arbeiten und leben sie an einem Ort, an dem sie sinnerfüllt und glücklich ihre Talente ausleben können.

Ich möchte Ihnen zeigen und erzählen, wie ich als Unternehmer denke und handle. Ich bin nicht geldgierig. Und das Letzte, was ich tue oder will, ist, meine Mitarbeiter auszubeuten. Jahrzehntelang habe ich mich in die Richtung entwickelt, mit meinem unternehmerischen Stil alle mit ins Boot zu holen und eine Atmosphäre des hierarchiefreien

Miteinanders und der Begeisterung zu etablieren. Ich kann heute ohne Großspurigkeit sagen, dass ich gemeinsam mit meinen Mitarbeitern bei den Themen Bedeutsamkeit und Sinn angekommen bin.

Wir haben bei uns eine Firmenkultur mit einem derartigen Wir-Gefühl bei gleichzeitiger Umsatzstärke, dass ich von dem Nutzen, anderen in einem Buch darüber zu berichten, überzeugt bin.

Welche Form der Hilfestellung erwartet Sie in diesem Buch? Es geht mir nicht um Ratschläge und Tipps – die passen dann ohnehin immer nicht so recht auf ein anderes Unternehmen, auf eine andere Person, eine andere Situation. Ich möchte lieber Insiderwissen aus meinem Unternehmen erzählen und Ihnen Inspiration, vielleicht eine Art Vorlage anbieten, die Sie auf Ihre Art umsetzen können, auf Ihre jeweils eigene Weise. Ich weiß, dass jeder seinen eigenen Weg finden muss.

Also erzähle ich Geschichten. Ich bin kein Theoretiker, auch wenn ich viel lese und recherchiere. Ich bin ein Praktiker. So kommen auch alle Kapitel auf den ersten Blick hemdsärmelig daher. Ich erzähle von den Menschen, mit denen ich arbeite und die ich liebe – als Mitarbeiter, die ihr volles Engagement in die gemeinsame Arbeit einbringen. Als Menschen, die nach Erfüllung und Sinn streben. Als Teamkollegen, die diesen Sinn in meiner Firma verwirklichen sollen. Auf den zweiten Blick geht es jedoch über die Hemdsärmeligkeit hinaus. Da blicken wir in den Kapiteln gemeinsam tiefer und ziehen Schlüsse für eine gänzlich neue Art der Unternehmensführung, die es erst an wenigen Stellen in der Unternehmenslandschaft gibt. Es geht hin zu bedeutsamen Unternehmen, in dem jeder gerne arbeitet und so erst sein volles Potenzial in das Unternehmen einbringen kann. Das ist die Zukunft der Unternehmen. Ich bin sogar überzeugt: Die anderen werden untergehen. Auf Dauer haben Unternehmen, die ihre Mitarbeiter ausbeuten, klein halten, hierarchisch steuern, keine Zukunft mehr. Nicht hier bei uns.

Aber warum ist das Ganze so aktuell? Die Zeit der Einzelkämpfer ist vorbei. Nicht nur, weil Sie – und jeder andere wache Unternehmer – dieses vage Gefühl haben, dass etwas anders werden muss. Ich habe mich in den vergangenen zehn Jahren meines Lebens als leidenschaftlicher Unternehmer immer wieder gefragt: Welche DNA hat ein Unternehmen? Welches Blut fließt in den Adern einer Organisation mit Mitarbeiterinnen und Mitarbeitern die aus tiefstem Herzen sagen:

»Ich freue mich am Sonntagabend schon auf Montag. Ich habe VOLL BOCK, hier zu arbeiten.«

Warum ist die Antwort auf diese Frage so wichtig? Weil ich in 30 Jahren als Unternehmer gelernt habe, dass glückliche Mitarbeiter Probleme besser lösen als unglückliche Mitarbeiter. Ganz einfach. Glückliche Mitarbeiterinnen sind weniger krank, haben bessere Ideen, verbreiten bessere Stimmung im Team und bei den Kunden, und: Es macht einfach mehr Spaß, mit glücklichen Kollegen zu arbeiten.

Ich glaube, wir sollten wieder glücklicher werden. Das ist mein großes Ziel, das ich mit diesem Buch und mit meiner Unternehmensführung verfolge. In den vergangenen Jahrzehnten sind so unendlich viele Sachbücher, Ratgeber und andere Hilfen erschienen, die uns zeigen wollen, wie wir glücklicher leben können. Wir müssten also eigentlich längst wissen, wie es geht. Und bei den äußeren Bedingungen hat sich auch vieles geändert: Wir werden vermögender, wir sind moderner geworden, der technische Fortschritt schreitet voran. Uns geht es gar nicht so schlecht. Erst recht nicht im internationalen Vergleich. Dennoch: Es gibt genügend Statistiken, die zweifelsfrei belegen: Das Gefühl des Glücklichseins ist durch all diese günstigen Rahmenbedingungen nicht vorangekommen. Deutschland ist immer noch kein wirklich glückliches Land. Das macht mich nachdenklich. Deshalb schreibe ich dieses Buch. Ich möchte, dass wir glücklicher arbeiten und dass wir dadurch glücklicher und zufriedener in unserem gesamten Leben sind. Die Arbeit macht einen großen Teil unserer wachen Zeit des Tages aus.

Deshalb kommen jetzt ein paar Zahlen. In Deutschland sind über 99 Prozent aller Unternehmen kleine und mittelständische Unternehmen – vom Ein-Personen-Unternehmen bis zu Firmen mit 500 Mitarbeitern. Das sind rund 2,5 Millionen Unternehmen in Deutschland, bei denen 59 Prozent aller sozialversicherungspflichtigen Beschäftigten angestellt sind und 36 Prozent aller Umsätze erwirtschaftet werden.

Trotz dieser Zahlen wird erst seit den 1990er-Jahren diesen sogenannten KMUs gegenüber Großunternehmen und Konzernen in Bezug auf Management- und Personalfragen größere Beachtung geschenkt – zumindest von der Wissenschaft. Das mag an der wenig formalisierten Welt der Klein- und Mittelbetriebe liegen. Umso wichtiger sind dort neue Denk- und Handlungsansätze mit Pioniercharakter.

Das Problem ist nun: Viele dieser Unternehmerinnen und Firmenchefs stagnieren in ihrer unternehmerischen und persönlichen Entwicklung. Es gelingt ihnen nicht, die guten Ideen ihrer Mitarbeiterinnen und von sich selbst umzusetzen. Das kann auch nicht klappen, wenn die Basis fehlt – der Sinn für die wirklich grundlegenden Fragen: »Was haben andere davon, dass es mich gibt?« ist eine dieser Fragen, die alles verändern kann, wenn sie im Unternehmen konsequent gelebt wird. Dabei geht es um Bedeutsamkeit.

Ich beschäftige mich mit dem Thema Bedeutsamkeit mit einem besonderen Schwerpunkt: Wir-Gefühl und Liebe. Für mich sind unternehmerische Spitzenleistungen und Wir-Gefühl kein Gegensatz, und Liebe ist heute mehr denn je die Voraussetzung für unternehmerischen Erfolg. In einem Unternehmen, in dem der Chef seinen Mitarbeitern das Gefühl vermittelt, er wäre aus tiefstem Herzen daran interessiert, dass die Mitarbeiter besser werden als er, und dem es wichtig ist, dass die Mitarbeiter wachsen und sich entfalten können – in solch einer Unternehmenskultur zu arbeiten bedeutet Erfolg und Glück für alle am Unternehmen Beteiligten. Für Sie, für Ihre Mitarbeiterinnen und Mitarbeiter, ja sogar für die Angehörigen und das ganze Umfeld.

Das klingt vielleicht ungewöhnlich – Liebe, oft auch Sinn, scheint ins Private zu gehören und klingt im Unternehmenskontext fast anrüchig. Doch alles, was im Leben bedeutsam ist, hat mit Liebe zu tun. Und so kommen wir erst, wenn wir Selbstliebe und Liebe zur Firma und zu allen Beteiligten leben, aus unternehmerischem Egoismus und Ich-Kultur heraus – hin zu einer Wir-Kultur, in der Bedeutsamkeit gelebt und in der Firma handfest umgesetzt wird.

Ich sehe inzwischen deutlicher, dass diese Denkweise, die ich gerade beschreibe, auf eine immer stärker werdende Sehnsucht in unserer bisher überwiegend noch Ich-orientierten Gesellschaft trifft. Die Sehnsucht heißt »Etwas gemeinsam machen und dadurch gestärkt sein«. Es ist die Sehnsucht danach, in einer Wir-Gemeinschaft etwas Bedeutsames hervorzubringen. Danach, zu etwas Großem zu gehören und stolz darauf zu sein. – »Wir sind Weltmeister«: Der Fußball hat uns daran erinnert, aber eine Fußball-WM ist nicht der Alltag.

Diese neue Wir-Kultur, von der ich im Buch erzähle, kann übrigens nicht verordnet werden. Sie muss aus uns selbst heraus kommen, aus jedem Einzelnen. Nun sind jedoch Gruppen viel stärker als Einzelne. Und so sind Unternehmen mit mehreren bis vielen Mitarbeitern der ideale Ort, solch eine Veränderung zu auszuprobieren, zu entwickeln und zu etablieren. Ich weiß, dass es geht.

Ich möchte Sie mit diesem Buch einladen, den Schritt von A nach B zu gehen, der auch bei Ihnen alles verändern wird. Von der egoistischen Ich-Kultur mit Macht- und Konkurrenzstreben sowie Neid hin zu einer Wir-Kultur. So ist das Buch auch aufgebaut: Ich-Kultur am Beginn – Wir-Kultur und umfassende Weltliebe am Schluss. Und dazwischen der Weg. Das Buch ist mein Impuls für eine Transformation von Unternehmen hin zu Bedeutsamkeit, Liebe und tief empfundener Sinnhaftigkeit aller am Unternehmen Beteiligten. Und – wichtiges Detail: mit einer Kultur, die ganz nebenbei wirtschaftliche Spitzenleistungen hervorbringt.

Ich erzähle Ihnen dafür aus meiner dreißigjährigen Erfahrung als Firmenlenker mit meiner unternehmerischen und persönlichen Entwicklung. So können Sie hier auch eine Alternative zu der sonst oft üblichen Selbstverherrlichung, Profitgier und fehlenden Mission so mancher Unternehmensführer finden. Ich möchte in diesem Buch unternehmerischen Pragmatismus und Bodenständigkeit vermitteln. Ich bin für umsetzbare Visionen, für Ehrlichkeit und Zuverlässigkeit, für Leidenschaft und Menschenliebe. Mit meinen Werten lassen sich Unternehmen auf ganz neue Weise führen, Mitarbeiter jeden Alters von innen heraus motivieren und allen Beteiligten neue Perspektiven vermitteln.

Sie können beim Lesen ihre eigenen Geschäfts- und Lebensprinzipien überdenken und auch ihre eigene Bedeutsamkeit hinterfragen: Bin ich mit meiner Firma bedeutsam genug? Wie viel Sinn und Innovation stifte ich? Und noch mal: Wir kommen hier ohne Tipps aus, so etwas mache ich nicht mehr. Es passt nicht zu einer bedeutsamen Firma, den Mitarbeitern Anweisungen zu geben, Vorgaben zu machen. Also passt es auch nicht in dieses Buch, denn auch das soll bedeutsam werden.

Ich wünsche mir, dass Sie eine Idee bekommen, dass es geht und dass es sich lohnt. Wenn Sie dann auch noch motiviert sind und merken: »Es kann mir nichts passieren«, wird es richtig gut. Ihr vorheriges Gefühl, das ich eingangs beschrieben habe: »Es fehlt etwas, aber ich weiß nicht was«, Langeweile, Zukunftsangst und Sinnlosigkeitsgefühl können sich dann einfach auflösen, weil es eine neue Richtung gibt, einen Weg, wie die Transformation vom Egoismus zur bedeutsamen und mit Liebe geführten Firma gelingen kann.

Alle Wege, die ich hier vorstelle, haben sich in jahrzehntelanger Praxis unternehmerischen Erfolgshandelns bewährt. Alles ist hart erarbeitete Erkenntnis, aus der eigenen Erfahrung erwachsen. Ich wünsche mir von Herzen, dass ich dies im Buch vermitteln kann und dass Sie dadurch den neuen Unternehmer in sich entdecken.

Das Buch hat sieben Teile, in denen Sie in den Kapiteln mitverfolgen können, wie sich Menschen und Unternehmen von der Stufe des Egoismus zu einem wir-orientierten, hierarchiefreien Unternehmen entwickeln können, das unnachahmlich und unbeirrt seinen bedeutsamen Weg geht. Am Ende jedes Kapitels stelle ich Fragen, die Ihnen helfen sollen, das Gelesene auf Ihr Leben zu übertragen. Da ich viel im Internet recherchiere, habe ich zudem viele Video-, Buch- und andere Leseempfehlungen am Ende der Kapitel für Sie gesammelt. Sie können die Titel dann entweder direkt im Internet suchen, oder Sie besuchen meine Website. Dort finden Sie alle Links und weiteren Informationen: www.mike-fischer.com.

Ulrike Scheuermann, meine »Buchschreibstimme«, hat meine Gedanken auch für dieses Buch wieder aufs Papier gebracht – wie bei meinem ersten Buch »Erfolg hat, wer Regeln bricht: Wie Leidenschaft zu Spitzenleistungen führt – ein Ausnahmeunternehmer packt aus« (Linde 2014). Ulrike ist Diplom-Psychologin und Bestsellerautorin. Sie hilft seit rund 25 Jahren Menschen dabei, ihr Wesentliches zu leben: mit ihren Seminaren, Coachings und Online-Programmen in ihrer Berliner »esencia Akademie« und mit ihren Sachbüchern bei renommierten Verlagen, zum Beispiel mit Themen wie »Selbstfürsorge – Self Care«, »Was im Leben wirklich zählt« und »Innerlich frei«. Ulrike steht für tief gehende Persönlichkeitsentwicklung mit modernen psychologischen Methoden. Außerdem begleitet sie in ihrer »Akademie für Schreiben« Autoren und andere Berufstätige beim inspirierten (Bücher-)Schreiben und erfolgreichen Publizieren, in diesem Bereich ebenfalls mit Büchern, zu Themen wie »Schreibdenken« und »Schreibfitness«. Ulrike ist jedoch keine Ghostwriterin, und sie schreibt sonst keine Bücher für andere. Für mich macht sie glücklicherweise eine Ausnahme. Diese Ausnahme hat ihren Grund in unserem jahrelangen Austausch über die Gedanken in diesem Buch.

Ich möchte mit einem Gedanken schließen, der meine Arbeit begleitet: »In einem Unternehmen, in dem der Chef seinen Mitarbeitern das Gefühl vermittelt, dass er aus tiefstem Herzen daran interessiert ist, dass die Mitarbeiter besser werden als er und dass es ihm wichtig ist, dass die Mitarbeiter wachsen und sich entfalten – in so einer Unternehmenskultur zu arbeiten bedeutet Erfolg und Glück für alle am Unternehmen Beteiligten.«

Ich weiß, dass das geht, und es geht auch bei Ihnen.

Ich wünsche Ihnen viel Freude, neue Erkenntnisse und Ideen beim Lesen.

Ihr *Mike Fischer*

2 DER EGOISMUS – ICH BIN JA SOOO WICHTIG

Die Hähne – Wir müssen den Egoismus erst verstehen, um ihn abzulegen

»Manche Hähne glauben, dass die Sonne ihretwegen aufgeht«, hat der Schriftsteller Theodor Fontane gesagt und damit eine wichtige Erkenntnis über unsere Gesellschaft auf den Punkt gebracht. Deshalb geht es auch zu Beginn dieses Buches noch ziemlich egoistisch zu. Wie bei den Hähnen von Fontane, die allein und selbstbezogen auf dem Misthaufen stehen. Das bleibt im Laufe des Buches nicht so, doch hier ist es ein guter Startpunkt. Denn die meisten Unternehmen befinden sich in einer egoistischen Unternehmenskultur. Der große Egoistenkenner Oscar Wilde schrieb: »Egoismus besteht nicht darin, dass man sein Leben nach seinen Wünschen lebt, sondern darin, dass man von anderen verlangt, dass sie so leben, wie man es wünscht.« Unsere Gesellschaft wimmelt nur so von Egoisten – die von anderen verlangen, dass sie nach ihren Wünschen leben, was wiederum dazu führt, dass diese sich ebenso egoistisch verhalten, weil sie sich die Egoisten als Vorbilder nehmen, oder weil sie meinen, damit gut durchzukommen.

Egoisten sind so in sich gefangen, dass sie meinen, sie seien der Nabel der Welt. Ihnen fehlt der Sinn für andere Menschen, sie spüren keine Verbundenheit. Sie nutzen andere Menschen aus. Diese Hähne haben keinen Platz in einem Team. Meist merkt man das ziemlich rasch. Sie merken auch selbst, dass sie nicht in ein Wir-orientiertes Unternehmen passen. Sie gehen dann bald. Ihnen entgeht viel.

An eine egoistische Grundhaltung haben wir uns wohl fast alle im Laufe unseres Lebens gewöhnt. Spätestens wenn wir zu arbeiten beginnen, oder auch schon früher, in der Schule. Wir kommen jedoch nicht als Egoisten auf die Welt. Der Egoismus ist uns nicht angeboren, sondern wir werden aufgrund ungünstiger Erfahrungen in unserem Leben – in der Familie, Schule, Lehre oder beim Arbeitgeber – zu Egoisten gemacht. Dass wir nicht egoistisch auf die Welt kommen, ist die erste gute Nachricht.

Die zweite gute Nachricht folgt aus der ersten: Egoismus und Ich-Kultur sind heilbar. Was wir gelernt haben, können wir auch wieder verlernen. Die Kunst ist nun, einen Spürsinn für Egoisten zu entwickeln und sie zu erkennen. Dann kann man sich entweder von ihnen trennen, wenn sie unheilbar sind, oder man kann ihnen nach und nach zeigen, wie eine andere Haltung aussehen könnte.

Das Buch hilft Ihnen dabei, diesen Spürsinn für Egoismus zu entwickeln: Im ersten und zweiten Teil des Buches habe ich so einige Egoismus-Beispiele für Sie. Mich selbst eingeschlossen. Niemand ist wohl ganz frei von ego-orientiertem Denken und Handeln. Was jenseits des Egoismus ganz Anderes, Großes entstehen kann, dafür haben wir in diesem Buch Platz von Teil 3 bis 5. Aber nun erst einmal zurück zum Egoismus – es bleibt uns nichts anderes übrig: Welche Gedanken kommen Ihnen bei diesem Thema in den Sinn?

Hier sind ein paar Fragen für Sie, und solche Fragen werde ich Ihnen am Ende jedes Kapitels immer wieder stellen. Ich würde am liebsten mit Ihnen darüber reden, und vielleicht klappt das ja sogar mal bei einer Gelegenheit. Ich wäre froh darüber.

- Wann »riecht« es in ihrem Unternehmen nach Egoismus, sei es bei Teamsitzungen, sei es bei Absprachen, sei es im Verhalten der Mitarbeiter?
- Wer ist bei Ihnen im Unternehmen eher Ego-orientiert, wer eher wir-orientiert eingestellt?
- Wie egoistisch sind Sie selbst? In welchen Lebensbereichen?

Niemand kommt als Egoist auf die Welt – Warum Helfen ein natürlicher Zustand ist

Ich sitze mit einem guten Geschäftsfreund zusammen. Wir reden über die Haltung unserer Mitarbeiter zum jeweiligen Unternehmen. Ich erzähle ihm ein wenig über meine Gedanken zur Ich- und Wir-Kultur im Unternehmen. Er nickt, und ich merke gleich, dass er dazu so einiges zu sagen hat.

»Ich hatte vor Jahren einen Mitarbeiter, eine meiner wichtigsten Führungskräfte. Er war immer ein guter Mitarbeiter, aber er hat in den letzten Jahren vor seinem Austritt aus dem Berufsleben den größtmöglichen Egoismus hervorgekehrt. Das kannst du dir kaum vorstellen. Es war zum Haareraufen.«

»Erzähl, was war da los?« Mir geht es dabei nicht um ein Schlechtreden eines Mitarbeiters. Lästern interessiert mich nicht, und das ist auch nicht die Art von Gesprächen, die ich mit meinem Geschäftsfreund führe. Doch ich ahne, dass mich seine Erzählung bei meinen Gedanken über den Egoismus in Unternehmen weiterbringen kann.

»Naja, er bereitete sich bei uns in der Firma auf den Vorruhestand als Rentner vor. Und das bedeutete, er musste zwei Jahre vorher jemanden für die Nachfolge einarbeiten. Der Nachfolger ist also mit ihm mitgelaufen und sollte von ihm eingearbeitet werden. Und jetzt kommt's, Mike: Anstatt ihm alle nur erdenkliche Hilfe anzubieten, hat er gegen ihn gearbeitet.«

»Wie denn?« Ich sitze auf der Stuhlkante.

»Er hat ihn klein gehalten und klein gemacht. Je deutlicher er gemerkt hat, wie kompetent er war, desto schlechter hat er ihn gemacht. Er war der Supermann mit geheimnisvollem Wissen, und ohne ihn funktionierte es nicht – so wollte er gesehen werden, und so wollte er sich selber sehen.«

»Ja, das ist genau das, was ich mit Egoismus meine. Man denkt die anderen nicht mit.«

»Eben, und dabei hat er ganz vergessen, dass andere ihm dabei geholfen haben, so zu werden, wie er zum Zeitpunkt seines Austritts war. Er hat tatsächlich mal zu einem Kunden gesagt: ›Wenn ich gehe, bricht hier alles zusammen und geht den Bach runter. Der Nachfolger von mir schafft das nicht.«

»So eine Haltung kenne ich auch. Das ist natürlich absurd, aber er konnte es vermutlich nicht verkraften, dass er den Platz für andere freimachen sollte, obwohl – oder gerade, weil – er gespürt hat, dass das, was als Nachfolge kam, kraftvoll und gut war.«

Wir sitzen da und denken nach. So etwas passiert immer wieder. Jemand stößt an seine persönlichen Grenzen, und spätestens dann kommt der Egoismus zum Vorschein.

Wenn ich so etwas höre, werde ich unruhig. Ich suche dann im Gespräch mit anderen nach Meinungen dazu. Die Erzählung ließ mich nicht los, und am Abend recherchierte ich im Internet zum Thema »Egoismus«. Zuerst stieß ich auf ein weiteres Statement des großen Dichters Theodor Fontane, den ich eingangs schon zitiert habe. Er hat sich offensichtlich intensiv mit dem Egoismus auseinandergesetzt. Er schrieb ziemlich schwarzseherisch: »Unsere ganze Gesellschaft ist aufgebaut auf dem Ich. Das ist ihr Fluch, und daran muss sie zugrunde gehen.«

Doch diese Aussage stimmt mich dann zu pessimistisch, und das liegt mir nicht. Ist es wirklich so schlimm um uns und unsere Gesellschaft bestellt, frage ich mich – und weiß eigentlich schon die Antwort. Nein. Es muss Hoffnung geben. Und wenig später finde ich bei YouTube die Videos zu einer bahnbrechenden Studie von drei Wissenschaftlern aus dem Jahr 2007, die mich fast umgehauen haben. J. Kiley Hamlin, Karen Wynn und Paul Bloom haben die Studie 2007 in einer der weltweit renommiertesten wissenschaftlichen Fachzeitschriften, der »Nature«, publiziert (Nature 450, S. 557ff. (22.11.2007). Ich klicke das erste Video an.

Da sitzt ein Papa und hat sein sechs Monate altes Baby auf dem Schoß. Die beiden sind gut im Kontakt, auch wenn diese Kleinen noch nicht sprechen können. Beide gucken auf ein Puppentheater. Der Vorhang ist geschlossen. Noch. Wir als Zuschauer wissen, dass hinter der kleinen Theaterbühne Forscher sitzen. Psychologen. Es geht um eine psychologische Studie. Nun öffnet sich der Vorhang. Man sieht einen grünen Berg. Das Kind schaut gebannt auf die Szene. Denn nun kommt ein roter Kreis mit niedlichen Glubschaugen ins Bild. Der rote Kreis will den Berg hochkommen. Er unternimmt mehrere Versuche, aber er schafft es nicht. Das Kind guckt auf den roten Kreis. Die Kamera zoomt auf das Kind und seinen Vater. Nun kommt ein gelbes Dreieck mit ins Spiel. Das hat auch diese niedlichen Glubschaugen. Das Dreieck schiebt von hinten den roten Kreis, damit der Kreis den Berg hochkommt. Irgendwann ist der rote Kreis oben angekommen. Er freut sich. Er hüpft. Der Vorhang schließt sich.

Der Helfer

Neue Sequenz. Der Vorhang geht wieder auf. Das Kind sitzt immer noch bei seinem Papa auf dem Schoß. Es guckt zu, wie der rote Kreis wieder den Berg erklimmen will. Aber jetzt kommt ein blaues Rechteck. Es kommt nicht von unten, sondern diesmal kommt es von oben. Dieses blaue Rechteck ist auch niedlich. Doch es drückt den roten Kreis den Berg runter, während dieser versucht, den Berg hinaufzukommen. Als der Kreis bis unten heruntergedrückt worden ist, hüpft er nicht. Der Vorhang fällt wieder.

Und jetzt kommt der Hammer, wie ich finde: Eine der Forscherinnen taucht hinter dem Puppentheater mit dem gelben Dreieck (das hatte von unten geschoben) und dem blauen Rechteck (dieses hatte von oben gedrückt) auf. Die Figuren sitzen auf einem Tablett, und sie bietet dem Kind, das nach wie vor bei seinem Papa auf dem Schoß sitzt, die beiden Figuren an.

Der Verhinderer

Welche Figur greift der Kleine, welche Figur greifen alle diese Kleinen? Was meinen Sie? Nun, die Studie zeigt: Ausnahmslos ALLE Kinder in der Studie, also 100 Prozent, nehmen das gelbe Dreieck, das den roten Kreis von unten nach oben unterstützt hat. Alle nehmen dieses gelbe Dreieck. Und damit würden also höchstwahrscheinlich alle Kinder dieser Welt dasselbe tun. Warum greifen sie sich dieses? Weil das gelbe Dreieck geholfen hat. Die Kinder mögen das gelbe Dreieck und wollen es anfassen, mit ihm spielen, mit ihm zu tun haben. Niemand nimmt das blaue Rechteck.

Ich wurde ganz aufgeregt und wollte dann sichergehen. Stehen Babys in diesem Alter auf Gelb? Stehen sie auf Dreiecke? Eine weitere Studie aus der Serie zeigt zweifelsfrei, dass es daran nicht liegt. Dort haben die Forscherinnen das Szenario umgedreht: Jetzt ist das blaue Rechteck der Helfer, der dem roten Kreis hochhilft. Das gelbe Dreieck ist diesmal der Verhinderer. Danach gehen die Psychologen wieder mit dem Tablet zu den Kindern. Alle Kinder nehmen jetzt das blaue Rechteck.

Zur Absicherung sehe ich mir noch eine Videosequenz an: Diesmal sitzt ein Hase in dem Theater, er versucht, eine Kiste aufzumachen. Ein Löwe hilft dem Hasen, die Kiste zu öffnen. Der Hase springt in die Kiste und freut sich. Der Vorhang fällt. Der Vorhang geht wieder auf. Der Hase versucht wieder, die Kiste zu öffnen. Diesmal kommt ein Tiger, und Sie ahnen es schon: Er hilft dem Hasen nicht, sondern setzt sich auf die Kiste. Der Hase kann diesmal nicht in die Kiste steigen und sich freuen. Die Psychologen kommen mit den Tieren. Alle Kinder greifen nach dem ... – Sie wissen es längst: dem Löwen.

Die drei Forscher sagen, Menschen müssen in der Lage sein, die Handlungen und Absichten der Menschen um sie herum einzuschätzen und präzise Entscheidungen darüber zu treffen, wer Freund und wer Feind ist, wer also zum Beispiel auch ein geeigneter Teampartner ist und wer nicht. Erwachsene bewerten Menschen schnell und automatisch auf der Grundlage von Verhalten und körperlichen Merkmalen. Dies beginnt aber schon früh, mit sechs bis zehn Monaten. Da bevorzugen Babys schon eine Person, die einer anderen hilft – gegenüber jemandem, der eine andere behindert. Noch genauer: Sie bevorzugen eine helfende Person gegenüber einer neutralen Person und bevorzugen eine neutrale Person gegenüber einer behindernden Person. Diese Fähigkeit entwickelt sich später weiter – mehr oder weniger, abhängig von den Werten im Umfeld, vom Verhalten anderer, von dem, was angesehen ist, was belohnt wird und was nicht.

In uns Menschen ist es also von Beginn an angelegt, helfende Mitmenschen zu erkennen und sie zu mögen. Man will mit diesen Menschen Kontakt haben. Mit Menschen, die nicht helfen und hemmende Absichten gegenüber anderen Menschen haben, möchte man nichts zu tun haben. »Man« ist in diesem Fall allerdings »das Baby«. Deshalb können wir nicht auf spätere Lebensalter verallgemeinern. Denn ein halbes Jahr später sieht die Sache schon etwas anders aus: In einer weiteren Studie machen die Forscher Folgendes: Sie führen dasselbe Experiment ein halbes Jahr später noch einmal durch. Diesmal nehmen 20 Prozent der Kleinkinder den Verhinderer. Warum?

Weil sie in der kurzen Zeitspanne in ihrem Leben von einem halben Jahr bis zu ihrem ersten Geburtstag bereits neue Erfahrungen mit ihren Mitmenschen gemacht haben. Vielleicht haben sie bei den Eltern gesehen, dass der Vater sich gegen die Mutter durchsetzt. Oder ein älteres Geschwisterkind hat versucht, sie für irgendetwas zu benutzen, anstatt dem kleinen Geschwisterkind zu helfen. Oder sie haben etwas auf der Straße oder auf dem Spielplatz beobachtet und erkennen: »Ach, so läuft der Hase.« Diese Erfahrungen werden sich im Laufe des Lebens dieser kleinen Kinder verstärken. Sie überlagern die grundlegend gegebene Hinwendung zu den Helfern. Noch später greifen noch mehr Kinder nach dem Verhinderer. Menschen werden also zu Verhinderern gemacht!

Die wichtigste Aussage dieser Studienreihe ist deshalb für mich: Niemand wird als Egoist geboren. Erst im Laufe seines Lebens wird der Mensch so egoistisch, wie er heute ist. Daraus schließe ich, dass wir doch noch Hoffnung haben können. Die Menschheit ist noch nicht im Egoismus verloren. Niemand wird so geboren – kein Egoist, kein mieser Chef, kein unkollegialer Selbstdarsteller. Die ursprüngliche Haltung wird nur überschrieben von den Erfahrungen des Lebens. Wir werden alle zu denjenigen gemacht, die wir heute sind, und heute sind unter uns eben unendlich viele Egoisten.

Nun können wir überlegen: Genauso, wie jemand den Egoismus *er*lernt, kann er diesen auch wieder *ver*lernen. Zum Beispiel, indem wir in Unternehmen ein wir-förderliches Umfeld schaffen. Wir bräuchten Organisationen, in denen wir wieder wie diese sechs Monate alten Babys sein können. Nicht in dem Sinne, dass wir zu einer gemeinschaftlichen Kinderkrippe werden, sondern dass wir sinngemäß wieder so wie die Babys sein können. Mit der Haltung, mit der wir geboren wurden. Nämlich mit einem absolut sicheren Sinn dafür, welches Verhalten richtig ist: ein Verhalten, das andere Menschen fördert.

Die Führungskraft meines Geschäftsfreundes war ein typisches blaues Rechteck, die ihr Wissen nicht teilen wollte und seinem Nachfolger sein Wissen vorenthalten hat. Heute meiden ihn alle, erzählt der Freund mir. Zugleich fällt mir nun eine Führungskraft aus meinem eigenen Unternehmen ein, mit der ich heute noch telefoniere, sie ist längst in Rente: ein typisches gelbes Dreieck. Ulli Sieber. Geschäftsführer und Mitinhaber einer meiner Firmen. Er ist jemand, der anderen hilft, und er hilft ihnen gerne. Er war immer extrem offen und hat damit auch mir geholfen. Jedes Problem hat er sofort angesprochen. Auch in der Zeit, als ich noch ein relativ junger Unternehmer war und er viel älter als ich. Er hat anderen immer geholfen, ihre Potenziale zu entfalten. Bis heute. Wir haben zusammen vieles nach vorne gebracht.

Als er dann in Rente gehen musste, war er weiterhin der Prototyp eines gelben Dreiecks. Er hat dafür gesorgt, dass seine junge Nachfolgerin besser werden konnte als er. Sie wurde so gut von Ulli Sieber eingearbeitet und immer weiter aufgebaut, dass sie – bei einem gelben Dreieck »aufgewachsen« – heute erfolgreiche Unternehmerin und Firmeninhaberin ist.

Das passt genau zu dem, was ich sagen will: Wir brauchen eine neue Wir-Kultur für unseren Unternehmenserfolg, in der jeder jedem hilft und sich alle gegenseitig voranbringen wollen. Wir können sie schaffen, denn die Menschen wollen das ohnehin. Aber jetzt sind wir noch im ersten Teil dieses Buches. Hier geht es noch um den Egoismus. Am Ende des Buches wird es nur noch um die Wir-Kultur gehen. Dann sind wir wieder bei den Babys angekommen. Es geht, das sehe ich in unserem Unternehmen. Und das macht mich glücklich.

Doch wie ist es bei Ihnen momentan? Wie schätzen sich die Mitarbeiter selbst, wie schätzen sie sich gegenseitig ein? Ich tippe auf Folgendes: 90 Prozent sehen sich selbst als »gelbe Dreiecke«, von den anderen werden jedoch viel mehr als »blaue Rechtecke« gesehen. Und was meinen Sie:

- Wer in Ihrem Umfeld ist gelbes Dreieck?
- Wer ist blaues Rechteck?
- Wer wollen Sie sein?
- Wer sollen die Mitarbeiter in Ihrer Firma sein?
- Fragen Sie jeden in Ihrem Team: »Siehst du dich als gelbes Dreieck oder als blaues Rechteck?« Das ist die Selbsteinschätzung der Mitarbeiter. Und? Wie viel Prozent gelbe Dreiecke und wie viel Prozent blaue Rechtecke haben Sie in Ihrem Team?
- Fragen Sie – auch anonymes Fragen kann sinnvoll sein: »Was ist jeder andere für dich – gelbes Dreieck oder blaues Rechteck?« Damit erfahren Sie, wie jedes Teammitglied von den anderen eingeschätzt wird.
- Wenn Sie die Selbst- und Fremdeinschätzung gegenüberstellen: Was sagt das über Ihr Team aus?

Meine Videoempfehlungen für dieses Kapitel:
The New York Times - Magazine: »Can Babies Tell Right From Wrong?«
https://www.youtube.com/watch?v=HBW5vdhr_PA

Treeincement: »An Experiment by Kiley Hamlin: Helpers and Hinderers«
https://www.youtube.com/watch?v=anCaGBsBOxM

Drei Fahrschüler stehen rum –
Warum die Egoismus-Kultur allen schadet

Der Übungsplatz ist noch leer an diesem Sonntagmorgen. Es riecht nach nahendem Sommer und trockenem Asphalt. Ich nehme die Atmosphäre in mich auf, und vor dem inneren Auge sehe ich schon unsere vielen Internatsfahrschüler und Mitarbeiter hier stehen und feiern. Dieses Feiern machen wir immer am Sonntag, wenn an einem Wochentag mitten in der Ausbildung ein Feiertag ist. Morgen, am Montag, ist der 1. Mai. Solch ein Treffen ist freiwillig, es ist unbezahlt, und zugleich wird es wie ein Familienausflug gesehen. Neben den Mitarbeitern und Kunden sind die Familien der Mitarbeiter da, auch das eine oder andere Haustier, einfach alle, die irgendwie dazugehören: Jeder, der will, kann mit am Start sein. Verbundenheit, gute Gespräche und die Freude am Zusammensein stehen im Vordergrund.

Eine Stunde später sind dann alle da. Wir machen ein paar Übungen mit den Fahrschülern. Einparken, Abschleppen, Slalomfahren. Der Grill mit den Thüringer Rostern glüht, es gibt Kaffee, alkoholfreie Getränke und noch ein paar Leckereien als Verpflegung. Ein echter Spaß für das Team und für die Schüler. Ein Grüppchen kann gar nicht mehr aufhören zu lachen, als einem von ihnen die Bratwurst vom Teller springt.

Ich habe nichts zu tun. Ich bin weder in die Organisation noch in die Umsetzung eingebunden. Das Team hat – wie immer bei uns – volle Planungsfreiheit, Budgetfreiheit, Umsetzungsfreiheit. Als überzeugter »AM-Unternehmer« (der Begriff wird weiter unten erklärt), der aufs Unternehmen schaut und frei für den Adlerblick bleibt, anstatt sich in den

Umsetzungsdetails zu verlieren, wäre Organisatorisches nun auch wirklich nicht meine Aufgabe. Ich könnte nicht mehr frei denken. Ich könnte nicht mehr beobachten. Ich könnte nicht mehr wirken lassen, was ich sehe. An solch einem Maisonntag will ich genau das aber tun können.

Natürlich ist es mir wichtig, heute jedem vom Team »Hallo« zu sagen und ins Gespräch zu kommen. Aber abgesehen davon beobachte ich: die Stimmung im Team und mit den Fahrschülern, den Zusammenhalt, den Umgang miteinander. Und da fällt mir mitten im Grillduft der Rostbratwürste, mitten im Gelächter und Stimmengewirr auf dem Platz etwas auf, das im nächsten Moment meine gesamte Aufmerksamkeit bindet.

Ich bin nämlich nicht der Einzige, der das Treiben auf dem Übungsplatz beobachtet. Da sind noch drei junge Männer, die dasselbe wie ich tun. Die dastehen und gucken. Was ist da los? Ich frage meine Mitarbeiterin Nancy, ob sie die Herren kennt.

»Das sind Schüler aus unserem Fahrschulinternat«, gibt sie mir sofort Auskunft. »Aber nicht Pkw, sondern Lkw.«

»Und, warum machen die hier nicht mit? Hast du eine Ahnung, Nancy?«

Nach und nach kommt heraus, woran es liegt. Unsere beiden Lkw-Fahrlehrer konnten an diesem Sonntag nicht dabei sein, deshalb gibt es für diese drei Lkw-Fahrschüler niemanden, an den sie sich halten können. Weil die Fahrlehrer nicht da sind, ist auch kein Lkw auf dem Übungsplatz. Es gibt also nichts für sie zu tun, deshalb stehen sie rum und gucken nur zu.

Und nun kommt ein ganz ungutes Gefühl in mir auf. Ich rufe den einen der beiden Fahrlehrer an, die heute nicht da sein können. Und spätestens in dem Moment, in dem ich mit ihm telefoniere, weiß ich, was los ist. Egoismus liegt in der Luft. Ein Nicht-Mitdenken anderer. Diese beiden nicht anwesenden Fahrlehrer sind gerade gebunden in ihren eigenen Themen: Familienfest bei dem einen, Fototermin für die Hochzeit beim anderen. Keine Frage: Das sind wichtige Dinge, und auch an so einem Sonntag Grund genug, nicht dabei sein zu wollen. Keine Frage, kein Problem, niemand muss hier dabei sein. Das Problem liegt woanders.

Die Fahrlehrer haben keine Verantwortung fürs Ganze übernommen. Sie haben ein paar Gedanken zu wenig an die anderen investiert.

Und diese wenigen Gedanken hätten alles geändert. Sie haben einfach vergessen, darüber nachzudenken, was sie als Lkw-Team hätten organisieren und mit anderen abstimmen sollen, damit ihre Schüler nicht rumstehen. Mehr nicht. Sie hätten nicht anwesend sein müssen. Nur ein, zwei Telefonate. Dann hätten ihre Lkw-Fahrschüler ein Teil der schönen Veranstaltung werden und sich dazugehörig fühlen können. Sie hätten nicht wie Fahrschüler zweiter Klasse herumhängen müssen.

Ich frage mich: Wie ist denn der Umgang mit Egoismus bei uns, wenn meine Fahrlehrer so wenig an ihre Schüler denken? Ich weiß, dass ich von dieser Situation ganz direkt auf unsere Unternehmenskultur schließen kann. Deshalb bin ich so alarmiert. Das wird mich und uns in nächster Zeit noch ausführlich beschäftigen. Ich frage mich aber auch grundsätzlicher, über meine Firma hinaus:

Was ist der entscheidende Unterschied zwischen einer Unternehmenskultur, die noch von Egoismus geprägt ist, und einer Kultur, die den Egoismus hinter sich gelassen hat? In einer von Egoismus geprägten Unternehmenskultur gibt es zuerst einmal Hierarchien, in denen festgelegt ist, wer konkret was macht. Damit hat man Klarheit und Struktur. Und zugleich sind in Hierarchien Probleme programmiert. Wenn wir an den Sonntag auf unserem Übungsplatz zurückdenken: In einer hierarchischen Struktur wäre höchstwahrscheinlich der eine Lkw-Fahrlehrer nicht zu seinem privaten Fototermin gekommen, weil sein Chef die Teilnahme an dem Firmen-Event angeordnet hätte. Oder der andere hätte sein Familientreffen zähneknirschend absagen müssen. Der Nächsthöhere in der Hierarchie hätte festgelegt, wer was tun muss oder darf. In jedem Fall hätte einer den Kürzeren gezogen, wäre frustriert und schlecht gelaunt gewesen.

In unserem Fall ohne solche hierarchischen Strukturen hat aber auch jemand den Kürzeren gezogen: die Fahrschüler, die am Rand standen. Das ist keine Alternative. Wie konnte das überhaupt passieren? In unserer Firma, wo doch längst alles auf ein Zusammenarbeiten jenseits vom Egoismus ausgerichtet ist? Das konnte passieren, weil in unserer Unternehmenskultur eben noch nicht für alle die Zeiger auf »Wir« stehen. Wir sind noch nicht alle auf demselben Level.

Schauen wir mal genauer auf das »hätte«: Wie eine solch zehnmillionenfach alltägliche Problematik im Berufsleben gelöst werden kann, ohne Anweisungen von oben, ohne abgesagten Fototermin und ohne versäumtes Familientreffen? Und zugleich ohne herumstehende, frustrierte, angespannte Fahrschüler? Sondern mit Fahrschülern, die sich zugehörig fühlen können?

Ganz einfach – und doch manchmal im Alltag so schwer: Die Lkw-Fahrlehrer hätten aus ihrem »Keller des Egoismus«, wie ich das nenne, mit dem Fahrstuhl nach oben fahren müssen. Damit meine ich Folgendes: Sie hätten die anderen Kollegen – und es waren definitiv genügend dabei – fragen können, ob diese ihre Aufgaben mit übernehmen würden. Sie hätten – ohne autoritäre Anweisung, ohne Hierarchiedenken und ohne Verantwortung abzuschieben – selbst weiterdenken müssen, um die Situation zu vermeiden. Ihr Egoismus stand ihnen im Weg. Ich habe später beide gefragt:

»Soll ich wieder Anweisungen geben? Soll ich wieder normaler Chef sein, damit es läuft?«

Und – wie zu erwarten – von beiden kam sofort die Antwort: »Bitte nicht, Mike, wir klären das unter uns. Wir brauchen keine Anweisung, das war ein Ausrutscher.«

Ich hatte nichts anderes erwartet, denn wir sind längst nicht mehr im Stadium hierarchiegebundener Aufgabenverteilung. Wir sind weiter. Und dennoch kann es sein, dass Einzelne wieder in die egoistische Welt zurückfallen. In dieser Welt stehen die drei Fahrschüler dann rum. Das ist auch nicht so schlimm. Denn in einer Organisation, die insgesamt weiter ist, fällt das nämlich sofort auf, nicht nur dem Chef. Gemeinsam kann man korrigieren, die Leidtragenden einbinden und die Egoistischen wieder mit dem Fahrstuhl hochfahren lassen. In der hierarchielosen Firma müssen alle das Ganze mitdenken.

Wenn dagegen der Egoismus siegt, dann leidet die gesamte Firma. Und ich, der Chef, müsste dann immer dabei sein und alles beaufsichtigen. Ich erinnere mich noch gut, wie das ist. Denn so war ich auch mal. Vor vielen Jahren bin ich an solchen Sonntagen auf den Platz gekommen, und dann standen die Fahrlehrer stramm. Ich habe zu allen »Guten Tag« gesagt, Hände geschüttelt, in brav dreinblickende Gesichter geschaut. Ich hatte das Sagen, alles war auf mich ausgerichtet. Es war ein schales, auch einsames Gefühl.

Heute komme ich auf den Platz, und Nancy nimmt mir meinen Sohn Paul ab; irgendeiner sagt zu den neu Eintreffenden: »Jungs, geht auf den

Platz, da ist Werner, er kümmert sich um euch.« Ich selbst werde nicht mehr als jeder andere beachtet. Ich bin ein Teil des Ganzen – nicht mehr und nicht weniger.

Das Fahrschul-Lkw Team ist bisher seit dem Vorfall auf dem Übungsplatz ohne »Vorgesetztenanweisungen« ausgekommen. Sie machen einen brillanten Job, organisieren sich selbst, haben beste Prüfungsergebnisse und selbst die Ausbildungsfahrzeuge, die bis zu 200 000 Euro kosten, konfigurieren und bestellen sie selbst. Eben so, wie sie die Fahrzeuge für ihre Arbeit benötigen. Sie kennen alle Zahlen und Kosten und wissen genau, was geht und was nicht. Heute sind sie sozusagen »Mitunternehmer«.

Welche Möglichkeiten ein Unternehmer hat, von oben auf sein Unternehmen zu blicken – ist ein guter Anzeiger für den Egoismusgrad im Unternehmen. Damit kann man den Hierarchiestatus in der eigenen Firma prüfen.

Vom »IM-Unternehmer« zum »AM-Unternehmer«

Was also können Firmenlenker beachten? Folgende Fragen passen dazu:

- Wie viel Zeit haben Sie, um von oben auf Ihr Unternehmen zu blicken?
- Haben Sie genug Zeit für das, was eigentlich wichtig ist für die Firma und für Sie, oder reiben Sie sich damit auf, bei anderen darauf zu achten, dass alles richtig läuft?
- Müssen Sie wirklich Hierarchie-Chef sein, oder können Sie sich die Freiheit nehmen, die allen zugutekommt, und »AM-Unternehmer« im besten Sinne sein? Also einer, der mit dem Adlerblick auf alles blickt und von oben sieht und weiß: »Die machen das schon«?

- Wie weitreichend denkt bei Ihnen jeder für den anderen mit?
- Wie verbunden fühlen sich alle am Unternehmen Beteiligten mit Ihnen?

Tunnelblick – Was uns alles in den Egoismus treiben kann

Vorhin habe ich von den Babys erzählt, die diejenigen bevorzugen und mögen, die andere helfen. Ich habe auch beschrieben, dass diese Haltung schon im ersten Lebensjahr von ungünstigen Erfahrungen, die uns in den Egoismus treiben, überlagert wird. Wir sind alle nicht frei von Egoismus. Es gibt Faktoren, die den Egoismus fördern. Sehen wir uns diese Faktoren an. Denn wir leben mitten darin, ich bin nicht frei von Egoismus, Sie sind nicht frei von Egoismus, keine Firma ist frei von Egoismus, und es kann jederzeit passieren, dass wir durch ungünstige Umstände in den Egoismus zurückfallen. Ich-Kulturen haben ihre Gründe. Diese sind zum Teil in der Haltung des Einzelnen begründet, aber oft auch in den Umständen. Eine Firmenkultur – und natürlich auch die Kultur in unserer Gesellschaft – kann die Ego-Orientierung fördern oder hemmen. Es ist auch nicht so, dass ein Egoist ein böser Mensch ist, der es darauf abgesehen hat, anderen das Leben schwer zu machen. Wenn wir genauer hinsehen und das Innenleben erforschen, finden wir hinter den egoistischen Tendenzen immer Gründe, die wohl niemandem von uns völlig fremd sind

Egoismus entsteht zum Beispiel bei Stress. Und Stress führt ganz klar zu Egoismus. Ich denke dabei an eine Riesen-Marketingaktion, die wir mal für unsere Fahrschule gemacht haben. Danach rannten uns die Fahrschüler die Bude ein. Wir hatten mit einem Mal so extrem viel Arbeit, dass wir einen riesigen Stress bekamen. Wir standen so unter Druck, dass wir den Wald vor lauter Bäumen nicht mehr sahen. Dummerweise hatten wir auch noch drei Fahrlehrer in Urlaub geschickt, das war eine vollkommen chaotische Planung. Ich hatte in dieser Phase beinahe schon Angst, zur Arbeit zu gehen, denn dort wartete jedes Mal die nächste Hiobsbotschaft auf mich.

In dieser Situation haben wir begonnen, vollkommen egoistisch zu handeln. Wir haben einen Tunnelblick entwickelt, um den Ansturm der Fahrschüler zu bewältigen. Keiner hat mehr auf den anderen geachtet. Es gab keine Kollegialität mehr, es gab kein Gefühl mehr für die Wünsche unserer Kunden. Wir haben einfach durchgezogen, was wir meinten, tun zu müssen.

Einen ähnlichen Stress habe ich erlebt, als ich meine Pizzeria eröffnet habe. Das Restaurant war wunderschön geworden, aber natürlich hat – wie eigentlich immer bei einer Neueröffnung – alles Mögliche nicht geklappt. Die Lieferanten waren nicht pünktlich. Das Essen stand nicht auf dem Tisch, wie es sollte. Die Gäste mussten warten. Ich renne also mit meinem Stress-Tunnelblick durch das Restaurant, und plötzlich hält mich ein Kunde an. Er sagt zu mir:

»Wieso haben Sie so ein Gesicht, Herr Fischer? Sie müssen doch gar nicht so gucken. Schauen Sie doch mal, wie schön Ihr Laden geworden ist!«

»Sie haben vollkommen recht«, sage ich zu ihm. »Danke, dass Sie mir das gesagt haben.«

Dieser Restaurantkunde hat mich wachgerüttelt. Im Rückblick sehe ich, dass ich ihn, die anderen und die ganze Schönheit des neuen Restaurants nicht mehr sehen konnte. Dass ich nicht mehr stolz und dankbar sein konnte. Stress macht egoistisch. Ich war egoistisch geworden, weil ich meinen Laden nicht im Griff hatte und weil ich nicht mehr Nein sagen konnte. Alles war zu viel geworden, und so konnte ich nicht mehr auf andere achten.

Das ist ein Unternehmeregoismus, der ganz typisch ist und durch die Umstände entsteht. Wir sehen das in allen möglichen Unternehmen: Handwerker nehmen zu viele Aufträge an und können sie nicht abarbeiten. Dienstleister übernehmen sich und erledigen ihre Büroaufgaben am Wochenende und nachts. Das ist genau der Punkt, wenn man beginnt, sein Handy auszulassen. Viele gehen nicht mehr ans Telefon, schauen nicht mehr in ihre E-Mails. So entsteht Egoismus. Doch wir können ihn verhindern.

Wir können dem Egoismus, der durch die Umstände entsteht, entgegentreten, indem wir anders planen. In unserer Firma zum Beispiel planen wir heute genau das, was wir auch wirklich leisten können. Kein bisschen mehr. Wir wissen, dass der Tag 24 Stunden hat. Wir wissen, wie viele Wochen das Jahr hat. Wir wissen, wie viel Urlaub wir brauchen, und dass es Sonntage und Samstage gibt, Weiterbildungen, eventuelle Krankheiten usw. Daraus errechnen wir, wie viel Arbeit wir überhaupt annehmen können.

Seitdem wir das so machen, hat sich viel verändert: Wir sind glücklicher bei der Arbeit, wir gehen anders miteinander um. Wir haben keinen Stress mehr durch übertriebene Marketingaktionen, die damals von dem diffusen Anspruch getrieben waren, irgendwie »mehr« haben zu wollen. Aber um Fragen wie »Wie viel ist genug?« und »Wie stark müssen wir wachsen?« soll es erst später in diesem Kapitel gehen.

Ich bin beim Recherchieren zu der Frage, wie Egoismus eigentlich entsteht, bei »Karrierebibel« auf einen Text über Egoismus gestoßen. In diesem Artikel geht es neben dem, was ich gerade zu Egoismus-fördernden Stressumständen gesagt habe, um weitere Faktoren, die den Egoismus fördern. Zum Beispiel können ein Mangel- oder Minderwertigkeitsgefühl, auch Frustration oder Empathiemangel egoistisch machen.

Wenn jemand in seinem Leben zu kurz gekommen ist – oder zumindest das Gefühl hat –, so lebt er vermutlich in einem Mangelgefühl. Er überträgt eine Erfahrung dann auf alle weiteren Situationen, mit dem Grundgefühl: »Andere haben es besser als ich, andere haben mehr als ich, ich bin der Verlierer.« So denken Menschen, die mit einem Mangelgefühl durch die Welt gehen. Dann versuchen sie eben, so viel wie möglich für sich herauszuholen, und schießen dabei über das Ziel hinaus. Sie werden maßlos. Daran kann man Egoisten erkennen. Oder es besteht ein Minderwertigkeitsgefühl: Dann ist der Selbstwert daran gebunden, im Leben etwas zu erreichen oder zu besitzen. Da der Drang so stark ist, das eigene Minderwertigkeitsgefühl nach außen mit der Geschichte der eigenen Großartigkeit zu überdecken, werden dabei andere übergangen.

Es kann auch sein, dass jemand sehr schnell frustriert ist. Wer so aufwächst, dass er immer alles haben kann und nie verzichten muss, kann sich nur schwer darauf einstellen, dass jetzt mal andere dran sind oder dass anderes einfach wichtiger ist als die eigene Person. Wer sich als der Nabel der Welt fühlt oder als der Hahn von Theodor Fontane, den ich eingangs zitiert habe, der glaubt, dass die Sonne seinetwegen aufgeht, und wenn dieser Hahn das schon sein Leben lang glaubt, kann sich dann einfach nicht vorstellen, dass es noch andere gibt, für die die Sonne scheint.

Ja, und dann gibt es natürlich noch den Empathiemangel: Der wiederum hängt natürlich mit den anderen Gründen für Egoismus zusammen. Wer sich nicht in andere hineinversetzen kann, kennt immer nur seine eigene Perspektive. Er bleibt bei sich, bleibt unverbunden und bekommt nichts von den Gefühlen und Bedürfnissen der anderen mit – noch nicht einmal davon, dass andere überhaupt Bedürfnisse haben.

Zurück zur Unternehmensführung: Viele Unternehmen sind froh, wenn sie möglichst viel Arbeit haben. Die Einladung, sich zu verzetteln, ist durch diese Grundhaltung ständig da. Ich bekomme fast jeden Tag eine Einladung zur Verzettelung. Wir werden zum Beispiel oft gefragt, ob wir nicht das Fahrschulinternat reproduzieren wollen. Nun, das Geld wäre nicht das Problem. Ich könnte sofort in Hamburg, Köln, Berlin oder München reproduzieren, was wir hier in Gera haben. Aber das möchte ich nicht. Denn wir würden uns übernehmen und dann zwangsläufig im Egoismus landen. Der Spirit, unser kostbares Wir-Gefühl, wäre weg, denn wir hätten zu viel zu tun.

Sich in diesem Sinne treu zu bleiben ist eine riesige Herausforderung. Viele Unternehmen wollen um jeden Preis wachsen. Unsere Wirtschaft, unsere ganze Gesellschaft baut auf dem Wachstumsgedanken auf. In dieser Grundstimmung konzentriert und fokussiert zu bleiben ist nicht einfach. »Was tun?«, fragen Sie sich jetzt vielleicht. »Ich muss doch mithalten, sonst schnappt die Konkurrenz mir die Aufträge weg und macht das Rennen auf meinem Markt.«

Ich will hier nicht mit erhobenem Zeigefinger daherkommen. Ich kann aber mit meiner heutigen Erfahrung einfach sagen: »Mach ruhig den Fehler und verzettele dich: Wachse, was das Zeug hält. Und dann sieh, was daraus wird.« Ich glaube nämlich sogar, dass jeder Unternehmer diese Erfahrung machen muss. Der einzige Hinweis, den ich geben möchte, lautet: »Tun Sie mir den Gefallen und lernen Sie daraus. Prüfen Sie also währenddessen und hinterher immer wieder, was Sie wirklich wollen.«

Und dazu kann sich dann jeder selbst ein paar Fragen beantworten:

- Was bedeutet für Sie Wachstum?
- Wollen Sie wirklich ein 100-Personen-Betrieb werden?

- Warum?
- Reichen Ihnen nicht Ihre zehn Leute?
- Wie soll Ihr Unternehmen in Zukunft aussehen? Wie soll es in fünf Jahren, in zehn Jahren aussehen? Wie groß soll es sein, und wie groß soll es werden?
- Wo wollen Sie überhaupt hin in Ihrem Leben und mit Ihrem Unternehmen?

Meine Leseempfehlung:
Karrierebibel: »Egoismus: Wann ist er gesund?«
https://karrierebibel.de/egoismus/

Morgens um acht – Die überholte »Ich-Meeting«-Kultur

Montagmorgen, vor sieben Jahren. Kurz vor acht Uhr sind alle da. Wir sitzen um den großen Tisch, einer gähnt, eine andere checkt noch ihre Nachrichten im Handy, eine Dritte sitzt stumm da und wartet. Wir legen los. Das heißt, ich lege los. Ich eröffne die wöchentliche Teamsitzung.

Das war bei uns jeden Montagmorgen um acht Uhr das Gleiche. Ich habe daraus sogar eine richtige Besprechungskultur entwickelt. Es war Pflicht: Jeden Montag von 8 bis 9 Uhr kommt das ganze Team zusammen. Alle mussten anwesend sein. Bis 9 Uhr? Ich habe die Zeit wohl nie eingehalten, das Meeting ging immer länger. Und, was meinen Sie? Wer hat geredet, erzählt, gelabert und sich wichtig gemacht? Ich.

Motivierend waren diese Veranstaltungen selten, und darauf gefreut hat sich niemand. Es waren hammerschwingende Besprechungen, die der Chef geführt und bei denen er viel geredet hat. Gab es Widerworte oder hat jemand gesagt, was nicht so gut läuft? Hat irgendwer sich getraut, diese Besprechungskultur infrage zu stellen? Kaum. Es war, wie Lars Vollmer es in seinem Buch »Zurück an die Arbeit« (Linde 2016) ausdrückt, reines »Businesstheater«. Nicht, dass das, was ich erzählt habe, uninteressant gewesen wäre. Nein, ich habe immer was zu erzählen, und das ist auch oft ganz interessant und unterhaltsam. Es geht mir auch nicht darum, dass das, was die anderen beigesteuert haben, nebensächlich gewesen wäre. Auch die Fragen waren nicht überflüssig. Aber war der Inhalt der Besprechungen irgendwie zielführend? Heute sage ich: pure Zeitvergeudung. Es hat sich am Sonntagabend logischerweise niemand auf Montag gefreut, wenn die Woche so anfing.

Mit dieser Meinung stehen der zitierte Buchautor Lars Vollmer und ich nicht alleine. Laut einer Analyse des Marktforschungsinstituts Harris verlieren Beschäftigte weltweit im Schnitt 4,5 Stunden pro Woche an produktiver Arbeitszeit durch Meetings, Konferenzen und Besprechungen, denen sie zwar beiwohnen müssen, die aber so gut wie keine Relevanz für ihre eigene Arbeit haben. Bei Führungskräften sieht die Bilanz noch unproduktiver aus: Laut der Studie sind sie demnach mit zusätzlichen 4,6 Stunden Vor- und Nachbereitung für Arbeitstreffen beschäftigt, in denen entweder kein relevantes Ergebnis erzielt wird oder bei dem vor allem vor dem Großteil des Teams wesentliche Aufgaben oder Ergebnisse noch einmal wiederholt werden

Das heißt im Klartext: Teamleiter verschwenden im Schnitt 9,1 Stunden pro Woche für Meetings, die wenig produktiv sind. Das ist für Entscheider immerhin mehr als ein Arbeitstag pro Woche. Was für eine unglaubliche Zeitvergeudung!

Meetings sind die größten Produktivitätsvernichter und besonders gefährlich in Ich-Unternehmenskulturen. Die Meetings dauern meist viel länger, als sie müssten. Es sind oft Teilnehmer eingeladen, die nicht dabei sein müssten. Es fehlt an einer durchdachten Meeting-Kultur mit verbindlichen Regeln. Die Umsatzverluste durch Meetings werden jedoch im Unternehmen nicht klar kommuniziert. Ich möchte Ihnen deshalb hier einmal vorrechnen, wie viel Umsatz uns verloren gegangen ist, als wir noch die wöchentliche Teamsitzung hatten. (Wenn Sie das auch einmal ausrechnen wollen, können Sie für diese Berechnung eine Anleitung zu Hilfe nehmen, wie der Umsatz pro Mitarbeiter errechnet wird. Sie finden sie hier: https://die.gewerbehelfer.de/so-ermitteln-sie-den-umsatz-pro-mitarbeiter-korrekt/)

Hier kommt meine Formel:

- Monatlicher Gesamtumsatz geteilt durch 20 Arbeitstage (Rechnen wir hier mal mit einer runden Zahl: 20 Arbeitstage pro Monat) = Gesamtumsatz pro Tag
- Gesamtumsatz pro Tag geteilt durch Anzahl Mitarbeiter = Umsatz Mitarbeiter pro Tag
- Umsatz Mitarbeiter pro Tag geteilt durch 8 Arbeitsstunden (Arbeitsstunden pro Tag) = Umsatz Mitarbeiter pro Stunde

Ich gebe Ihnen das Beispiel aus meiner Firma: Wir sind 22 Teammitglieder. Mit 4 Stunden Teamsitzung im Monat sind wir eine Firma, die nicht so viel Zeit für Meetings eingesetzt hat wie manch andere.

- 150 000 EUR : 20 = 7 500 Euro Gesamtumsatz pro Tag
- 7 500 EUR : 22 = 340 Euro Umsatz Mitarbeiter pro Tag
- 340 EUR : 8 = ca. 43 Euro Umsatz Mitarbeiter pro Stunde

Und diese letzte Zahl, die 43, ist die entscheidende Zahl, wenn ich eine Stunde Meeting pro Woche mache und wir nur quatschen: Dann verliere ich 43 Euro x 22 Teammitglieder = 946 Euro also sagen wir ungefähr 1 000 Euro pro Meeting! 1 000 Euro Umsatzverlust für eine Stunde Beratung mit 22 Mitarbeitern. Bei »nur« vier Stunden Meeting im Monat für alle Mitarbeiter habe ich also früher fast 4 000 Euro pro Monat verquatscht, in einem Jahr 48 000 Euro und nebenbei noch meine Mitarbeiter mit dem Gequatsche in ihrer Arbeitsmotivation ausgebremst. Wahnsinn!

Damals gab es dann einen Glücksfall in meiner Firma. Aufgrund meiner vielen unternehmerischen Tätigkeiten habe ich verkündet, ich müsse jetzt viel abgeben. Ich hatte in dieser Zeit gar keine andere Chance als abzugeben. Wir hatten in den vergangenen Jahren glücklicherweise eine Mitarbeiterin, die als Mitglied des Teams in eine neue Führungsrolle hineingewachsen ist. Sie hatte die Erfahrung der jahrelangen Frustration durch diese nervtötenden Montagmorgende. Kaum war sie in ihrer neuen Führungsrolle, schaffte sie als ihre erste Amtshandlung diese überflüssige Meeting-Kultur ab. Ergebnis: Alles wurde besser. Heute machen wir es ganz anders. Heute arbeiten wir effektiv und stimmen uns ohne Langeweile im Team ab.

Mein Vorschlag an alle: Lasst die Mitarbeiter entscheiden, wann und wie die Teamsitzungen stattfinden sollen. Heute können wir vieles schnell zwischendurch klären. Aus vier Meeting-Montagen hat die Mitarbeiterin nur noch zwei gemacht. Sie hat die Zeit von anderthalb Stunden auf ein Drittel reduziert. Und: Es spricht nicht nur einer, sondern jeder bringt sich ein, leistet einen Beitrag.

Wir haben natürlich noch viel mehr geändert. Letztlich dient das ganze Buch dazu, zu vermitteln, was wir brauchen, um uns zu einer Wir-Kultur weiterzuentwickeln, in der jeder auf jeden achtet, sodass wir unter anderem ohne Teamsitzungen auskommen können. Ich habe meine Mitarbeiter deshalb mal alle persönlich gefragt, was sie unter einem guten Meeting verstehen. Dabei ist eine schöne Liste herausgekommen, die alles bestätigt, was ich bisher gesagt habe, und noch mehr Ideen liefert:

- Niemand muss erscheinen, es gibt also keine Pflichtteilnahme.
- Ich komme nur, wenn mich das Thema interessiert.
- Das Meeting soll pünktlich beginnen und pünktlich enden.
- Gute Meetings haben einen kurzen knackigen Einstieg und einen emotionalen bedeutsamen Schluss, dazwischen wird so wenig Zeit wie möglich vergeudet.
- Vergiss Kuchen und Kekse, die sind ungesund.
- Bitte nicht immer der Chef als Moderator: anderen die Chance geben, sich zu beweisen, ist wichtig für ihr Selbstvertrauen.
- Weniger ist mehr: mit kleinen Gruppen lässt sich mehr erreichen, unnötige Teilnehmer ausladen.
- Gute Protokolle bringen nötige Informationen.

Zum Beispiel gibt es bei uns Besprechungen per Messenger-Dienst mit dem »Dienst-Chat«. Viele Probleme lassen sich in Chat-Gruppen eines Messengers lösen. Derzeit ist das für uns die schnellste Art der Kommunikation. Danksagungen lassen sich etwa via Messenger übermitteln. Wenn unsere Fahrschüler bestehen, passt das doch auch perfekt in eine solche Nachricht: »Der Fahrschüler xy hat die Prüfung super bestanden«, noch ein Emoji darunter. Fertig. Jeder freut sich kurz.

Liebe Unternehmer, ganz gleich, ob Meetings bei Ihnen gut laufen oder nicht: Rechnen Sie doch einfach mal aus, wie viel Umsatz Sie für diese Meeting-Stunden investieren.

- Wie viele Meetings machen Sie im Monat?
- Wie viel Umsatz geht Ihnen jede Woche, jeden Monat durch überflüssige Besprechungen und ausgedehnte Teamsitzungen verloren?
- Was würde reichen?
- Wie können Sie Teile aus dem Meeting in einen »Dienst-Chat« verlegen?

Meine Leseempfehlungen für dieses Kapitel:
Lars Vollmer: Zurück an die Arbeit. Linde 2016

ZEIT ONLINE: »Meetings: Überflüssige Arbeitstreffen kosten einen halben Arbeitstag pro Woche«: http://www.zeit.de/karriere/2016-12/meetings-arbeitszeit-verlust-studie

Die Gewerbehelfer: »So ermitteln Sie den Umsatz pro Mitarbeiter korrekt«: https://die.gewerbehelfer.de/so-ermitteln-sie-den-umsatz-pro-mitarbeiter-korrekt/

Frisurencomputerberatung – Von dem Friseur, der nicht wollte, wie ich wollte

1993 habe ich mit meiner damaligen ersten Frau Yvonne ein Friseurgeschäft aufgemacht. Yvonne war vorher am Theater und hatte dort 900 D-Mark verdient. Nicht wirklich gut. Ich sagte zu ihr: »Mensch, Yvonne, ich bin doch Unternehmer und nicht Unterlasser. Komm, lass uns was eigenes machen!« Gesagt, getan. Wir haben dann ziemlich schnell einen Friseurladen gegründet. Weltoffen, wie wir sein wollten, haben wir diesen Laden genannt: »Yvonne Caronne – Berlin, Paris, Gera.« Wir dachten, das macht was her.

Wir wussten damals schon, wir müssen irgendwie anders sein als andere, um damit erfolgreich zu werden. Und da lief uns eine gute Gelegenheit über den Weg: Es ging nämlich damals gerade mit der Computerberatung für Frisuren los. Wir waren in Gera die Ersten, die computergestützte Friseurberatung durchgeführt haben. Das lief so: Man setzte sich vor eine schlechte Kamera, das Computerprogramm setzte dem Gesicht 25 Frisuren in allen Farben und Formen auf. Das war's. Der

Kunde sah dann aus wie eine schlechte Witzfigur in verschiedensten Varianten, aber es entstand daraus ein anderes, innovatives Verkaufsgespräch. Die Leute standen bei uns Schlange. Nicht nur für die Frisur. Nein, es hatte ein Flair, als ob da eine vollkommen neue Zeit angebrochen war – vier Jahre nach der Wende. Wir hatten bald drei große Läden, die stadtweit bekannt waren. Wir hatten die Ambition, die größte Friseurkette in Deutschland zu werden. Dahin haben wir uns dann auch konsequent bewegt. Wir waren sogar in Düsseldorf bei den Chefs von L'Oréal, um über unsere Expansionspläne zu sprechen. Wir waren das erste Zweithaarstudio. Und so weiter. Ein Erfolg nach dem anderen.

Warum bin ich da heute nicht mehr engagiert? Nun ja, die Ehe mit Yvonne ist zerbrochen. Wir haben heute ein gutes Verhältnis, sie ist Friseurmeisterin und in der Friseurbranche gut aufgestellt, macht Shows, ist viel unterwegs. Die Friseurläden habe ich damals erfolgreich verkauft. Bei drei Läden hatte ich ungefähr 15 Angestellte, die waren alle top. Die Mitarbeiter sind entweder in Bomben-Salons untergekommen, das sind zum Teil heute die besten Friseurbetriebe in der Stadt, die Preise abräumen, oder haben ihre eigenen Läden aufgemacht.

Also, damals jagte ein Erfolgt den nächsten. Aber – und deshalb erzähle ich ja die Geschichte: Das war alles noch in der Ich-Kultur. Das Beispiel mit einem unserer Friseurmeister macht das deutlich – und ich sage Ihnen gleich vorab: Ich komme dabei nicht gut weg. Wir hatten in dieser Zeit einen Friseurmeister eingestellt, der hieß Andreas Geiler. Wir hatten ihn von einer anderen Friseurkette abgeworben. Ich habe bei ihm schon immer gesehen, dass er vor allem als Person, in seiner Art und Denkweise, ein Supertyp ist. Die Kundinnen und Kunden haben ihn geliebt, alle wollten zu ihm, er war einfach gut. Deshalb ging ich schon bald zu ihm und sagte:

»Herr Geiler, das ist super, wie Sie arbeiten!«

Wenn ich von jemandem begeistert bin – und das bin ich schnell, wenn jemand gut ist –, dann kann ich das auch gut vermitteln. »Toll, wie Sie das machen«, habe ich immer zu ihm gesagt. Aber das war nicht absichtslos. Ich wollte ihn, mitten in meiner Ich-Kultur, schon bald davon überzeugen, dass er mehr Verantwortung als Salonleiter übernimmt. Er wollte aber nicht. Er wollte immer nur Angestellter ohne Führungsaufgaben sein. Er war damals einfach noch nicht so weit. Ich aber wollte weitere Friseurläden aufmachen, und er sollte dort Verantwortung übernehmen. Er sollte zwei der neuen Läden führen und nicht mehr am Friseurstuhl stehen. So hatte ich mir das vorgesellt für ihn. Doch er wollte etwas anderes: Er hat es geliebt, am Stuhl zu stehen und Haare zu frisieren. Er war extrem beliebt bei den Frauen, war wochenlang im Voraus ausgebucht, er war zufrieden damit.

Ich jedoch habe in ihm mich selbst gesehen, und daraus folgte, dass ich ihn mit der Zeit schon – nun, man könnte sagen – bedrängt habe: »Herr Geiler, machen Sie mit mir diese zwei Läden auf, das wird toll!« Ich habe einfach nicht aufgehört, was mir im Nachhinein ziemlich peinlich ist. Immer wieder habe ich davon angefangen. Er hat meine Überredungsversuche irgendwann massiv abgelehnt: »Herr Fischer, wenn Sie das weiter machen, dann kündige ich.«

Bam! Das habe ich dann endlich kapiert und schließlich doch aufgehört, ihn in Richtung Selbstständigkeit drängen zu wollen. Heute weiß ich: Ich habe mit dem, wie ich ihn in eine Richtung bringen wollte, eigentlich mich gemeint, nicht ihn. Und das ist vielleicht typisch für mich in dieser Zeit gewesen, jedenfalls zum Teil. Und es ist auch naheliegend in einer Ich-Kultur, in der wir damals gearbeitet haben. Die Ich-Kultur verbreitet eine bestimmte Stimmung und beeinflusst, wie wir denken, fühlen und handeln.

In der Ich-Kultur haben wir den Blick für den anderen nicht. Es geht um das Ego, und dann spielen folgende Fragen eine Rolle: »Wo liegt mein größter Vorteil?«, »Wie kann ich noch besser werden?«, »Was können andere für mich tun?«, »Wie baue ich als Chef mein Unternehmen so, dass es für mich passt?« Die Folge davon: Es kommen Kommunikationsprobleme auf. Herr Geiler erzählt dann zu Hause: »Der Fischer versteht mich nicht ...« Und ich sage das Gleiche. Wir hatten beide recht, und es hat nichts gebracht. Dieses Denken, diese Wahrnehmung kommt durch die Ich-Kultur. Ich habe damals nicht verstehen können, dass eine Sache noch Zeit braucht. Ich war ihm voraus mit dem, was ich in ihm gesehen habe. Da war er noch nicht. Ich habe ihn bedrängt. Er wollte nicht so, wie ich wollte, er sollte aber machen, was ich in ihm gesehen habe. So etwas geht immer schief. Immer. In all den vielen Firmen geht es schief, in denen der Chef über den Mitarbeitern sitzt und sie in der Ich-Kultur mit Egoismus nicht verstehen kann.

Was ich also mit diesem Beispiel sagen will: Ich konnte zum damaligen Zeitpunkt die Denk- und Fühlweise der Mitarbeiter noch nicht verstehen. Ich war zu sehr in der Ego-Chefrolle. Dementsprechend hoch war die Fluktuation. Außerdem zog ich ehrlich gesagt ziemlich oft wegen der Friseurbetriebe vors Arbeitsgericht und führte Prozesse, die ich allesamt verloren habe. In der Ich-Kultur ist das nun mal so. Irgendwann habe ich mich gefragt: »Mike, irgendwas stimmt doch da nicht mit dir. Wie kann ich da etwas verändern?«

Dann habe ich bei nächster Gelegenheit beim Gericht gefragt – ich war ja oft genug da:

»Was sind das da eigentlich für zwei Schöffen? Kann ich auch Schöffe werden?«

»Ja«, sagten die, »da musst du bei der IHK einen Antrag stellen. Als ehrenamtlicher Schöffe wirst du vor der Verhandlung vom Richter informiert, der dann die Meinung der Schöffen einholt.«

Ich habe mich beworben, und ich wurde genommen. Vermutlich hatten sie Mitleid mit mir und dachten, da oben lernt der noch was. Und wissen Sie, was? Ich habe damit tatsächlich viel gelernt und würde heute wieder so handeln. Meine heutige Sicht ist die: Die Menschen, die sich vor Gericht streiten, prozessieren gegeneinander, weil sie in der Ich-Kultur gefangen sind.

Seitdem ich ehrenamtlicher Arbeitsrichter geworden bin, habe ich keine Arbeitsgerichtsprozesse mehr führen müssen. Die Denkweise der Ich-Kultur hatte vorher dazu geführt, dass ich die Mitarbeiter nicht verstanden habe. Deswegen zogen wir vor Gericht. Ich verstehe jetzt die andere Seite besser.

Wie wird man denn auch Unternehmer? Mit nichts außer einer Anmeldung beim Gewerbeamt für 35 Euro. Wir haben niemals eine Schulung besucht, haben nicht gelernt, Unternehmer zu sein. Das ist alles normal, genauso wie die Ich-Kultur normal und nicht schlimm ist – wir haben eben unterschiedliche Einstellungen und sind geprägt von unseren bisherigen Erfahrungen. Aber dann bauen wir unser Unternehmen auf und kommen später erst darauf, dass es eine Veränderung braucht. Heute weiß ich, dass man Unternehmertum lernen kann und sollte: zum Beispiel im SchmidtColleg mit den »UnternehmerEnergie«-Seminaren.

Sicher hätte ich Herrn Geiler mit Tricks dazu gebracht, die Friseurläden zu übernehmen. Aber das wäre nicht von Herzen gekommen, das wäre die Ich-Kultur gewesen. Dann hätte er außerdem hintenrum schlecht über mich geredet. Als ich das Friseurunternehmen später verkauft habe, ist er übernommen worden. Mit dem neuen Inhaber kam er überhaupt nicht zurecht. Er hat sich selbstständig gemacht und führt heute einen der erfolgreichen Friseurläden der Stadt.

Als ich die Geschichte von Andreas Geiler hier für das Buch aufschrieb, habe ich gedacht, ich könnte ihn doch mal anrufen. Nach 15 Jahren habe ich ihn also angerufen.

Er, ganz verblüfft: »Ach, wie komme ich denn zu dieser Ehre?«

»Andreas«, sage ich, »ich rufe an, weil ich mein zweites Buch schreibe.«

»Ach, dann erzähl mal!«

»Lieber Andreas, ich erinnere mich an einen Satz, den du gesagt hast, der mich geprägt hat: ›Herr Fischer, wenn Sie das weiter machen, dann kündige ich.‹«

Er lacht.

»Nee Mike, du warst damals schon kein einfacher Chef. Aber die Zeit mit dir hat mich auch geprägt, im positiven Sinne.«

Wir reden noch eine Weile und lachen über die eine oder andere Begebenheit. Ja, ich war kein einfacher Chef.

Was ist mein Fazit aus dieser Geschichte? Egoismus kann auch aus einem positiven Herzen kommen. Egoismus bedeutet nicht unbedingt, dass ich alles nur für mich tue. Ich wollte Andreas Geiler zu dem machen, was ich wollte. Denn ich hatte doch so viel Freude an meinem eigenen Unternehmerleben, das soll der andere doch auch erleben! Aber wenn ich das von einem egoistischen Standpunkt aus tue, dann erkenne ich nicht, dass jemand anderes das nicht will.

Erinnern Sie sich noch an die Studie mit den Babys und dem gelben Dreieck, das dem roten Kreis den Berg hinaufhilft? Andreas Geiler wollte den Berg damals gar nicht hoch. Er wollte geradeaus gehen. Dann nützt es nichts, wenn ich als gelbes Dreieck ihn auf den Berg schieben will. Ich war viel mehr ein blaues Rechteck, dass ihn davon abhält, geradeaus zu gehen: »Guck mal, mach das doch so wie ich!« Herr Geiler wusste aber: »Ich will Leuten die Haare schneiden, ich will nicht Unternehmer sein.«

- Bei wem und an welchen Stellen in Ihrem Unternehmen wollen Sie ein gelbes Dreieck sein und jemanden voranbringen, sind aber in Wirklichkeit ein blaues Rechteck, dass jemanden in die falsche Richtung schiebt?
- Hand aufs Herz: Sind sie derjenige, der es letztlich besser weiß?

Meine Website-Empfehlung:
SchmidtColleg: »UnternehmerEnergie«:
https://www.schmidtcolleg.de/unternehmerenergie/

Eins gleich sechs – Wie Lob und Tadel vieles verderben

Meine sechzehnjährige Nichte Fee sitzt bei mir im Büro und guckt mich hoffnungsvoll an. Sie will, dass ich ihr irgendwie helfe. Sie muss einen Vortrag in der Schule halten. Dabei soll sie als Moderatorin argumentieren: »Schulnoten ja oder nein? – Wie viel Sinn machen Noten?«

Wir überlegen gemeinsam: Wie sinnvoll sind denn eigentlich Schulnoten und Bewertungen? Ich habe so meine Meinung darüber, aber sie sollte sich besser ihre eigene bilden, und dabei kann ich ihr helfen. Wir recherchieren gemeinsam im Netz. Wir werden sofort fündig. Gleich vornean finden wir die Studienergebnisse des »Zensurenpabstes« Gottfried Schröter, ehemaliger Professor an der Pädagogischen Hochschule Kiel und Autor des Buches »Die ungerechte Aufsatzzensur«. Der Titel gefällt mir sofort. Wir lesen gemeinsam.

Herr Schröter ist Zensurenforscher und hat bereits im Jahr 1970 die erste, erschreckende Studie mit Schülern und Lehrern zur Notengebung bei Deutsch-Aufsätzen durchgeführt. Damals hatte der Hochschullehrer unter anderem ein- und denselben Aufsatz eines Schülers an 18 Deutschlehrer zur Beurteilung übersandt. Das Ergebnis: Die Lehrer erteilten für dieselbe Arbeit Noten von eins bis sechs. In den folgenden Jahren untersuchten Schröter und seine Mitarbeiter die Zensurenvergabe in allen Schulfächern und kam zu ähnlichen Ergebnissen: Absolut identische

Arbeiten von Schülern werden von verschiedenen Lehrern mit dem gesamten Notenspektrum bewertet, von eins bis sechs.

Fee und ich gucken uns erst empört an, dann ziemlich ratlos.

»Na, Fee, in Thüringen bekommst du also eine Eins, in Baden-Württemberg würdest du vielleicht eine Sechs oder eine Drei bekommen. Was für ein Humbug ist dieses Notensystem?!«, sage ich. »Was lernt ihr denn dabei?«

»Tja«, Fee zuckt mir den Schultern. »Wir lernen halt, möglichst gute Noten zu bekommen.«

»Aber wenn man dem Studienergebnis glaubt, hängen die völlig willkürlich vom jeweiligen Lehrer ab. Ihr lernt also vor allem, wie ihr euch möglichst gut an die Erwartungen des jeweiligen Lehrers anpasst.«

Ich bin ziemlich geplättet. Ich hatte auch schon vorher nichts von Noten gehalten, aber dieser Grad der Willkür tut mir fast körperlich weh. Ich sehe Fee vor mir, wie sie sich in der Schule bemüht, ich sehe meinen Sohn Paul vor mir, der in die neunte Klasse kommt, und sie beide sind einer vollkommen willkürlichen Bewertung ausgeliefert. Sie nehmen diese Bewertung aber ernst, schließlich hängen ihre Noten, ihr Zeugnis, ihr schulischer Selbstwert davon ab. Das alles hat dann aber nichts mehr mit Lernfreude, Ideenentwicklung und selbstständigem Forschen zu tun.

Herausgekommen ist bei meiner Recherche mit Fee letztendlich Folgendes: Noten sind völliger Unsinn. Sie sind komplett ungerecht und verderben vieles bei den Schülern, was diese dann später in die Unternehmen tragen und was wir später in den Unternehmen mit unseren Mitarbeitern kaum mehr ausgebügelt bekommen: Mit den Beurteilungen gehen Kinder durch die Schulen und später in die Arbeit. Die jungen Menschen kommen nach der Schule und nach der Lehre in die Betriebe. Sie kommen mit einem Leistungsdruck, der vollkommen falsch verstanden ist. Sie haben keine eigenen Ideen mehr, sie sind nur darauf ausgerichtet, gute Noten zu bekommen. Verloren gehen dabei die tollen Ideen, die Kinder noch haben, die Entdeckerfreude, der Spieltrieb.

Und ist es dann in den Unternehmen irgendwie besser als in der Schule? Wie zeitgemäß ist die klassische Mitarbeiterbeurteilung denn eigentlich? Ist die Leistungsbeurteilung durch Vorgesetzte nicht ähnlich wie die damals in der Schule durch Lehrer? Und was ist das Ergebnis solch einer Beurteilung? Menschen verstellen sich, um gut beurteilt zu werden. Ein sensibler Mitarbeiter findet schnell heraus, was der Chef von ihm erwartet, er hat das ja zehn oder zwölf Jahre in der Schule trainiert. Er verhält sich so, wie er meint, sich verhalten zu müssen, um gut beurteilt und damit auch gut vergütet zu werden. Das heißt dann in der Folge: Menschen werden so gemacht, wie die Vorgesetzten sie haben wollen. Menschen passen sich an, um gute Gehälter und Boni zu bekommen. Ich kenne niemanden, der sich auf ein Mitarbeiterbeurteilungsgespräch gefreut hat. »Gehe nicht zum Fürst, wenn du nicht gerufen wirst«, heißt ein Sprichwort.

Wie könnte das Elend dieser Mitarbeiterbeurteilungen abgestellt werden, wenn schon nicht die Notengebung in der Schule? Wir müssten den Mitarbeiter mehr aus seiner Perspektive sehen. Und das ist nicht leicht. Denn einerseits brauchen und wollen Menschen auch Rückmeldungen über ihre Leistungen. Aber andererseits nicht von oben herab. Es darf nichts Lehrerhaftes, Besserwisserisches dabei sein. Keine Überheblichkeit. Augenhöhe ist das Schlagwort.

Dazu möchte ich Ihnen die Geschichte von meinem Azubi Johann erzählen. Johann war Praktikant bei uns. Wenn man dem in die Augen sah, merkte man sofort: Der leuchtet, der möchte arbeiten. Wow! Der ist mit voller Kraft dabei und erledigt nach nur acht Wochen selbstständig komplexe Aufgaben.

An einem Tag gehe ich zu ihm und sage: »Johann, wenn du bei uns Lehrling werden willst – mit dieser Bereitschaft und Begeisterung, mit der du hier reinkommst –, nehme ich dich. Ich weiß zwar noch nicht, wie und wofür, aber wir finden schon was für dich.«

Johann freut sich und arbeitet weiter. Irgendwann kommt er zu mir und sagt: »Ich möchte gerne hier im Büro bleiben.«

Dann ruft mich irgendwann sein Vater an.

»Mike, hat sich denn Johann bei dir offiziell beworben?«

»Nein«, sage ich. »Ich habe Johann angeguckt, und der leuchtet. Wieso soll er sich da nochmal bewerben. Den nehme ich mit seinem Leuchten.«

Nun, Johanns Vater – ich kenne ihn aus unserer frühen Jugend – hat eben von seinen Eltern gelernt, wie man sich richtig um einen Job bewirbt, und deshalb gibt er das so an seinen Sohn weiter. Ich lasse ihn machen. Was passiert?

Zwei Wochen nach dem Gespräch mit dem Vater bekomme ich tatsächlich eine blaue Bewerbungsmappe von Johann. Auf der linken Seite – so wie alle das machen – der Lebenslauf, auf der rechten Seite das Anschreiben, danach die Zeugnisse. Das Erste, was mir an der Bewerbung auffällt: Er hat sich als »Bürokaufmann« beworben. Zeugnisse sehr gut, die schlechteste Note hatte er in Deutsch: eine Vier. Als Bürokaufmann hat er sich mit einer Vier beworben, das ist vielleicht nicht so ideal.

Das Nächste, was ich sehe, ist sein Anschreiben. Bei uns herrscht eine »Du«-Kultur. Wir duzten uns von Beginn an. Nun schreibt Johann in das Anschreiben: »Sehr geehrte Damen und Herren ...« Ich schreibe ihm daraufhin eine Chat-Nachricht: »Lieber Johann, danke für deine Bewerbung. Würdest du mit deiner Vier in Deutsch eigentlich sagen, dass du dich für die Bürokaufmann-Stelle bewerben willst? Und ab jetzt nennst du mich ›Damen und Herren‹.«

Danach unterhalten wir uns persönlich:

»Johann, jetzt erzähl mir mal, was dir eigentlich liegt.«

»Ja, Computer und so.«

Also kümmert er sich jetzt im Büro um alle Computerfragen – das nennt sich »IT-System-Kaufmann«. Damit ist er bis heute sehr glücklich, er hat die Lehre begonnen und ist inzwischen fast am Ende seiner Ausbildung. Wir haben ihm jetzt schon zugesagt, ihn zu übernehmen.

Während der drei Jahre hatte er vielleicht ein einziges Mal ein kurzes Tief. Aber insgesamt habe ich ihn als den glücklichsten Lehrling erlebt in den 20 Jahren, in denen ich ausbilde.

Ich habe mich früher zu wenig um die Auszubildenden gekümmert. Das war Ich-Kultur. Deshalb ist die Konsequenz aus dieser Geschichte: Wir kümmern uns zu wenig um die Potenzialentfaltung der jungen Leuten. Wir müssten viel direkter mit ihnen kommunizieren, zu ihnen sagen: »Du arbeitest hier mit dem, was du im Herzen trägst.« Wenn wir das nicht machen, sind die wirklich guten Leute irgendwann weg. Johann hätte nach einem Jahr die Segel gestrichen, weil ihn das, was er nur aus Pflicht tut, irgendwann komplett anödet. Heute geht er sogar gerne in die Berufsschule, weil er jetzt das macht, was für ihn passt. Er hat bei uns eine eigene Persönlichkeit entwickelt. Ich freue mich jetzt schon, mit Johann in den kommenden Jahren zusammenzuarbeiten.

Mit dieser Geschichte möchte ich Ihnen sagen: An dem Azubi liegt es nicht, wenn er irgendwann keine Lust mehr hat zu arbeiten. Wenn er die Anweisung bekommt: »Nimm die blaue Bewerbungsmappe!«, wird das nichts. Und jetzt gebe ich doch mal konkrete Tipps, denn es geht um die junge Generation – das Kostbarste, was wir haben.

Liebe Leser: »Sehen Sie dem Nachwuchs in die Augen und finden Sie heraus, wofür sie leuchten, was ihre Stärken sind, wie das Feuer am Brennen bleibt und wie es größer wird. Sonst ist nach einem halben Jahr das Potenzial weg und das Leuchten erloschen.«

- Wie behandeln Sie ihre Mitarbeiter? Wie behandeln Sie Ihre Auszubildenden?
- Wie hoch ist der Anteil der Fragen, die Sie Ihren Mitarbeitern in einem Mitarbeitergespräch stellen?
- Wie viele offene Fragen stellen Sie, also W-Fragen, auf die der Mitarbeiter umfassender als mit Ja oder Nein antworten kann?
- Wer beurteilt?

Meine Leseempfehlung:
Gottfried Schröter: »Die ungerechte Aufsatzzensur«, Kamp 1971.

3 DIE SACKGASSE:
WIE EINZELKAMPF SINNLOSIGKEIT PRODUZIERT

Doofheit oder Klarheit? – Warum Liebe und Fürsorge wichtiger sind als Geld

Vor einigen Jahren habe ich zusätzlich noch ein Bombengeschäft mit gigantischen Umsätzen und einer enormen Nachfrage betrieben. Die Nachfrage konnte nicht mal im Ansatz bedient werden. Was war nun dieses hochlukrative Geschäft? Das wollen Sie bestimmt wissen, so etwas wünscht sich jeder Unternehmer, oder? Nun, ich habe Lkw-Fahrer eingestellt, beschäftigt und an Speditionen verliehen. Zeitarbeit mit einem Riesenumsatz. Besonders aus finanzieller Sicht waren die Argumente für den weiteren Ausbau dieses Business, das sich »Arbeitnehmerüberlassung« nennt, mehr als überwältigend. Mir war von Anfang an klar, dass Kraftfahrer überall gebraucht werden. Wir wollten also diese Kraftfahrer ausbilden, verleihen und sie dann bei den Speditionen in feste Arbeitsverträge bringen.

Nun, was auf den ersten Blick wie ein neuer Hauptgewinn für unsere Firma aussah, entwickelte sich auf den zweiten Blick anders als gedacht. Es stellte sich nämlich Folgendes heraus: In einigen Speditionen wurden unsere Fahrer miserabel behandelt. Wirklich: hundsmiserabel!. Und ich musste zusehen, ohne etwas tun zu können. Mir waren die Hände durch die gesetzlich vorgeschriebenen Verträge gebunden. Ich konnte weder auf Lenk-, Ruhe- und Pausenzeiten noch auf Regelungen zur Wochenendarbeit oder Ähnliches Einfluss nehmen. Wir wollen unsere Kraftfahrer mit Liebe behandeln. Wir nennen sie »Fahrexperten«, nicht Lkw-Fahrer. Doch in den Speditionen waren sie einfache Leiharbeiter, die nach Strich und Faden ausgebeutet wurden.

Einer der Lkw-Fahrexperten hatte einen Unfall. Die Schuld lag bei ihm, und dafür sollte er teuer bezahlen. Wie viel? 7 000 Euro. Eine ziemliche Stange Geld für einen Fahrer, der nicht gerade in Geld schwimmt. Ich rief bei der Spedition an und fragte nach:

»Haben Sie denn für solche Fälle keine Versicherung? Es kann doch öfter vorkommen, dass ein Fahrer einen Unfall verschuldet?«

Wissen Sie, was ich als Antwort hörte, sodass mir vor Entsetzen und Ärger fast das Telefon aus der Hand fiel:

»Wir versuchen es immer erst mal beim Kraftfahrer.«

Über diese Haltung habe ich mich so sehr geärgert, dass wir an diesen Betrieb nur dieses eine Mal Kraftfahrer überlassen haben, dann nie wieder. Leider war das kein Einzelfall. Werte wie Mitgefühl, Liebe und Fürsorge für die eigenen Mitarbeiter waren in vielen dieser Speditionen Fremdworte. So war für mich schnell klar: Ich entscheide mich gegen das schöne Geld, das ich damit weiter hätte verdienen können und das da für uns fast nicht nur sprichwörtlich auf der Straße lag. Es war Geld, aber für mich war es dreckiges Geld geworden, und ich wollte es nicht mehr. Alle unsere Fahrexperten haben wir dann in die Hände wenigstens einigermaßen werteorientierter Speditionsbetriebe vermittelt und anschließend das Business »Arbeitnehmerüberlassung« ein für alle Mal begraben.

Mit anzusehen, wie Mitarbeiter ausgebeutet werden, ist keine Freude und kollidiert komplett mit meinen und unseren Werten. Ich hätte nicht mehr ruhig schlafen können. Meine Arbeitstage wären vermiest gewesen: Hier die Festangestellten, die unsere Werte wie Liebe, Mitgefühl, gegenseitiges Helfen und verantwortungsvolles Handeln jeden Tag leben und darin gefördert werden. Dort ausgebeutete Leiharbeiter, die fast am Steuer einschlafen und dann auch noch allein gelassen werden, wenn etwas schiefläuft. Zwei Blickwinkel sind also entscheidend: der auf den Menschen (»Wird er gut behandelt?«) und der auf das große Geld, das lockt.

Letztere Idee vom großen Geld will ich hier relativieren. Sie ist einer der zentralen Gründe für Egoismus, weil sie die Wahrnehmung trübt – und sie führt in eine Sackgasse. Was auf den ersten Blick aussieht wie ein Hauptgewinn und die Gier nach immer mehr Geld wecken kann, ist eben auf den zweiten Blick bei einer Absage auch eine interessante

Möglichkeit für ganz neue Entwicklungen. Ich habe ein Beispiel dafür, wie viel eine Absage ans Geld bewirken und sogar der Anlass für grundlegend neue, bessere Bedingungen sein kann.

Vor einem Jahr bin ich von einem Bildungsträger angerufen wurden. Die Idee war, eine Kooperation in Gera als gemeinsame Bildungsmaßname zu organisieren mit dem Ziel Lkw- und Busfahrer auszubilden. Anschließend können wir die ausgebildeten Teilnehmer in Arbeit bringen. Lkw und Bus ist eben eine unserer großen Stärken, wir sind genau die Richtigen dafür.

Die Vorbereitung hat sich am Anfang gut angefühlt. Absprachen, Zuarbeiten und Austausch von Informationen waren hervorragend. Die Bildungsmaßnahme »Ausbildung zum Berufskraftfahrer« durch den Bildungsträger wurde bald zertifiziert, vorerst genehmigt bis 2021, und sollte im April beginnen. Sie war bundesweit gültig, und Lkw-Fahrer werden zu Tausenden bundesweit gesucht. Die Vermittlung in Arbeit und der erfolgreiche Abschluss der Maßnahme für alle Teilnehmer standen mit allem, was dazugehört, unter einem guten Stern. Aber dann habe ich im Lauf der weiteren Kooperation immer klarer erkannt: Der Qualitätsanspruch zwischen beiden Partnern war meilenweit auseinandergedriftet. In dem Moment, als mir das klar wurde, habe ich die Kooperation aufgekündigt. Ich habe einen möglichen Umsatz in Millionenhöhe abgelehnt. Ich habe mich gegen das viele Geld entschieden. Ist das nun Doofheit oder Klarheit? Was meinen Sie? Ist es richtig, Aufträge, wenn diese viel Geld einbringen, auch mal abzulehnen? Wenn die Rahmenbedingungen nicht stimmen, lässt mich jeder Umsatz kalt. Kurz gesagt: Ein schlechtes Business beende ich ohne Bedauern und sehr schnell. Es gibt dazu nichts weiter zu sagen. Schlechte Behandlung von Menschen, fehlende Qualität in der Ausbildung, fehlende Liebe und Fürsorge sind für mich No-Gos. Punkt. Ende. Aus. Zugleich bringen wir mit einem klaren Nein unsere Werte nach vorn. Ein Nein kann zu einem guten Ja führen, wo vorher ein halbherziges Ja zu einem schlechten Kompromiss geführt hätte.

Im zweiten Beispiel habe ich mit dem Nein viel bewirken können. Dadurch, dass ich beim ersten Mal rechtzeitig die Reißleine gezogen habe, habe ich meine Werte bezüglich Fürsorge und Ausbildungsqualität bewahrt. Gerechnet hat es sich bald darauf, als ich gemeinsam mit einem anderen Träger eine groß angelegte Bildungsmaßnahme entworfen habe, die diesen Werten genau entsprach.

- Was sind Ihre Werte, die für Sie und für Ihr Unternehmen unumstößlich gelten?
- Wie halten Sie es mit den Verlockungen, die aus einem lukrativen Business entstehen, wenn es einen Konflikt mit Ihren Werten gibt?
- Wie klar haben Sie das Fundament Ihrer Werte gebaut?
- Wie klar können Sie Nein sagen, wenn etwas nicht stimmt?

Hintenrum – Was passiert, wenn jemand mit seinem Frust hinterm Berg hält

Vor ein paar Tagen habe ich eine E-Mail von dem Bewertungsportal *kununu* bekommen. Bei *kununu* können Mitarbeiter ihren Arbeitgeber anonym bewerten. Wenn eine neue Bewertung eingeht, bekomme ich dazu eine Meldung. Ich öffne die E-Mail. In diesem Fall lautetet die Überschrift: »Illusion und Trickserei«. Da wird die Fischer Academy von 5 Punkten mit 1,6 bewertet. Was wurde geschrieben?

»Man muss echt aufpassen, wer gerade im Büro ist. Reines Motivationsunternehmen. Bloß nicht nach einer Gehaltserhöhung fragen. Wenn die Menschen aus den Fanclubs dieser Firma wüssten, wie es hinter den geschlossenen Türen zugeht, wäre da blankes Entsetzen.«

Puh, das ist harter Tobak für mich. Für uns als Firma mit 22 Mitarbeitern ist *kununu* zwar nicht so relevant wie für große Unternehmen, aber auch nicht völlig unerheblich. Wie reagiere ich auf diese Bewertung? Jemand macht alles schlecht, was wir hier haben. Soll ich das so stehen lassen? Was sagen die Mitarbeiter dazu? Ich habe mich dann entschieden, das im Team offen anzusprechen. Ich habe zu meinem Team im Dienst-Chat gesagt: »Leute, es gibt hier eine Bewertung auf *kununu*«, und ich habe den Link in die Nachricht kopiert. »Wenn ihr Lust habt, reden wir morgen um sieben Uhr beim Kaffee darüber, ist aber keine Pflicht.«

Viele meiner Fahrlehrer wussten vorher gar nicht, dass es *kununu* gibt. Einige sprachen mich gleich darauf an und waren ganz aufgebracht: »Wer das geschrieben hat, wenn wir den in die Finger bekommen ....« Am Morgen haben wir uns dann getroffen und die Bewertung im Internet am Bildschirm angeschaut. Jeder konnte sich äußern. Alle waren sich einig: »Frustlügner!«, »Der arbeitet hier nicht.« und so weiter. Denn bei *kununu* kann jeder Bewertungen abgeben. Niemand muss nachweisen, dass er tatsächlich in dem Unternehmen arbeitet. Nun, Frustlügner hin oder her: Wie gehen wir damit um?

Nachdem wir unserem Ärger Luft gemacht hatten, zog ich ein Fazit: »Ich lege meine Hand dafür ins Feuer, dass niemand, der zurzeit hier arbeitet, so etwas schreiben würde.« Und wir waren uns einig: Das Einzige, was wir machen können, ist, mit Authentizität zu antworten. Also nicht, Fake-Bewertungen mit fünf Sternen abgeben.

Ich selbst habe dann einen Kommentar zu der anonymen Bewertung geschrieben:

»Hallo ›Mitarbeiter/in‹ oder sollte ich lieber sagen, ›Hallo Anonymer Bewerter‹? Der Verdacht liegt leider nahe und drängt sich bei Ihrer Bewertung auf, dass Sie nicht zu dem tollen Team von unseren 22 Mitarbeiter und Mitarbeiterinnen der Fischer Academy gehören können. Wenn Sie mich als Verantwortlichen des Unternehmens kennen würden, wüssten Sie, dass ich als leidenschaftlicher Unternehmer in den vergangenen 30 Jahren immer offen war für die Belange, Bedürfnisse und Ideen der Mitarbeiterinnen und Mitarbeiter. Auch wenn Sie, warum auch immer, etwas in Ihrem Herzen tragen, dass Ihnen an unserer Arbeit, an unserem Auftritt NICHT gefallen hat, rufen Sie mich einfach an und lassen Sie uns darüber sprechen. Reden hilft immer ;-) Hier ist meine Nummer: 0171 625 00 14. Herzliche Grüße, Ihr Mike Fischer.«

Als wir weiter im Team darüber sprachen, haben meine Mitarbeiter dann mit Namen und teilweise mit einem eigenen Bild eine Bewertung abgegeben und ihre Meinung erzählt, wie sie diese schlechte Bewertung selber finden. Die waren nämlich alle stinksauer. Interessant war für uns, dass diese Bewertungen bei *kununu* nie aufgetaucht sind. Das hat uns natürlich gewundert. Nach drei Tagen haben sie dann aber eine E-Mail bekommen, in der *kununu* erklärte, dass sie großen Wert auf Anonymität legt und Bewertungen nur ohne Namensnennung akzeptiert. *Kununu* will nur anonyme Bewertungen, um eine anonyme Plattform zu bleiben. So weit, so gut.

Doch jetzt kommt der Hammer: Die negative Bewertung ist inzwischen gelöscht. Nun könnte man spekulieren: Hat vielleicht der Mitarbeiter, wenn es doch einer aus unserem Team war, sich überlegt: »Das zu posten war doch eine dumme Idee. Ich lösche es.« Oder hat *kununu* die Bewertung gelöscht, weil sie nicht fair war? Auf jeden Fall ist die Bewertung weg.

Aber gehen wir mal lieber über diesen unangenehmen Einzelfall hinaus. Für mich ist das Interessante an dieser Begebenheit, zu beobachten, wie sich meine Reaktionen und die meines Teams entwickelt haben: Erst haben wir uns darüber aufgeregt. Wir waren sauer, stinksauer. Natürlich habe ich mir das zu Herzen genommen. Es ging ja um meine Firma, und ich habe von dem Frust, den der Bewerter dort ausgedrückt hatte, nie etwas direkt zu hören bekommen oder bewusst wahrgenommen. Natürlich habe ich auch darüber nachgedacht, ob an dieser Kritik was dran ist.

Im Nachhinein, mit mehr Abstand und dadurch, dass die Sache ja ohnehin erledigt ist, finde ich es auch aus folgendem Grund nicht mehr so schlimm: Es hat mich – und uns alle – doch sehr zum Nachdenken angeregt. Sich darüber aufzuregen ist eigentlich ein Phänomen des Egoismus, denke ich jetzt. Erst wenn ich das Gefühl, persönlich gekränkt zu sein, hinter mir lasse, kann ich auf einer höheren Ebene darüber nachdenken.

Mein Fazit für mein Team ist nun auch: Wenn es wirklich einer aus unserem Team war, dann bitte ich euch für die Zukunft: »Seid offen! Wenn jemand von euch frustriert ist, bitte teilt das mit!« Denn wenn jemand keine andere Möglichkeit sieht, als seinen Frust in einem anonymen Bewertungsportal runterzuschreiben, dann fehlt etwas für eine Teamzusammenarbeit, die am »Wir« orientiert ist. »Bitte haltet mit eurer Kritik oder eurem Frust nicht hinterm Berg. Sagt es laut, rennt meinetwegen mit einem Plakat herum.«

Das ist die eine Seite, die an die Mitarbeiter direkt gerichtet ist. Aber natürlich gibt es auch noch eine andere Facette: Vielleicht hat jemand schon mal etwas angesprochen, und es wurde nicht gehört? Es gehören immer zwei dazu, und es kann nicht die alleinige Aufgabe des Chefs sein, alle Zwischentöne, alle Andeutungen zu hören und aufzunehmen. Genauso wenig kann es die alleinige Aufgabe von Mitarbeitern sein, ihre Kritik anzubringen. Es muss eine Stimmung herrschen, die zu Kritik einlädt und in der ein offenes Ansprechen möglich ist. Bei beidem können alle Beteiligten sich an die eigene Nase fassen.

Und wenn ich jetzt noch größer denke, dann denke ich an den Durchschnitt aller Bewertungen bei *kununu*. Er liegt bei 3,3 von fünf Sternen. Die Hälfte der Mitarbeiter, die dort ihre Arbeitgeber bewerten, ist also nicht wirklich begeistert. Bei *kununu* werden über 76 000 Unternehmen bewertet. Der Bewertungsdurchschnitt von 3,3 bietet also eine gewisse Orientierung für die Stimmung und für die Zufriedenheit in Unternehmen in Deutschland. Wenn das die Welt ist, in der wir arbeiten, dann kann ich sagen: Gute Nacht, Maria.

Mich bestätigt diese deprimierende Zahl umso mehr darin, dass wir den Standpunkt des Egoismus verlassen müssen. Wenn wir uns nicht hin zu einer Wir-Kultur entwickeln, wird die Zahl an unzufriedenen Beschäftigten sich auch in den nächsten Jahren nicht verändern. Wir bleiben stehen. Oder es wird sogar schlimmer, weil alle merken, dass es in ihrem Unternehmen eigentlich anders sein müsste. Das Ziel für die gesamte Arbeitswelt muss sein, auf fünf Sterne bei der Mitarbeiterzufriedenheit zu kommen, also auf die Bestwertung. Jede und jeder irgendwie Beschäftigte kann sich fragen: Was müsste bei mir, in meinem Unternehmen passieren, dass ich bereit wäre, eine Bestnote zu vergeben?

In einem Unternehmen, das in einer Wir-Kultur angekommen ist, hält niemand mit Kritik hinterm Berg, weder auf einem Bewertungsportal noch bei Kollegen noch beim Chef. Auch der Chef sagt, wie er sich gerade fühlt, was ihn gerade drückt oder ärgert. Damit sind wir bei dem Punkt, dass es nicht nur Sache des Chefs ist, sondern auch des Mitarbeiters. Und auch wenn unser *kununu*-Bewerter kein Mitarbeiter war, bestätigt es mich doch in dem Grundsatz: Jeder muss sagen, was ihn stört. Wenn man etwas vor sich herschleppt, wird daraus keine Wir-Kultur. Das können wir aus dieser anonymen Bewertung lernen. Wir brauchen eine Kultur, in der niemand auf die Idee kommen kann, er müsste seinen Frust oder Ärger über irgendwas hintenrum äußern. Sonst tritt eine schleichende Vergiftung ein.

Auf Bewertungsportalen für Arbeitgeber wie *kununu* steht also ungeschönt, was Arbeitnehmer von ihrem Job halten. Wer sich hier als Unternehmer findet, bekommt entweder schlechte Laune oder fühlt sich gebauchpinselt.

Die Alternative dazu, demnächst von einer niederschmetternden Bewertung auf einem Portal überrascht zu werden, ist einfach: Wie wäre es, selbst einmal einfache Fragen in Ihrem Team. zu stellen? Das ist immer besser, als irgendwo Antworten lesen zu müssen, deren Fragen Sie nie gestellt haben. Wer fragt, der führt. Sie könnten Ihre Mitarbeiter im Schulnotensystem mit Eins bis Sechs bewerten lassen und dann mit der Auswertung und dem Team in die Diskussion gehen. Ich habe ein paar Beispielaussagen für Sie:

- Unser Unternehmen betreibt aktive Öffentlichkeitsarbeit für eine gute Reputation.
- Unser Unternehmen hat einen guten Ruf in der Öffentlichkeit.
- Ich spreche in der Öffentlichkeit gut über unser Unternehmen.
- Ich würde meinen Arbeitgeber einem Freund weiterempfehlen.
- Ich beurteile die derzeitige Stimmung im Unternehmen mit der Note ...
- Lob oder Kritik sind konstruktiv und kommen zeitnah.
- Mein Unternehmen und die Mitarbeiter überzeugen durch soziale Kompetenz.
- Ich werde zum eigenverantwortlichen und selbstständigen Arbeiten ermutigt.
- Ich werde an Entscheidungsprozessen beteiligt.

Und hier sind noch ein paar Fragen:

- Sagen Sie Ihren Mitarbeitern, Kollegen, Vorgesetzten – ja, auch Kunden – gegenüber, wenn Sie etwas dauerhaft stört?
- Stauen Sie Ihren Frust auf?
- Stauen Ihre Mitarbeiter Ihren Frust auf?
- Woran könnte das liegen?
- Wie offen ist die Kultur in Ihrem Unternehmen dafür, Dinge auszusprechen, die jemandem auf dem Herzen liegen?
- Was müsste in Ihrem Unternehmen passieren, damit Sie auf die fünf Bewertungssterne kommen?

Meine Website- und Leseempfehlungen:
https://www.kununu.com
Faktor A - Das Arbeitgebermagazin: »Kununo und Co: Arbeitgeber-Bewertung online: die nackte Wahrheit«
https://faktor-a.arbeitsagentur.de/mitarbeiter-finden/arbeitgeber-bewertung-online-die-nackte-wahrheit/?gclid=EAIaIQobChMIiKa9yNHD3wIV77ftCh23WgCqEAAYBCAAEgLfZvD_BwE

Trennung ohne Happy End – Wenn dem Fußbodenleger im Winter gekündigt wird

Ein Jahr lang haben wir an unserem neuen Fahrschulzentrum gebaut, dem FischerDorf. Im Zentrum von Gera haben wir einen Ort zum (Fahren-)Lernen, Austauschen und Ideen-Entwickeln geschaffen. Das Jahr des Baus war bewegt, und ich habe wieder viel gelernt. Zum Beispiel über den Umgang mit Mitarbeitern. In diesem Fall, von dem ich Ihnen erzählen möchte, ging es nicht um meine eigenen Mitarbeiter. Zum Glück. Ich habe mit einigen Handwerkern, die den Fußboden legen, auch über andere Themen als den Baufortschritt gesprochen. Da hätten wir einen Fußbodenleger, einen Handwerksmeister, der mir eine interessante Story erzählt. Wir sitzen in seiner Pause auf einer Bank vor dem Gebäude.

»Herr Fischer«, sagt er und dreht sich eine Zigarette. »Gestern Nachmittag habe ich zwei ehemalige Mitarbeiter zum Gespräch eingeladen. Ich wollte sie wieder einstellen, aber sie wollten nicht mehr.« Ich sehe zu, wie die Rauchschwaden über den Platz vor dem neuen Schulungsgebäude ziehen.

»Die waren also früher schon mal eingestellt«, sage ich. »Warum waren sie denn zwischendurch nicht bei Ihnen?«

»Naja, ich hatte sie zum Winteranfang entlassen.«

»Wieso das denn?« Jetzt bin ich ganz wach.

»Die Auftragslage in den Wintermonaten ist bei uns einfach nicht gut. Was soll ich machen? Ich habe mich mit meinem Team zusammengesetzt und gesagt: ›Leute, es müssen zwei von euch gehen. Ich kann bei der schlechten Auftragslage nicht alle von euch finanzieren.‹«

»Und dann?« Ich bin alarmiert, denn was ich da höre, gefällt mir ganz und gar nicht.

»Einer hat ziemlich schnell gesagt, dass er gehen kann, weil vor Kurzem sein Vater gestorben sei. Der andere hatte auch eine schwierige familiäre Situation mit einer kranken Schwiegermutter und einem Pflegefall. Da traf es sich gut, dass die beiden eine Auszeit nehmen konnten. Ich habe ihnen angeboten, dass sie für den Winter aussteigen und im Frühjahr wieder anfangen können.«

Ich werde immer unruhiger. Der Mann neben mir redet, als hätte er es gut gemeint mit den beiden. Er scheint tatsächlich zu denken, dass beide aufgrund der familiären Situation eine Auszeit bräuchten und sogar froh wären, nicht arbeiten zu müssen.

»Naja, und jetzt, im Frühjahr, habe ich mich bei den beiden gemeldet, um sie wieder einzustellen. Jetzt haben aber beide gesagt, sie kommen nicht wieder.«

»Kein Wunder«, platzt es aus mir heraus. »Das war eine komplette Fehleinschätzung von Ihnen.«

»Wieso das denn?« fragt er und drückt seine Zigarette aus. Er guckt mich mit großen Augen an. Ich aber denke mir nur: »Versteht er es wirklich nicht? Will er es nicht sehen?« Also erkläre ich ihm, warum das aus meiner Sicht eine komplette Fehleinschätzung war: In seinem Fall würde ich auch zu meinem Team sagen: »Leute, wir haben im Winter eine schwierige Auftragslage.« Meinetwegen kann er auch sagen: »Es müssen zwei gehen.« Wenn es um keinen Preis zu verhindern ist. Aber dann zu sagen: »Wer da gehen muss, könnt ihr entscheiden.« Das führt zum Chaos und zu ganz schwierigen Situationen für die Mitarbeiter. Und das hat er offensichtlich gar nicht überblickt.

Stellen wir uns die Situation des Mitarbeiters mit dem Todesfall genau vor: Sein Vater ist gerade gestorben. Das ist ein großer Einschnitt für jeden Menschen. Den Tod des eigenen Vaters steckt niemand so leicht weg. Ich formuliere es einmal so: Damit ist ein Teil der ersten Familie gestorben. Und nun kommt auch noch der Chef und komplimentiert ihn hinaus. Damit ist eigentlich seine zweite Familie gestorben, denn die Firma, in der man arbeitet, ist immer so etwas wie eine Familie. Man verbringt dort einen Großteil seiner Zeit. Dort verdient man das Geld, das einen selbst und vielleicht sogar die ganze Familie versorgt. Diese ist nun auch noch weg. Zwei dramatische Trennungen. Der Mitarbeiter mit dem verstorbenen Vater ist zweimal verlassen worden.

Dass er in diese Firma nicht mehr zurückwill, ist für mich klar. Der Chef hat die falsche Entscheidung getroffen, denn er wollte seine Mitarbeiter eigentlich nicht verlieren. Er wollte nur über den Winter Personalkosten sparen und hat es den Mitarbeitern überlassen, zurückzutreten. Das war falsch. Er hätte sein Team nicht fragen sollen: »Wer von euch würde gehen?« Er hätte fragen sollen: »Leute, was müssen wir gemeinsam tun, um die schwere Zeit mit wenigen Aufträgen zu überbrücken?« Aber dieser Chef lebt in einer Ich-Kultur, und da denken Chefs nur an sich, an ihre Firma, und außerdem nur kurzfristig. Klar, aus dieser Sicht gedacht spart er einfach den Lohn für die Wintermonate. In einer Wir-Kultur dagegen hat er vollkommen gegen den Wert der Verbundenheit verstoßen: Der Vater seines Mitarbeiters ist gestorben, und er lässt es zu, dass dem Mitarbeiter auch die Verbundenheit zur Firma verloren geht.

Zum Schluss unseres Pausengesprächs auf der Bank frage ich den Handwerksmeister noch etwas: »Wissen Sie denn, ob und seit wann dieser ehemalige Mitarbeiter wieder arbeitet?«

»Naja, er hat eigentlich eine Woche später schon woanders gearbeitet.«

Ich halte mich zurück, aber ein paar Gedanken müssen doch noch raus:

»Wissen Sie was: Sie haben mit dieser Aktion wohl Ihren besten Mitarbeiter verloren. Der hatte so viel Engagement, dass er gesagt hat, ich gehe für den Winter. Im Unterbewusstsein wusste der Mitarbeiter, dass er schon was anderes findet. Haben Sie das mal bedacht?«

Er sagt nichts dazu. Er kann nichts sagen. Er ist in seiner Ich-Kultur gefangen. Er kommt gar nicht auf ein anderes Denken. Ich denke später noch weiter über die Sache nach: Jeder Unternehmer in solch einer Situation sollte die Frage an sein Team stellen: »Liebe Freunde, es sieht schlecht aus: Wie schaffen wir es? Was ist eure Meinung?« In einer Wir-Kultur würde man das fragen, in einer Ich-Kultur gibt es das nicht.

Übrigens: Dieser Fußbodenleger bereut bis heute, dass er den Mitarbeiter damals hat gehen lassen. Er hat immer wieder erzählt, dass er einen Fehler gemacht hat. Er war sein bester Mann. Naja, vielleicht hat er es noch mehr bereut, nachdem er mit mir geredet hatte. Das ist okay. Ich habe ihm den Rat für die Zukunft gegeben, er möge doch mit seinen Mitarbeitern, im Team über so etwas reden. Es gibt so viele Mitarbeiter, die haben tolle Ideen dazu, wie man schwierige Zeiten überbrücken kann.

Wir hatten auch Zeiten mit zu wenigen Anmeldungen für unsere Fahrschule. Ich habe dann entschieden: Nein, wir entlassen nicht. Ich habe die Mitarbeiter gefragt, was wir tun können. Dann kamen Ideen, wir könnten zum Beispiel mit Absolventen weiterarbeiten, ihnen ein weiteres Angebot machen. Oder wir machen eine Marketingaktion, die was Neues hervorbringt. Ein Dritter hat gesagt, wenn mal nicht genug Geld da ist, fahre ich eben Pizza aus. In meiner Pizzafirma hat es zu der Zeit gerade ordentlich gebrummt, aber auf die Idee, dadurch eine Durststrecke der Fahrschule aufzufangen, wäre ich nie gekommen. Das war zwar etwas teurer für mich, weil ein Fahrlehrer natürlich mehr kostet als ein Pizzabote. Aber wir haben das so gemacht, und ich habe mit Siggi einen tollen Mitarbeiter behalten. Die Idee dahinter ist: Wir stehen in schweren Zeiten zusammen. Ich beteilige euch an dem Problem, ich beteilige euch an den Lösungen.

Nun könnte man noch fragen: Wollen das die Mitarbeiter? Wollen sie nicht lieber einen Chef, der allein entscheidet, und danach richten sie sich? Darauf möchte ich antworten: In dem Fall geht es nicht um Wollen. Das gehört einfach dazu. Das ist normal. So ist es im Leben. Jeder denkt mit, jeder übernimmt Verantwortung. Wie sich ein Unternehmen dahin entwickeln kann, werden wir uns in den nächsten Teilen des Buches näher ansehen. Wir können aber hier schon mal beginnen, uns zu fragen:

- Wie sehr stehen wir als Team, als Mitarbeiter, als gesamte Belegschaft zusammen? In guten Zeiten? In schlechten Zeiten?
- Wie sehr fühlen wir uns miteinander verbunden und wollen gemeinsam die Herausforderungen stemmen?

Hauptsache Aufmerksamkeit –
Wenn Klickzahlen wichtiger werden als Werte

Gerade unter den jungen Leuten ist inzwischen überall bekannt, dass der eine oder andere YouTube-Star bei uns im Fahrschulinternat zu Gast war: Shirin David, Simon Desue und wie sie alle heißen. Fragen Sie Ihre Kinder, denen sagen die Namen etwas. Diese neuen Stars haben in sieben Tagen in unserer Fischer Academy ihren Führerschein geschafft, wie alle anderen Kunden auch. Nur berichten die Influencer auf ihren Kanälen über ihre Zeit bei uns.

Auch Katja Krasavice war bei uns. Mit immerhin 1,2 Millionen Followern auf YouTube, 700 000 auf Instagram und 460 000 auf Facebook gilt sie als ein echter Social-Media-Star (Stand: Dezember 2018). Ich habe mir später mal in Ruhe auf Wikipedia angeschaut, wie sie dort beschrieben wird: Sie befasse sich in ihren Videos mit den Themen Lifestyle und Sex. Ihre Markenzeichen – und nun formuliere ich sehr vorsichtig, was der Artikel recht explizit ausdrückt – sei ihre Annäherung an vermeintliche Schönheitsideale durch chirurgische Hilfe.

Katja spielt ihre Rolle – unabhängig davon, was ich von ihrer Selbstvermarktung als Sexsymbol halte – sehr gut. Da sie ein Star ist, haben wir einen Vertrag abgeschlossen. Vertraglich war vereinbart, dass sie erst nach der Führerscheinausbildung sieben Tage lang einen Videoblog auf ihren beiden Kanälen postet und darin von ihrer Ausbildung bei uns erzählt. Jetzt fällt eine Berühmtheit wie Katja natürlich in Gera in unserem Fahrschulauto sofort auf. Außerdem muss Katja wie jeder normale Mensch mal in die Stadt gehen, um einzukaufen. Schnell hat sich in ihrer Zielgruppe herumgesprochen, dass Katja bei uns ist. Von da an belagerten uns die Kids im Alter zwischen 12 und 16 Jahren, um Katja hoffentlich zu Gesicht zu bekommen. Der Fahrschulunterricht wurde irgendwann massiv durch die vielen Fans gestört. Es lenkt natürlich ab, wenn Hunderte von Kids vor dem Unterrichtsraum stehen und auf einen Blick auf Katja hoffen. Ich habe deshalb angeregt, ein Fantreffen am nächsten Tag zu veranstalten.

Das Fantreffen inklusive Autogrammstunde und Fototermin war für 18 Uhr angesetzt. Wir haben es nur einmal über unseren Instagram-

Kanal bekannt gegeben. Bereits gegen 16 Uhr waren ungefähr 300 Kids eingetroffen. Um 18 Uhr war dann die Hölle los. Ich bin einiges durch die bisherigen YouTube-Stars bei uns gewohnt, aber das sprengte auch meine Vorstellung. Und ich war überrascht: Mir ist aufgefallen, dass die Fans teilweise nicht älter als 12 Jahre sein konnten. Ich muss zugeben, ich war auch mitgerissen von dem Aufruhr. Ich bin in der Euphorie gar nicht auf die Idee gekommen, zu hinterfragen, was genau ich hier veranstalte und in meinem Namen organisiere, welchen Hype ich in die Öffentlichkeit trage. Ich bin gar nicht auf die Idee gekommen, mal zu hinterfragen, welche Rolle ich als Vorbild, als Familienvater, als Unternehmer für diesen Moment für die Kids zu spielen habe. Mir war die Verantwortung nicht bewusst.

Ganz im Gegenteil. Überwältigt von der Masse der Kids habe ich mich mitreißen lassen, habe das Fantreffen sogar noch angeheizt. Katja kam, ihr damals aktueller Song »Dicke Lippen« wurde angespielt, und rund 500 Kids im Alter von 10 bis 16 Jahren sind ausgeflippt. Alle haben mitgesungen. Die Handys wurden gezückt und jede Minute aufgenommen. Auch wir als Fahrschule haben auf den Social-Media-Kanälen wie wild nach Likes hechelnd gepostet, was das Zeug hält. Am Abend kamen dann die ersten Feedbacks besorgter Eltern: »Marketing: eins. Moral, Anstand und Denken: sechs«. Ich habe von einigen besorgten Eltern richtig was abbekommen.

Auch ein guter Freund von mir, der Arzt ist, bekam die mediale Aufmerksamkeit über die Social-Media-Kanäle mit und rief mich an: »Mike, ist das dein Ernst? Hast du mal darüber nachgedacht, dass Zwölfjährige bereits in der chirurgischen Praxis sitzen und unbedingt so aussehen wollen wie Katja? Größere Brüste, aufgespritzte Lippen?«

Und er hat recht. Ich bin in mich gegangen und habe überlegt, was genau da schiefgelaufen war. Auf der einen Seite ist es mir wichtig, bedeutsam zu arbeiten, Werte zu vermitteln und im Arbeitsprozess Verantwortung zu übernehmen. Auf der anderen Seite stürze ich mich wie ein von den »Gefällt mir«-Klicks Getriebener in die Welt. Ich habe mich gefragt: »Mike, wie passen Fahrschule, operierte Brüste und zehn- bis zwölfjährige Kids zusammen?«

Was ist meine Haltung zu den sozialen Netzwerken und dem, was sie bewirken können? Muss ich die neuen Medien noch viel mehr hinterfragen, wenn sie unser Leben so massiv beeinflussen? Wenn sie ethische Probleme aufwerfen, auf die ich nun durch die Erfahrung mit einer Menge Kids vor unserer Fahrschule gestoßen bin? Wir machen ständig neue Erfahrungen mit den neuen Technologien. Zuerst probiert man alles aus, was machbar ist. Später, wenn mehr Erfahrungen auch mit den Kehrseiten der schönen Möglichkeiten hinzukommen, stellt sich dann die Frage, ob tatsächlich auch alles gemacht werden darf, was möglich ist.

Ich erinnere mich noch, wie die Mitarbeiter während der Aktion am Rand standen – sie waren verwundert und überwältigt, das hatte ich deutlich an ihren Blicken gesehen, aber ich hatte nicht darauf reagiert. Sie – wir alle – sind für einen kurzen Moment in eine Welt abgetaucht, die uns bis dahin fremd war und teilweise noch immer fremd ist. Die Kids haben ja sozusagen unseren Laden gestürmt. Alle Mitarbeiter waren vermutlich genauso überfordert wie ich.

Wir haben im Nachgang zu diesem Ereignis, das uns alle sehr aufgewühlt hat, natürlich darüber diskutiert. Wir haben unsere Meetings zwar verkürzt, aber genau für solche Themen muss Platz sein. Ich habe mich erst einmal vor meine Leute hingestellt und die Reaktionen der Eltern und die klare Ansprache meines Freundes wiedergegeben. Dann haben wir eine erste Idee davon entwickelt, was wir aus den Ereignissen für die Zukunft lernen müssen. Gleich darauf haben wir den ersten YouTubern abgesagt, unter denen es sich längst herumgesprochen hatte, dass man bei uns ab einer bestimmten Reichweite den Führerschein kostenlos machen kann.

Heute nutzen wir diese Kooperationen nur noch unter ganz bestimmten Bedingungen. Wir benutzen die YouTuber nicht mehr, um Aufmerksamkeit zu bekommen. Natürlich kann sich weiterhin jeder ganz regulär zur Fahrausbildung anmelden, nur Vergünstigungen gibt es nur noch, wenn das Gesamtbild passt.

Wir haben daraus gelernt, dass wir künftig nicht mehr um jeden Preis und koste es, was es wolle, für ein paar Kunden und eine größere Bekanntheit mit allen kooperieren, die bekannt und berühmt sind. Es passt nicht zum Thema »Fahrerlaubnis«, und es passt nicht zum FischerDorf, dass bei uns eine YouTube-Promi-Stimmung entsteht und wir quasi mit YouTubern Werbung machen, die fragwürdige Werte und Inhalte transportieren. Jetzt ahmen zwar sicherlich einige Konkurrenten unser Modell nach, aber das ist mir egal. Wir haben uns entschieden, darauf zu achten, was wir hypen, und unserer Verantwortung gerecht zu werden. Das haben wir aus der Katja-Geschichte gelernt. Wir haben einen Fehler gemacht, den machen wir nicht noch mal. Unsere Rolle in der Gesellschaft ist uns bewusster geworden.

Und das betrifft natürlich nicht nur uns als Unternehmen. Jeder User, jede Userin, die im Internet unterwegs ist und die Neuen Medien nutzt, muss Verantwortung übernehmen. Wir alle sollten uns ständig fragen, wie es sich auswirkt, wenn wir uns im Netz bewegen und »Gefällt mir« klicken oder etwas posten. Erst recht mit Bildern oder Videos. Bilder sind machtvoll in ihrer Wirkung auf andere. In dem Moment, in dem wir ein Bild, einen Text, ein Video online posten, ist es in der Welt, und wir verlieren die Kontrolle darüber. Umso wichtiger ist es, sich selbst zu kontrollieren und zum Beispiel an Etiketten zu halten, die im echten Leben ganz normal sind, im virtuellen Raum dagegen so leicht vergessen werden.

Mein Fazit aus der Erfahrung: Es war eine Lehre für mich. Ich muss auch als Unternehmer Verantwortung übernehmen und genauer hingucken und an die Konsequenzen denken, anstatt unkritisch mitzugrölen.

Lieber Leser:

- Was sind Sie bereit, für Ihren Umsatz zu tun? Was nicht mehr?
- Wo gehen Sie mit den Trends der Masse mit, ohne ihre Impulse zu hinterfragen?
- An welchen Stellen lassen Sie sich von einem Marketing-Hype verführen?
- Wie ist Ihre Rolle in dieser Gesellschaft? Was ist Ihre Verantwortung, für die Sie nichts opfern?

Die Zeit der Einzelkämpfer ist längst vorbei – Wem der Schwarm folgt

Ich hatte eine Anfrage zum Thema »Kraftfahrerausbildung« von einem großen Konzern. Ich wurde angerufen, wir haben uns in der Systemzentrale getroffen, und es gab ein gutes Gespräch mit dem Personalchef. »Ja, sage ich, wir können die Kraftfahrer für Sie ausbilden.« Der Personalchef war begeistert. Dann ist lange nichts passiert und ich habe die ersten E-Mails geschrieben: »Wir brauchen Ihre Zuarbeit, wenn wir jetzt in die Rekrutierung gehen sollen.« Ich hatte schon einen Mitarbeiter darauf angesetzt, der deutschlandweit Kraftfahrer rekrutieren sollte und schon erste Interessenten gefunden hat. Dann gingen Mails ohne Ergebnis hin und her. Irgendwann, fast schon ein Dreivierteljahr später, trafen wir uns mit dem Mitarbeiter des Personalchefs. Wir sagten zu ihm: »Wir brauchen Ihre Unterstützung, um voranzukommen.«

»Ja«, sagt dieser Mann. »Das hat mir der Chef auch geschrieben.«

Dann aber sagte er – und ich dachte, ich spinne:

»Herr Fischer, den Vertrag können wir vergessen. Der hatte doch keine Ahnung. Das geht so nicht, wir müssen es anders machen.«

»Ich werde einen Teufel tun, den Vertrag, den ich mit Ihrem Chef ausgearbeitet habe, zu verändern«, habe ich ihm geantwortet. Denn ich war davon überzeugt, dass die Aktion mit seinem Vorgesetzten abgesprochen war. Es gab noch weitere Interessen von anderen Beteiligten, die in gegensätzliche Richtungen gingen. Alles an der Situation roch nach Intrigen und Mauschelei.

Was auch immer da nun genau los war: Der Konzern hat bis heute noch keine Lösung für seinen Fahrermangel, und für mich steht fest: Mit den Strukturen, die in diesem Unternehmen herrschen, werden sie das Problem auch in Zukunft nicht lösen können. Grund dafür und dafür, hier überhaupt davon zu berichten, ist: Es fehlt ihnen die Weisheit der vielen. Sie arbeiten dort nicht zusammen, sondern gegeneinander. Es geht nicht darum, dass sie nicht mit mir zusammenarbeiten. Es geht um die Zusammenarbeit in dem Konzern. Dazu hat Professor Jens Krause bei seiner Forschung zur Schwarmintelligenz eine wichtige Entdeckung gemacht, die sich teilweise auf Gruppen von Menschen übertragen lässt.

Professor Krause hat Schwärme untersucht. Fischschwärme. Er hat die Bewegung von Fischschwärmen verfolgt: Warum können diese Schwärme ohne Kommando unisono in eine Richtung schwimmen? Sie weichen als Masse dem Hai aus. Sie ändern die Richtung ohne Vorankündigung. Krause hat versucht, dem Schwarm einen Roboterfisch als Leittier unterzujubeln. Er wollte wissen, ob die Fische dem Roboterfisch hinterherschwimmen. Das ist nie gelungen. Kein einziger Fisch ist dem Roboterfisch gefolgt. Daraufhin hat Professor Krause mehrere Roboterfische eingeschleust, 10 bis 20 Prozent der gesamten Fischanzahl. Und sofort war alles anders. Als diese 20 Prozent den Takt vorgaben, folgte der Schwarm.

Herr Krause hat danach in Köln das Experiment mit Menschen wiederholt, in einer großen Halle und mit folgender Anweisung: »Ihr dürft euch nicht berühren, und ihr dürft nicht miteinander sprechen.« Zuerst bestimmte er wieder nur ein »Leittier«, und Sie können sich schon denken, was passiert ist: Niemand ist der Einzelperson gefolgt. Es ist dem Einzelnen nicht gelungen, den gesamten Schwarm zu führen. Im nächsten Schritt hat Professor Krause 15 Prozent der Probanden zu »Leittieren« gemacht, und siehe da: Sie haben es geschafft, den Schwarm zu steuern.

Mein Fazit aus dem Experiment für die Arbeitswelt: Wir brauchen immer mehrere Leute, die führen, wenn wir wirklich führen wollen. Wenn in der Führung mehrere an einem Strang ziehen und das Gleiche wollen – dann erst wird sich etwas verändern.

Der Chef aus dem Eingangsbeispiel war der Roboterfisch. Ein Einzelkämpfer, dem der Schwarm nicht folgt. Er hat mit mir einen Vertrag ausgehandelt und zur Umsetzung an seine Mitarbeiter übergeben. Die allerdings hatten von vornherein Zweifel an der Umsetzbarkeit und opponierten hinter dem Rücken ihres Vorgesetzten gegen die Vereinbarung. Das wäre höchstwahrscheinlich nicht passiert, wenn sie schon früher miteinbezogen worden wären. Sie hätten um ihren Input gebeten werden müssen, sodass sie auf mögliche Probleme direkt hätten hinweisen können. Dann hätten sie auch nicht im Nachhinein versuchen müssen, ihrem Chef mit fragwürdigen Methoden das Wasser abzugraben

Wenn Sie als Chef sagen: »Wir machen das jetzt so«, aber die Untergebenen sind davon nicht überzeugt, dann wird es nichts, das verspreche ich Ihnen. Das mag früher funktioniert haben. Oft habe ich diesen vermeintlichen Standard auch in Fachbüchern gelesen: »Man muss sich auch allein durchsetzen können, das geht nur mit Zuckerbrot und Peitsche.« Heute geht das nicht mehr. Wer heute nur Anweisungen gibt, ohne für Verbundenheit zu sorgen, geht baden. Erst wenn alle Beteiligten überzeugt wird, dass eine Unternehmung gut wird, wird sie letztlich auch gut!

In meiner Firma ist das inzwischen so: Bevor ich etwas festlege, hole ich mir im Vorfeld die restlichen 14 Prozent, damit der Schwarm folgt. Ich stimme mich immer zumindest mit einigen ab: »Was glaubt ihr: Ist das der richtige Weg?« Dann klappt das.

Ich habe früher auch Dinge einfach festgelegt und selbst die Abteilungsleiter nicht gefragt. Ich war mit mir selber beschäftigt und habe mich nicht genug mit anderen abgestimmt. Ich hätte viel mehr mit anderen diskutieren müssen, bis wir gemeinsam auf einem Level sind. Dann hätten sie als Botschafter agieren und andere mit der eigenen Begeisterung anstecken können.

Es gibt ein paar einfache Signale für »Machtspielchen« im Unternehmen, auf die Sie bei Bedarf achten können:

- Vorgesetzte kritisieren andere im Beisein Dritter.
- Arbeitsschritte werden ständig überwacht.
- Mitarbeitern wird gedroht, z. B. mit Abmahnung, Kürzung von xyz, Entlassung.
- Mitarbeiter werde gemobbt, schikaniert, benutzt, benachteiligt.
- Meetings werden für Machtspielchen missbraucht.
- Es wird gelästert und getratscht, was das Zeug hält.
- Der Konkurrenzdruck wird gefördert und ist zu groß. Die Ellenbogen werden ausgefahren – es herrscht eine Ich-Kultur.
- Verschiedene Gruppierungen im Unternehmen bilden sich heraus.
- Statussymbole – Büro, Firmenparkplatz, Größe des Firmenwagens etc. – haben im Unternehmen einen hohen Stellenwert.
- Dem Management ist die Stimmung im Unternehmen vollkommen egal.

Und auch hier habe ich wieder ein paar Fragen für Sie:

- Wo gibt es Graben und Mauern in Ihrem Unternehmen, zwischen Mitarbeitern?
- Welche Brücken können Sie in Ihrem Unternehmen bauen?
- Wie können Sie die 14 Prozent mit ins Boot holen, damit Ihre Mitarbeiter Ihnen folgen?
- Was machen Sie, wenn der eine »Hü« und der andere »Hott« sagt?
- Wie sehr sind Sie bereit, Führung zu teilen und andere mit ins Boot zu holen?

> **Meine Video-Empfehlungen zu Dr. Jens Krause:**
> Deutsche Welle: »Projekt Zukunft – Studiogast: Prof. Dr. Jens Krause«:
> https://www.youtube.com/watch?v=DbGKd6awPv8
>
> TEDx Talks: Jens Krause, TEDxGhent: »Can we really trust the crowd?«:
> https://www.youtube.com/watch?v=kjYFN4ElzzE

Machtspiele oder Brücken bauen – Was uns trennt oder zusammenführt

Vor Kurzem habe ich in einem Gespräch mit einem Geschäftsführer aus der Autohausbranche erfahren, wie Machtspiele in Unternehmen funktionieren. Wie so etwas laufen kann – darauf wäre ich nie gekommen. Ich möchte es hier erzählen, obwohl es auf den ersten Blick so ähnlich klingt wie im vorangegangenen Kapitel. Es geht mir jedoch hier um einen anderen Aspekt: das Brückenbauen, womit ich den Übergang in den dritten Teil dieses Buches einleiten möchte, in dem es dann schon nicht mehr um Egoismus, sondern um persönliche Klarheit geht.

Dieser Geschäftsführer erzählt mir also von seiner Geschäftsleitung und wie ein Revisor seines Unternehmens plötzlich Auskünfte über das Privatleben von ihm, dem Geschäftsführer, haben wollte. Der Revisor hat den Firmenhandelsregisterauszug der Frau des Geschäftsführers geprüft, die einen Bioladen betreibt. Sie stöberten in dem Privatleben des Geschäftsführers rum. Im Nachhinein zeigte sich, dass der Revisor von der oberen Geschäftsleitung beauftragt war zu prüfen, ob Verbindungen zwischen der Tätigkeit des Geschäftsführers und dem Unternehmen seiner Frau bestehen. Autos und Bioäpfel? Der Revisor meinte selbst unter vier Augen, dass er die Prüfung als sinnlos ansehe, seine Anweisungen aber aus der Chefetage erhalten habe und sich daher nicht darüber hinwegsetzen hätte können.

Nur dass das klar ist: Der Geschäftsführer macht tolle Arbeit, ich kenne ihn persönlich gut, und ich kenne auch das Autohaus, für das er verantwortlich ist. Ich frage ihn:

»Warum denn dann diese Prüfung?«

»Tja, ich habe vor einigen Wochen in einer Vorstandssitzung die Entscheidungen meines Vorgesetzten offen hinterfragt, weil ich darin keinen Sinn gesehen habe. Die Retourkutsche kam prompt mit dem Revisor und der sinnlosen Prüfung.«

Der oberste Chef des Autohauses ist also ein Patriarch, der aus Angst, seine Autorität könnte infrage gestellt werden, zu fiesen Methoden greift. Er hat kein Vertrauen zu seinem Geschäftsführer, und anstatt mit ihm zu reden, setzt er ihm einen Revisor vor. Wer so etwas macht, kann dem Geschäftsführer auch gleich kündigen. So jemand arbeitet doch nicht mehr mit voller Kraft und Liebe für sein Unternehmen. Die Guten gehen dann.

Derartige Methoden entstammen Denkmustern des vorigen Jahrhunderts. Patriarchen wie aus dem Beispiel müssten sich fragen: Wie schaffen wir die Transformation in die neue Zeit? Wie können wir uns anpassen? Stattdessen verweigern sie sich neuen Ideen. Wenn das Unternehmen dann nicht mehr läuft, attackieren sie ihre Leute. Die sagen dann: »Ja, Herr Patriarch«, gehen wieder und denken sich danach ihren Teil.

Mich graust es, als ich diesem Mann zuhöre, und es läuft mir eiskalt den Rücken hinunter. Machtspiele, Bürokratie, Grabenkämpfe sind die traurigen Geschichten, von denen wir viele kennen. Diese Machtspiele sind dermaßen destruktiv, wir müssen davon wegkommen! Folgende Geschichte kann dabei helfen, ein Gefühl für Verbundenheit und Klarheit zu entwickeln. Die Geschichte habe ich in ähnlicher Form kürzlich beim Surfen im Netz bei www.unendlichgeliebt.de gelesen. Sie ist der Gegenentwurf zum vorangehenden Bericht.

Ein Vater und sein Sohn lebten friedlich und in völliger Eintracht und ernährten sich vom Ertrag ihrer Felder und Herden. Sie arbeiteten miteinander und teilten untereinander, was sie ernteten. Die Entzweiung fing dann durch eine kleine Meinungsverschiedenheit an, und irgendwann kam es zu einem heftigen Streit. Der Vater beschimpfte seinen Sohn, und auch der Sohn nahm kein Blatt vor den Mund. Beide fühlten sich gekränkt und waren wütend aufeinander. Fortan mieden sie jeglichen Kontakt, und keiner sprach mehr ein Wort mit dem anderen.

Eines Tages klopfte jemand an die Haustür des Sohnes. Es war ein

Mann, der Arbeit suchte. »Kann ich vielleicht einige Reparaturen bei Ihnen durchführen?«

»Ich hätte schon Arbeit für Sie«, antwortete der Sohn. »Dort, auf der anderen Seite des Baches, steht das Haus meines Vaters. Vor einiger Zeit hat er mich schwer beleidigt. Ich will ihm beweisen, dass ich auch ohne ihn leben kann. Hinter meinem Grundstück steht eine alte Ruine, und davor finden Sie einen großen Haufen Steine. Damit sollen Sie eine zwei Meter hohe Mauer vor meinem Haus errichten. So bin ich sicher, dass ich meinen Vater nicht mehr sehen werde.«

»Ich habe verstanden«, antwortete der Mann. Dann ging der Sohn für eine Woche auf Reise. Als er wieder nach Hause kam, war der Mann mit seiner Arbeit fertig. Doch er hatte keine Mauer gebaut. Der Mann hatte eine schöne Brücke gebaut. In diesem Moment kam der Vater aus seinem Haus, lief über die Brücke und nahm seinen Sohn in die Arme. »Was du da getan hast, ist so wunderbar! Eine Brücke bauen lassen, wo ich dich doch schwer beleidigt hatte! Ich bin stolz auf dich und bitte dich um Verzeihung.«

Während Vater und Sohn Versöhnung feierten, räumte der Mann sein Werkzeug ein und wollte weiterziehen.

»Bleiben Sie doch bei uns, denn hier gibt es Arbeit genug«, sagten sie zu ihm. Der Mann aber antwortete: »Gerne würde ich bei euch bleiben, aber ich habe noch anderswo viele Brücken zu bauen.«

Diese kleine Geschichte hat mich sehr gerührt, denn sie drückt einen Teil meiner Vision aus. Ich will das Brückenbauen zu einer Bewegung machen. Ich tue es mit meinen Mitteln, mit den Mitteln eines Unternehmers. Und auch Sie können das, wenn Sie Unternehmer sind, vielleicht Firmeninhaber, wenn Sie Mitarbeiter und Kunden haben. Oder wenn Sie in einer Firma arbeiten, in der Sie etwas verändern wollen. Oder auch, wenn Sie Unternehmen kennen, in denen das Brückenbauen ein Teil der Firmenphilosophie ist oder werden könnte.

- Wo gibt es Gräben und Mauern in Ihrem Unternehmen, zwischen Mitarbeitern?
- Welche Brücken können Sie in Ihrem Unternehmen bauen?

4 DIE PERSÖNLICHE KLARHEIT: WIE MITARBEITER UND CHEFS SICH WEITERENTWICKELN

Sag mir bitte, was du willst! – Warum auch die Mitarbeiter sagen müssen, was sie brauchen

Ich habe derzeit eine Fahrlehreranwärterin. Sie wohnt in Halle, arbeitet bei uns in Gera und absolviert in Nürnberg ihre Ausbildung zur Fahrlehrerin. Nun, Fahrlehrer/in zu werden ist gar nicht so einfach. Das Pendeln zwischen den drei Orten ist purer Stress für sie. Letztes Wochenende hatten wir eine Veranstaltung. Sie wurde eingeteilt, um die Veranstaltung mitzuorganisieren und vor Ort am Wochenende präsent zu sein und mitzuwirken. Die Veranstaltung lief – unter anderem dank der tollen organisatorischen Leistung der Mitarbeiterin – super, alle waren froh und zufrieden. So weit, so gut.

Aber dann kommt die Wendung, die mich vor den Kopf gestoßen und aufgerüttelt hat. Gleichzeitig bilden wir einen zweiten Fahrlehreranwärter aus, also ihren direkten Kollegen, der auch an der Veranstaltungsorganisation beteiligt war. Von ihm erfahre ich, dass die Anwärterin sich nicht mehr so sicher ist, ob sie künftig bei uns bleibt oder nicht. »Was?«, denke ich. »Sie überlegt tatsächlich, ob sie ihre Ausbildung bei uns abbricht? Aber alles lief doch bisher gut! Habe ich etwas übersehen? Ist sie unzufrieden? Will sie eigentlich doch nicht Fahrlehrerin werden, sondern lieber in einem Büro arbeiten? Gab es Konflikte mit Kollegen? Gab es einen Vorfall?« Mir geht alles Mögliche durch den Kopf. Ich gehe natürlich sofort zu ihr hin. Klar, wenn ich so was höre, muss ich reagieren. Ich will wissen, was da anscheinend aus dem Ruder läuft.

Das Gespräch bringt Klarheit. Und ich bin erstaunt, erst mal einfach nur erstaunt. Diese Fahrlehreranwärterin wäre letzten Samstag nämlich lieber bei ihren zwei kleinen Töchtern geblieben. Sie wollte nicht bei dieser Veranstaltung am Wochenende dabei sein, weil sie ihre Kinder sehen wollte. Die leben beim Vater, und sie hat ihre Töchter nur alle 14 Tage. Dass sie ihre Kinder natürlich sehen will, verstehe ich sofort. Aber das ist ja nicht das Problem. Das ist alles nur der Hintergrund.

Das eigentliche Problem – von ihr und damit von uns – ist ein anderes: Sie hat sich nicht getraut, mir oder jemand anderem ihren Wunsch mitzuteilen. Warum hat sie sich nicht getraut? Weil sie befürchtete, wir hätten etwas dagegen. Doch sie hatte mit niemandem darüber gesprochen. Nicht mit ihrer Chefin, nicht mit jemand anderem. Ihre Chefin hört jetzt im Nachhinein zum ersten Mal davon, als ich sie dazu befrage.

Also wende ich mich an die Auszubildende: »Warum hast du uns das nicht gesagt? Wir hätten doch eine Lösung gefunden. Es wäre einfach jemand anderes gekommen und hätte die Veranstaltung am Samstag begleitet. Kinder gehen vor, ist doch klar. Aber wenn ich nicht mal weiß, dass es für dich ein Problem darstellt, wie soll ich oder jemand anders hier im Team gute Entscheidung treffen können?«

Sie zuckt mit den Schultern. »Ich bin ehrlich gesagt gar nicht darauf gekommen, das anzusprechen. Ich will kein schlechtes Bild abgeben, wo ich doch noch recht neu hier bin.«

Die Mitarbeiterin ist also aus Angst, negativ aufzufallen, nicht für das eingestanden, was sie machen wollte. Und es ging ja nicht ums samstägliche Einkaufen oder darum gemütlich auszuschlafen. Es ging um ihre Kinder, die sie nur alle zwei Wochen sieht. Sie hat ihre Kinder sitzen gelassen wegen der dämlichen Veranstaltung, bei der wir mit Leichtigkeit einen Ersatz für sie gefunden hätten. Und sie hat das alles zum Anlass genommen, ihre Tätigkeit bei uns infrage zu stellen! Das alles hat nur in ihrem Kopf stattgefunden. Niemand von uns anderen wusste davon.

Ich bleibe ratlos sitzen. Hätte ich, hätten wir etwas anders machen können? Ich habe keine Idee. Jeder, der bei uns arbeitet, spürt eigentlich schnell den Spirit, der bei uns herrscht. Der Spirit, der alle möglichen Sonderlösungen zulässt. Der Mitarbeitern ermöglicht, Dinge offen anzusprechen. Aber das reicht offensichtlich nicht. Oft fehlt es den Mitarbeitern dennoch an Mut und Konsequenz, die eigenen Wünsche und Ziele mitzuteilen und durchzusetzen. Und es fehlt an einem Sinn dafür, dass es hier nicht nur um Pflichterfüllung und das Ausführen von Anweisungen geht, sondern darum, glücklich zu arbeiten.

Mitarbeitende dürfen sich, wenn sie eine 10+ in puncto »glücklich Arbeiten« auf einer Skala von 0 bis 10 erreichen wollen, nicht zum Sklaven von irgendwem machen lassen. Mitarbeiterinnen und Mitarbeiter müssen endlich wieder den Mut entwickeln, zu sagen, was sie wirklich wollen, was und wie sie wirklich fühlen – und dann danach handeln. Das Durchsetzungsvermögen der Mitarbeiter ist immer einen Gewinn für das Unternehmen. Nur so können Absprachen und Lösungen gefunden werden, die alle so zufrieden wie möglich machen. Offene, ehrliche, klare Kommunikation und Durchsetzungsvermögen sind die Grundlage für zufriedenes und glückliches Arbeiten. Nun, das ist leicht gesagt. Aber was tun, wenn wir jemanden wie diese Mitarbeiterin haben, die das nicht kann? Wie können wir die Klarheit fördern?

Dadurch, immer zu betonen, wie wichtig offene Kommunikation ist, die Kommunikationsmöglichkeiten anzubieten und ein Klima zu schaffen, in dem man überhaupt auf die Idee kommt, zu sagen, was einem wichtig ist. Dazu können wir uns fragen: »Was fehlt vielleicht noch bei uns in der Firma trotz einer offenen, flexiblen Haltung?« Ich habe mich auf die Suche begeben und den Vorfall zum Anlass genommen, mehr über das Unausgesprochene in unserer Firma herauszufinden. Nämlich über eine der wohl brennendsten Fragen in allen Unternehmen, über die unter der Hand viel geredet wird, aber in der Regel nicht offen.

Ich habe eine Umfrage gestartet: »Was stört Mitarbeiter an ihren Chefs«? Die Ergebnisse dieser – natürlich anonymen – Umfrage sind sehr wichtig für uns und für mich. Es war vieles dabei, was ich vorher nicht wusste. Ich habe deshalb dieses Plakat aus den Ergebnissen gestalten lassen: »Mensch Chef, ärgere mich nicht«. Denn ich will, dass klar ist, dass bei uns solche Dinge ernst genommen werden und dass ich offen bin für alle kritischen Gedanken. Ich habe kein Problem damit, kritisiert zu werden. Ich habe ein Problem damit, wenn Menschen hinter meinem Rücken über mich oder über meine Firma schlecht reden, aber ich nichts davon erfahre, obwohl es mich betrifft, und dann auch nichts tun, ändern, klarstellen, schlichten kann. Ich habe deshalb im Beisein meines Teams dieses Plakat unterschrieben. Diese Unterschrift sehe ich als meine verbindliche Verpflichtung an, die genannten Verhaltensweisen abzulehnen und meine Mitarbeiter nicht zu ärgern. Es ist eine Verpflichtung, an die ich mich halten möchte.

Und weil es so wichtig ist, können Sie dieses Plakat bei mir kostenfrei

Mensch Chef, ärgere mich nicht!

12 Aussagen von Mitarbeitenden über das, was sie am meisten an Chefs ärgert.

Wiedergabe 1:1 in Wort und Schrift

Chefs, die von oben herab bestimmen.

Chefs, die denken, Angestellte wie Sklaven behandeln zu müssen.

Chefs, die denken sie seien Götter.

Chefs, die cholerisch sind und ihre Wut gegen einzelne Mitarbeiter richten.

Chefs, die nicht ehrlich zu ihren Mitarbeitern sind.

Chefs, die jemanden verurteilen, ohne auch seine Meinung zu hören.

Chefs, bei denen Worte größer sind als Taten.

Chefs, die beratungsresistent sind, weil sie die praktischen Erfahrungen ihrer Mitarbeiter zur Verbesserung von Arbeitsabläufen nicht hören wollen.

Chefs, die autoritär und herablassend sind.

Chefs, die für ihre Mitarbeiter nicht erreichbar sind.

Chefs, die kein Vertrauen schenken.

Chefs, die alles als selbstverständlich ansehen und kein Dankeschön oder Lob über die Lippen bekommen, aber bei Kritik ganz vorne dabei sind.

Ich verpflichte mich, niemanden im Team zu ärgern.

_____   _____
Unterschrift   Datum

bestellen. Es könnte für Sie als Unternehmer eine Erinnerung sein, offen und achtsam mit den Mitarbeitenden umzugehen. Es könnte auch für Sie als Mitarbeiter eine Erinnerung sein, sich nichts gefallen zu lassen, was Sie stört, und für das einzustehen, was Ihnen wichtig ist.

Und damit sind wir auch schon beim zweiten Teil dessen, was aus meiner eingangs erzählten Erfahrung mit der Mitarbeiterin folgt. Fragen, ermutigen, darüber sprechen ist nur der eine Teil, den Unternehmen und Chefs leisten können, wenn sie das wirklich wollen. Ich habe im Kapitel »Hintenrum« im Zusammenhang mit dem Bewertungsportal *kununu* schon dazu geschrieben. Der andere Teil liegt bei der Mitarbeiterin, beim Mitarbeiter. Nicht alles kann vom Unternehmen ausgehen. Für Mitarbeiter ist Klarheit im Arbeitsalltag die Voraussetzung, ihre eigenen Talente und Fähigkeiten zur Entfaltung zu bringen. Deshalb gehört noch ein zweites Plakat dazu: »Mensch Mitarbeiter, ärgere mich nicht«. Das müssen wir noch entwickeln. Es ist bisher noch nicht vorhanden, denn letztlich bin ich doch zu wenig damit beschäftigt, mich über Mitarbeiter zu ärgern, um genug Motivation und Notwendigkeit dafür zu finden, das Plakat zu entwerfen.

Jeder Kompromiss bringt uns weg von einer 10+. Ich will deshalb jeden inspirieren, über seine persönliche 10+ nachzudenken. Deshalb habe ich auch noch einen 10+-Button herstellen lassen. Auch diesen 10+ Button können Sie wie das »Mensch Chef, ärgere mich nicht«-Plakat und die »Spielkultur«-Plakate kostenfrei bei uns bestellen. Weil ich will, dass das Nachdenken über glückliches Arbeiten, über das 10+-Gefühl bei der Arbeit und über eine gute Spielkultur zum Standard in Unternehmen wird.

Ich habe für mich mal überlegt, wie meine 10+ aussieht. Ich bin kein Glücksforscher. Aber wenn ich gefragt werde, wie glücklich ich auf einer Skala von 0 bis 10, sein will, versuche ich jeden Tag, in einer 10+ zu leben.

Und da das keine Geheimnisse sind, erzähle ich hier meine Wege, um dieses Ziel möglichst jeden Tag zu erreichen:

- Pfeif drauf, du musst nicht immer recht behalten.
- Trage Verantwortung, lass nicht zu, dass andere an deinen Knöpfen drehen.
- Suche niemals bei anderen die Schuld.

- Mach einen Job, bei dem du dich am Sonntagabend schon auf Montag freust.
- Klebe nicht an der Vergangenheit.
- Verbringe Zeit mit Menschen, die dir gut tun, und pflege diese Beziehungen.

Und daraus nun entsteht eine einzige Frage, die Sie sich jeden Abend oder am Ende Ihrer Arbeitswoche oder am Sonntagabend stellen können, meinetwegen auch nur einmal im Monat, selbst wenn das für meinen Geschmack viel zu selten ist:

- War das, was ich heute, in dieser Woche, in diesem Monat getan habe, eine 10+?
- Wenn ja, wie kann es so weitergehen?
- Wenn nein, was muss ich ändern und wie kann ich dorthin kommen?

Wir können andere nicht motivieren – schon gar nicht mit Belohnungen

Vor Kurzem habe ich einen Vortrag vor 300 Jugendlichen gehalten. Das ist keine leichte Aufgabe. Die sind natürlich nicht nur mit mir als Redner beschäftigt, sondern haben bei so einer Gelegenheit auch anderes zu tun, nämlich mit ihren Mitschülern zu quatschen und rumzualbern. Da brauchen wir uns nur einmal kurz an unsere Schulzeit erinnern, um nachvollziehen zu können: Da ist man nicht in erster Linie hoch motiviert, den Worten eines fremden Typen zu lauschen, der vorne steht und redet.

Nicht nur, aber auch wegen dieses Vortrags hatte ich mich im Vorfeld viel mit dem Thema »Motivation« beschäftigt. Denn nicht nur die fragliche Motivation der Jugendlichen war für mich der Anlass, sondern auch der Titel und damit das Thema meines Vortrags: »Wir können andere nicht motivieren – Was uns wirklich antreibt«. Ich habe den Vortrag so genannt, weil mir im Laufe meines Lebens immer bewusster wird, dass wir andere nicht motivieren können. Warum nicht? Ich glaube, es liegt daran, dass wir gar nicht wissen können, was den anderen motiviert.

In meinem Unternehmerleben habe ich oft meine Mitarbeiter für dieses und jenes motivieren wollen, aber nicht gemerkt, dass ich, anstatt motivierend zu wirken, sie eher demotiviert habe. Sie erinnern sich vielleicht an die Geschichte mit dem Friseur Herrn Geiler, der nach meinem Willen sofort selbstständig ein, zwei Friseurläden hätte übernehmen sollen – das aber gar nicht wollte. Dem hatte ich unter dem Deckmantel der Motivation ganz schön zugesetzt. So ist es vielen anderen meiner Mitarbeiter und Kooperationspartner ergangen. Ich war begeistert von meiner Idee und wollte sie zu MEINER Idee motivieren. Problem bei der Sache: Es war nicht ihre Idee. Und es war MEINE Begeisterung, nicht ihre Begeisterung.

Damals habe ich in einem euphorischen Moment gedacht, ich mache zwei Mitarbeiter jetzt zu Geschäftsführern. Der Anstoß kam nicht von ihnen selbst. Ich habe es fast verordnet und gesagt: Ich bin sicher, du schaffst das. Das war Ich-Kultur. Ich habe die beiden so hingebogen, und sie haben sich darauf eingelassen. Ich hätte mehr Zeit investieren müssen, um herauszufinden, ob es überhaupt ihr Ziel ist, Geschäftsführer zu werden – und wenn ja, wie sie dieses Ziel erreichen wollen.

Mein Problem war immer wieder: Ich bin begeistert und ich versuche die Leute natürlich mitzunehmen. Doch letztendlich denke ich nur an mich und nicht genug an sie. Wie sie sind und was sie wollen und können. Aber Motivation kann nur aus dem eigenen Herzen kommen. So wie bei meiner heutigen Geschäftsführerin Nancy. Bei ihr sind die Vorzeichen anders: Sie hat gesagt: »Ich will.« Der Anstoß kam von ihr.

Wir können andere nicht motivieren, weil das, was für mich wichtig ist, für den anderen nicht von Bedeutung sein muss. Heute weiß ich –

und es war kein einfacher Weg zu dieser Erkenntnis: Andere zu motivieren ist in Wirklichkeit nur der Versuch, den anderen von der eigenen Meinung zu überzeugen. Gelingt das nicht, wird Belobigung oder Bestrafung in Aussicht gestellt. Zusätzliche Geldzahlungen zum Beispiel, oder andersherum ausbleibende Geldzahlungen. Mit Motivation hat das wenig zu tun, eher mit Eseltreibern und dressierten Affen. Wissen Sie was? Ich glaube, die Zeit zu glauben, andere motivieren zu können, ist vorbei. So, wie wir Motivation bisher verstanden haben, hat sie uns keinen Schritt weiter in eine bessere Welt gebracht. Aber wie dann?

Wie können Unternehmen ihre Mitarbeiter motivieren? Meine Antwort lautet: Das geht nicht. Wir haben nicht den blassesten Schimmer davon, was den anderen motiviert. Was wir durch Erfahrung irgendwann wissen, ist, wie die Demotivation funktioniert (siehe Friseurmeister Geiler). Ich wollte ihn motivieren, ich wollte das Beste für ihn, obwohl es eigentlich das Beste für mich war. Ob er das selbst auch wollte, darüber habe ich nicht nachgedacht. Darum ging es für mich damals nicht. Auch meine beiden damaligen Geschäftsführer habe ich demotiviert. Ich habe ihnen nicht genug Zeit gelassen, und ich habe sie nicht genug gefragt, was sie denn wirklich wollen.

Heute motiviere ich gar nicht mehr. Ich warte einfach ab. Und wenn dann jemand sagt, was er machen will, lasse ich ihn machen. Und dann, liebe Leserinnen und Leser, dann wird es auch gut. Nancy, meine heutige Geschäftsführerin, von der ich schon erzählt habe, kam zu mir und hat gesagt: »Ich will mich verändern.« Genau deswegen macht sie heute einen so großartigen Job. Sie ist heute noch viel motivierter als zu Beginn ihrer Karriere. Ich habe mir vorher immer den Geschäftsführer ausgesucht, den ich quasi entdeckt habe und den ich gerne haben wollte. Dann kam Nancy von sich aus mit dem Wunsch auf mich zu, sie wolle Geschäftsführerin werden. Und was soll ich sagen: Wenn ich die vergangenen vier Jahre betrachte, waren es, was Mitarbeiterfluktuation und Innovationsumsetzung anbelangt, die besten vier Jahre der Unternehmensgeschichte. Wir haben kaum Fluktuation. Es kommen sogar Leute aus ganz Deutschland zum Arbeiten zu uns. Und das liegt nicht darin begründet, dass wir unsere Mitarbeiter mit Geld zu motivieren versuchen. So machen es andere. Schauen wir uns die Motivationsstrategie »Geld« einmal an, denn es ist einer der wichtigsten Wege, wie Unternehmen meinen, ihre Mitarbeiter motivieren zu können.

Einer meiner wichtigsten Wettbewerber setzt auf genau diese Strategie. Ich dagegen setze auf Emotionalität als Motivation, auf Augenhöhe und auf Miteinander. Dass ich mit meiner Strategie auf dem richtigen Weg bin, zeigt sich daran, dass Mitarbeiter meiner Wettbewerber sich bei mir um Jobs bewerben. Es werden immer mehr, die gerne ihren Arbeitgeber wechseln würden. Wir sind da jedoch zurückhaltend, denn neue Mitarbeiter müssen erst mal unsere Haltung, die DNA bei uns verstehen, sich auf den Spirit einstimmen, sodass sie verstehen, wie wir zusammenarbeiten. Die Fahrlehreranwärterin, von der ich zuvor erzählt habe, die hatte unsere DNA noch nicht verstanden.

Es ist wie in Schulklassen: Wenn Einzelne da reinkommen, assimilieren sie sich. Sie können vorher noch so egoistisch oder brutal gewesen sein – wenn sie in eine Klassenstimmung kommen, in der die Schüler sich gegenseitig wertschätzen und ein echtes Team sind, machen einzelne Neue sofort mit. Wenn es zu viele werden, geht es vielleicht schief. So ist es auch in Unternehmen: Wenn zu viele neue Mitarbeiter kommen, die gewöhnt sind, über Geld und andere Incentives motiviert zu werden, können sie den Spirit stören. Sie bringen ihr altes Verständnis von Motivation mit. Und dieses Verständnis hat eben ausgedient. Folgende Geschichte kann das verdeutlichen:

Es ist die Geschichte von einem alten Mann, der jeden Tag geärgert wurde. Jeden Tag kam eine Gruppe von Kindern auf dem Nachhauseweg von der Schule an seinem Haus vorbei und nutzte jede Gelegenheit, den alten Mann zu piesacken. Eines Tages sagte er zu den Kindern: »Wenn ihr morgen wiederkommt und mich genauso ärgert wie heute, bekommt jeder von euch einen Euro.«

Natürlich kamen die Kinder nach der Schule zu dem Alten, ärgerten und hänselten den Mann nach Strich und Faden. Wie versprochen gab der alte Mann jedem einen Euro mit den Worten: »Wenn ihr morgen wiederkommt, gebe ich euch 50 Cent, wenn ihr mich wieder genauso ärgert und hänselt.«

Auch am nächsten Tag kamen die Kinder und ärgerten den Alten. Er bezahlte jedem Kind die 50 Cent und sagte: »Wenn ihr morgen wiederkommt, bekommt jeder von euch 20 Cent.«

Die Kinder sahen sich und meinten: »Nee, für so wenig Geld kommen wir nicht wieder.« Und seitdem hat der alte Mann seine Ruhe. Die Geschichte zeigt, dass man mit Geld und Incentives Menschen auch demotivieren kann. Im Umkehrschluss heißt es: Wir haben ja immer gedacht, dass Incentives und noch mehr Geschenke und Feiern und Ausflüge und Urlaube die Mitarbeiter stärker motivieren müssten. Inzwischen wissen wir, dass das nicht klappt.

Mir fällt dazu auch die Motivation ein, wie sie in der Schule praktiziert wird – und wie sie demnach unsere Kinder lernen: viel zu oft immer noch über Drohungen und Strafe. In der Schule meines Sohnes gab es einen Physiklehrer, der hat erst mal sprichwörtlich die Peitsche knallen lassen, als die Kinder neu in die siebte Klasse kamen. Er hat gleich mal Fünfen und Sechsen verteilt. Mein Sohn hat vier oder fünf Fünfen hintereinander bekommen. Damit war für ihn das Thema Physik erledigt. Das muss man sich mal vorstellen: Ab der siebten Klasse kriegen die Kinder zwei neue Fächer: Physik und Chemie. Ich frage die Kinder nach der Schule auf dem Weg zum Fußballplatz, wie es ihnen in der neuen Klasse gefällt. Und die Antwort: »Physik ist Mist, aber Chemie fetzt.« Nach nur einer einzigen Unterrichtsstunde haben die Kinder entschieden, dass Physik keinen Spaß macht. Das liegt an dem Eindruck, den der Lehrer macht. Dieser hatte mit Drohungen und Strafe einen negativen Eindruck hinterlassen.

Ich habe mit diesem Lehrer geredet und ihn gefragt, wie er denn die Kinder motivieren will. Er war noch recht jung und hat keinerlei Interesse gezeigt, sich näher mit meinen Fragen zu beschäftigen. Das Einzige, was für ihn wichtig war: an seinem Lehrplan festhalten. Mit anderen Eltern haben wir dann einen Samstagsausflug nach Berlin ins »Science Center Spectrum« organisiert. Die Kinder konnten spielend naturwissenschaftlich-technische Phänomene entdecken und damit experimentieren – Physik zum Anfassen auf vier Etagen.

90 Prozent der Eltern haben ihre Kinder mitfahren lassen. Die Kinder hatten richtig Spaß. Im Vorfeld habe ich mit dem Klassenlehrer gesprochen, der die Aktion klasse fand. Auch den Physiklehrer wollte ich mit ins Boot holen und habe ihm geschrieben und gefragt, ob er sich an dem Ausflug nicht beteiligen möchte. Im Nachgang hätte er gemeinsam mit den Schülern über eventuelle Veränderungen in ihrer Haltung zur Physik sprechen können. Leider hat er mein Angebot nicht angenommen.

Der Lehrer gibt also Anweisungen: »Ihr macht das so, wie ich das sage.« Er zeigt gleich von Beginn an, wie hier der Hase seiner Ansicht nach läuft, nämlich, dass Lernen und Arbeiten bedeutet, zu machen, was jemand anders will. Das ist nicht motivierend. Motivation sollte grundsätzlich neu gedacht werden, und dieses Umdenken müsste schon möglichst früh – also auch in den Schulen – einsetzen. Mancherorts ist das schon der Fall: Mein Sohn Paul hat nach dem besagten Schuljahr die Schule gewechselt. An der neuen Schule wird anders gehandelt, und siehe da, heute sagt er: »Papa, ich verstehe das mit der Physik jetzt. Der Lehrer erklärt das ganz anders.«

Auch wenn die vorangegangene Schilderung teilweise sehr nach Pauschalkritik an Lehrern klingt, weiß ich genau, dass Lehrer einen schweren Job haben: Was allein an Anträgen gestellt werden muss, damit sie mit den Kindern etwas Außergewöhnliches machen können, ist eine Zumutung. Nur über die Lehrer zu schimpfen bringt nichts und ist ungerechtfertigt. Mir ging es mit der Geschichte eher um die grundlegenden Funktionsweisen von Motivation.

Über Drohungen und Strafe funktioniert Motivation also auch nicht. Das sehe ich auch, wenn ich auf die vergangenen 20 Jahre meines

Unternehmertums zurückblicke. Wenn ein Chef, eine Chefin glaubt, dass es so richtig ist, wie er oder sie selber denkt, und die Mitarbeiter dann dazu bringt, es zu tun, dann hieß das früher Motivation. Aber in Wirklichkeit ist es nichts weiter als den Esel anzutreiben. Ich war so ein Eseltreiber.

Nun gibt es noch ein Problem: Der Ansatz, Motivation über Lob und Wertschätzung zu erreichen, funktioniert nicht besser. Denn auch hier kommt der Antrieb nicht von innen: Bestrafung oder Belohnung. Hinten die Peitsche für den Esel, vorne die Möhre. Damit biegt man sich die Leute nur so zurecht, wie man sie selbst gerne hätte. Sie werden als Mittel zum Zweck angesehen.

Wenn man sich mit Leuten darüber unterhält und sagt, anzunehmen, wir könnten andere Menschen und Gruppen motivieren, sei ein Mythos, sind viele ganz erstaunt. Auch die Schüler bei meinem Vortrag haben plötzlich zugehört. Ich habe sie gefragt, was ihrer Meinung nach Motivation ist. Sie kamen ins Überlegen. Die Überlegung ist immer diese: Wenn das Motivieren nicht geht, wie schaffen wir es dennoch, dass die Leute mit Begeisterung das tun, was ich will? Aber das zu schaffen ist nicht die Aufgabe des Unternehmers.

Der Unternehmer stellt nur ein Spielfeld zur Verfügung, in dem der Mitarbeiter seine Potenziale entfaltet und dann das tut, was ihm entspricht. Wir können im Unternehmen nur ein Betriebsklima schaffen, in dem die Mitarbeitenden ihren Teil, den sie im Herzen tragen, beitragen können. Sonst würde ich jemanden wie mein Objekt behandeln.

Ich kann also den Mitarbeiter fragen: Was wäre denn, wenn du nicht mehr der Esel wärest? Was müsste passieren, damit du dich am Sonntagabend auf Montag freust? Mehr kann ich nicht tun und will ich auch nicht mehr tun. Das ist keine Motivation, sondern Inspiration und eine Einladung dazu, neue Gedanken zu haben und neue Erfahrungen zu machen. Das funktioniert nur in einem guten Betriebsklima, in dem der Raum für die neuen Erfahrungen vorhanden ist. Wir können andere nur einladen, sich selbst für etwas zu begeistern. Mehr nicht. Wir müssen herausfinden, wofür sich jemand begeistert.

- Tragen die ausgegebenen Incentives wirklich dazu bei, dass Ihre Mitarbeiter gute Leistungen bringen?
- Oder ist es vielleicht doch etwas anderes, was Mitarbeiter motiviert, am Montagmorgen gerne zur Arbeit zu gehen?
- Wie finden Sie heraus, was Ihre Mitarbeiter wirklich motiviert?
- Wofür begeistern sich Ihre Mitarbeiter?
- Was tragen diese Mitarbeiter in sich, wofür sie wachgeküsst werden könnten?

A oder B? – Warum wir radikale Entscheidungen brauchen

Genau in dem Moment, in dem in meinem Unternehmerleben alles top erfolgreich schien, hat fast die Hälfte meiner Leute das Unternehmen verlassen. Da Offenheit und Ehrlichkeit zu meinen wichtigsten Grundwerten zählen, für die ich stehe, will ich hier über eine krisenhafte Entwicklung in meiner Firma sprechen, die in jedem Unternehmen vorkommen kann, das nicht stillsteht, auch wenn darüber niemand spricht. Dieses Kapitel soll Mut machen. Auch für Zeiten, in denen es gerade nicht so gut läuft. Wie bei mir damals. Mir ist noch immer jede einzelne Minute des 8. Dezember 2013 präsent:

»A oder B«, denke ich wieder und wieder, heute früh auf dem Weg zum Büro, und ich grabe meine Hände tiefer in die Daunenjacke. Kurz vor acht schließe ich die Tür zu den Büroräumen der Fahrschule auf. Gleich werden die beiden kommen. Es gibt einen einzigen Programmpunkt auf meiner Agenda an diesem 8. Dezember 2013: Jahreszielplanung mit meinen zwei Geschäftsführern. Punkt acht geht die Tür auf, und die beiden stehen hintereinander im Türrahmen. Mit ihnen weht die kalte Luft von draußen herein.

M. und G. setzen sich mir gegenüber an den Konferenztisch, M. ein wenig seitlich abgewandt, G. guckt neutral. Ich bin nicht der Typ für lange Einführungen, und die beiden sind ohnehin auf meine »A oder B«-Frage vorbereitet. Jetzt stelle ich die Frage:

»Jungs, ich muss euch diese Frage stellen. M., ich frage dich: A –

bist du weiterhin voller Leidenschaft mit Feuer und Flamme für die Firma da? Kämpfst du weiter Seite an Seite mit mir? Oder, B – willst du nicht mehr mit mir weitergehen und wünschst dir einen würdevollen Abgang?« Dieselbe Frage richte ich an G: »A oder B?« Und ich setze nochmal nach, wobei die Worte nur schwer über die Lippen kommen:

»Ich meine wirklich A oder B. Dazwischen gibt es für mich nichts. Kein ›Ich weiß nicht so recht …‹, ich will eine klare Entscheidung. Ihr wisst, was B für uns alle bedeuten würde. Und trotzdem: Klarheit ist mir jetzt wichtiger, als dass jemand von euch bleibt.«

Beide sagen »B«.

Um 8:10 Uhr hat eine meiner Firmen, die Fischer Academy, ein Fahrschulunternehmen mit 22 Mitarbeitern, keine Geschäftsführung mehr. Um 17 Uhr ist das gesamte Team versammelt. »Leute, wir haben keine Geschäftsführer mehr. Und für die Variante B habe ich keinen Plan B.«

Es gibt Tränen, Aufregung, Bestürzung, Angst. Zwei weitere Mitarbeiter stehen auf, weil sie ebenfalls »B« sagen. Der eine will sich beruflich komplett neu orientieren, der andere will seinen Traum leben und die Welt bereisen. Der nächste Tag kommt, der übernächste auch, und innerhalb einer Woche sind noch weitere vier Mitarbeiter gegangen.

Als ich in diesen Tagen gegen Jahresende, in denen ich traditionell das zurückliegende Jahr Revue passieren lasse, meine Chronik bei Facebook durchgehe, finde ich dort viele neue Höhepunkte meines Unternehmerlebens: die Nominierung zum DEKRA Award, mein frisch unterzeichneter Buchvertrag mit dem Linde-Verlagsteam in Wien, der Zusammenhalt der Firma in den schweren Zeiten des Hochwassers im Jahr 2013, ein Vortrag nach dem anderen vor begeistertem Publikum. Doch es geht nun mal nicht alles glatt, was wir uns vornehmen. Muss es auch nicht. Man sollte nur darüber nachdenken und daraus lernen. Sonst passiert derselbe Fehler wieder und wieder, bis man seine Lektion gelernt hat.

Obwohl ich direkt vorher ständig die Frage im Kopf hatte, habe ich nicht damit gerechnet. Bei drei von vieren erwischte mich das »B« vollkommen kalt. Gut, bei einem der Geschäftsführer hatte ich seit einem halben Jahr etwas gespürt. Er war nicht mehr mit voller Kraft dabei. Wenn ich es rückblickend beschreiben sollte, war es eine Ahnung, die mich ab und zu angeweht hatte wie ein kühler Lufthauch. Man spürt die kühle Luft zwar, aber sie dringt kaum ins Bewusstsein, löst nur ein kurzes Frösteln aus. Man schließt den oberen Knopf am Pullover. Beim nächsten Mal dreht man die Heizung etwas höher. Als ich die metaphorische Heizung dann ein paar Wochen lang auf voller Kraft laufen ließ und das Frösteln immer noch da war, sickerte das Ganze langsam in mein Bewusstsein. M. wirkte nicht mehr so zufrieden wie damals, als wir uns kennenlernten. Irgendwas stimmte nicht mit seiner Einstellung und auch zwischen uns. Ich spürte eine Art von »Dienst nach Vorschrift«-Haltung, nur einen Hauch davon, aber selbst ein Hauch fällt in einer Firma auf, in der alle Mitarbeiter voller Freude und Engagement arbeiten. Und irgendwann, im Spätsommer 2013, war mir endgültig bewusst: Da ist kein Leuchten mehr in M.s Augen. Keine neuen Ideen seit Monaten. Kein visionäres Denken trotz Geschäftsführerposition. An einem Abend verschloss ich als Letzter die Tür unseres Bürogebäudes und spürte beim Losgehen eine Müdigkeit in den Beinen, die nicht vom Lauftraining am Vortag rührte. Und plötzlich war da dieser Satz in meinem Kopf: M. ist nicht mehr verliebt.

Nun, ich bin keiner, der meint, alle Mitarbeiter müssten ununterbrochen in Liebe zur Firma und zu ihrer Arbeit entbrannt sein. Bei mir gibt es keinen rosaroten Anstrich. Wenn irgendwas nicht stimmt, dann ist das eine Tatsache. Nicht mehr, nicht weniger. Wir sehen uns die Sache an, denken nach, suchen Lösungen, probieren aus, was sich eventuell entwickelt. Das macht niemanden in meinen Augen zu einem schlechten Menschen, auch M. nicht! Er. war – und ist auch heute noch – ein toller Typ. Aber ohne Verliebtheit fehlt auf Dauer etwas. Ich tue für die Verliebtheit in meinen Firmen jeden Tag mit voller Kraft alles, was ich kann. Der Spirit, die Begeisterung, die Power gehören in unsere Firma. Punkt.

Da ich absolut sicher weiß, dass man auch ohne rosaroten Farbanstrich die Liebe neu entfachen kann, habe ich damals, bereits im Oktober 2013, etwas ausgeheckt. Wenn man merkt, dass die anfängliche Verliebtheit in einer Beziehung langsam schwindet, geht manch einer mit seinem Partner ins Kino. »Jungs, wir versuchen jetzt mal was!«, habe ich zu M. und G. gesagt. »Wir fliegen nach New York, suchen dort ein paar verrückte Unternehmen auf, sehen uns was vollkommen Neues an. Wir machen frischen Wind.« Die beiden waren dabei, also sind wir geflogen.

Auf so einem langen Flug ist schon mal viel Gelegenheit zum Reden und »out of the box«-Denken. In New York angekommen haben wir uns Unternehmen angesehen, die vieles anders und richtig gut machen. Beim Abendessen haben wir weitergeredet, bei einem Glas guten Weins, mit neuen und wirklich inspirierenden Gedanken. Das war gut. Zum Frühstück hatte ich einen Coach organisiert, der uns geholfen hat, unsere Beziehungsprobleme auf den Punkt zu bringen. Das war auch gut. Und zurück in Gera war da wieder das gewisse »Etwas«. Hatten wir die Verliebtheit neu entfacht?

Nun. Nach drei Wochen war die Magie wieder verflogen, und der Alltag kehrte zurück. Der Versuch, sich neu zu verlieben, war gescheitert. Und ich wusste: Jetzt ist was anderes dran. Jetzt ist es Zeit für »A oder B«. Ich muss die radikale Frage mit allen Konsequenzen stellen, auch wenn ich mir damals das Schlimmste nicht mal vorstellen konnte, nämlich, dass beide gehen.

Als dann noch mehr Mitarbeiter kündigten, hat es mir fast den Boden unter den Füßen weggezogen. Fast. Ich fragte mich: Soll ich heulen oder mich freuen? Ich entschied mich später fürs Freuen. Erst mal aber spürte ich nur die Enttäuschung – ich hatte so viel investiert, auch persönlich. Ich sagte mir: »Mike, du gehst hier mit einem Buch über Erfolg groß an die Öffentlichkeit, und just in dem Moment findest du dich in einer Situation wieder, die schlimmer nicht werden kann.« Aber ich war nie bitter. Ich habe nach Antworten gesucht, aber ich hatte in dem Moment keine. Ich redete mit meinen Mitarbeitern, mit meiner Frau, mit Kollegen, mit Freunden. »Habe ich etwas falsch gemacht? Habe ich etwas übersehen?« Ich wurde fündig. Dazu später mehr. Aber in diesen Tagen ging es nicht um die Vergangenheit, sondern um die Zukunft. Und ich begann, mit dieser Zukunft im Kopf zu wandern, und ich suchte: Wer im Unternehmen hat das Feuer in den Augen? Wer hat es nicht in den Augen? Und so fragte ich wieder und wieder alle Beteiligten:

»A: Möchtest du in Zukunft mit mir Seite an Seite kämpfen? Oder, B: Möchtest du einen würdevollen Abgang?«

Nach der Woche sagte ich zu meinen Mitarbeitern: »Leute, wir müssen uns damit auseinandersetzen, wie wir die Probleme unserer Firma in den nächsten Jahren meistern. Und zwar ohne die, die gegangen sind. Mit ihnen hätten wir diese Probleme gemeinsam meistern können, aber sie haben sich nun einmal entschieden, zu gehen. Im Moment fehlt uns der komplette Spirit, die Leidenschaft, die Power, die Liebe. All das ist aber das Fundament unserer Firma. Deshalb ist es auch gut, dass diejenigen gegangen sind. In dem Moment, wo die Liebe fehlt, wird es uns nie gelingen, etwas richtig Gutes weiterzuentwickeln, oder es wird nur mittelmäßig. Jetzt geht es weiter. Anders als bisher. Wir bauen was ganz Neues.«

Das Weihnachtsfest kam, es wurde ruhiger, jeder ging in sich.

Und jetzt kommt endlich das, was ich mit meiner Erzählung bezwecke. Ich will Ihnen Mut machen, die radikalen Fragen zu stellen, die es braucht. um das Unentschlossene, das Mittelmäßige, das Vage hinter sich zu lassen. Wir brauchen die radikalen Fragen. Manchmal muss man in ein Loch fallen, um erfahren zu können, wohin man fallen kann. Immer entsteht nach einer radikal durchlebten Krise etwas Besseres auf einer neuen Ebene. Das Vakuum füllt sich. Mit einer noch nie da gewesenen Idee, mit einer Chance. Mit neuen Menschen.

Schon drei Tage später kamen Mitarbeiterinnen und Mitarbeiter auf mich zu, die gerne mehr von dieser und jener Verantwortung übernehmen wollten. Die hatte ich bisher gar nicht im Blick für eine verantwortungsvollere Aufgabe. Zwei Wochen später schon konnte ich Visionen entwickeln, von denen ich vorher nicht zu träumen gewagt hätte. Diese Mitarbeiter verdienten es, dass ich mit ihnen radikal neu anfing. Dafür musste ich vorher radikal fragen und mich radikal und ohne Verbitterung trennen. Die radikalen Entscheidungen waren der Ausgangspunkt. Wir müssen die A-oder-B-Frage stellen, wenn wir weiterkommen wollen. Wenn wir merken, dass die Liebe erloschen ist, und wir dennoch die Frage nicht radikal stellen, dann entsteht eine Dienst-nach-Vorschrift-Mentalität.

Der Mitarbeiter ohne Liebe freut sich aufs Wochenende, sein Blick wird trübe, und er grault sich vor Montag. Er wartet, dass er einen besseren Job findet. Der Chef ohne Liebe wartet ab, hofft auf bessere Zeiten und wird bitter. Obwohl ich als Arbeitgeber vielleicht längst weiß, dass es mit dem nicht mehr geht, behalte ich ihn, weil ich denke, ich finde keinen Ersatz. Ich hoffe, dass ich irgendwann einen Besseren finde. Und das ist der größte Fehler, den beide Seiten machen können. Nach drei Jahren wird es nicht besser, und dann sucht der Arbeitgeber Gründe, um den Mitarbeiter loszuwerden; und der Arbeitnehmer sucht Gründe, wie er von der Firma wegkommt. Das sind genau diejenigen, die dann vor Arbeitsgerichten über Gründe streiten, die gar nicht die Ursache sind. Und das wiederum führt dazu, dass Arbeitgeber nicht mehr an gute Mitarbeiter glauben und Mitarbeiter nicht mehr an gute Arbeitgeber, und beide bleiben frustriert zurück. Erschöpft und zerstritten.

Aus meinen Erfahrungen als Schöffe am Arbeitsgericht habe ich folgende persönliche Überzeugung entwickelt: Viele, die vor Arbeitsgerichten prozessieren, haben ein großes Problem bekommen, weil sie damals die kleineren Probleme nicht auf Augenhöhe gelöst haben. Wenn ich die Streithähne sehe, die sich mit ihren Rechtsstreitigkeiten über Jahre hinweg beschäftigen, dann denke ich jedes Mal: Der Arbeitgeber hätte die Probleme, als sie noch klein waren, gemeinsam mit den Arbeitnehmern lösen können. Mit einer einfachen Entscheidungsfrage hätte sich niemand in einen oft Jahre dauernden, zähen Kampf verstricken müssen.

Deshalb wird es bei mir keinen Scheidungskrieg geben, wie ich ihn so oft sehe, wenn im Unternehmen oder auch in privaten Beziehungen jemand geht. Nein. Es wird einen würdevollen Abgang geben. Weil wir alle radikal und früh genug entschieden haben. Zu einer Zeit, als man noch hätte warten können. Ich habe auf eine Entscheidung gedrängt, weil ich gespürt habe, dass etwas nicht mehr stimmt und sich nicht mehr bereinigen lässt. Nicht mal durch einen New-York-Trip.

Das heißt nun aber keinesfalls, dass ich bei jeder Gelegenheit sofort auf Kündigungen dränge. Ich bin manchmal der Letzte, der sich trennt, und versuche alles, um die Probleme zu lösen. Aber es kann sein, dass die Entwicklung in verschiedene Richtungen geht. Einer der beiden damaligen Geschäftsführer ist zum Beispiel heute einer der besten Referenten zu seinem Thema. Der andere hat eine Firma gefunden, bei der er immer noch ist. Also muss es gut dort sein. Es kann auch sein, dass sich nur die eine Seite verändert, und auf der anderen Seite herrscht Stillstand. Manchmal kann der andere sich nicht verändern. Die frühere

Erziehung etwa kann später Entwicklung verhindern und jemanden in alten Mustern gefangen halten.

Ich denke aber heute, mit inzwischen vielen Jahren Abstand, es gibt noch eine andere Ebene, und da habe ich einen ganz grundlegenden und entscheidenden Fehler gemacht: Damals in meiner Euphorie habe ich gedacht: Die zwei mache ich jetzt zu Geschäftsführern. Der Fehler dabei: Sie sind nicht von sich aus gekommen. Ich habe sie zu Geschäftsführern gemacht, und dadurch war die Situation in dem Sinne, in dem wir in diesem Buch über Bedeutsamkeit nachdenken, nicht bedeutsam. Es war mein Fehler, den ich – damals noch in der Ich-Kultur verhaftet – zu verantworten habe. Damals schien es mir die einfachste und logischste Konsequenz. Ich habe die beiden zu Geschäftsführern hingebogen, und sie haben sich darauf eingelassen. Ich hätte mehr Zeit investieren müssen, um herauszufinden, ob sie überhaupt Geschäftsführer werden wollen, und wenn ja, wie. Damals habe ich sie mit meiner Leidenschaft angesteckt und sie begeistert, das kann ich gut – aber das Problem war: Ich bin begeistert und ich nehme die Leute natürlich mit, aber letztendlich denke ich dabei ausschließlich an mich und nicht genug an sie. Es kann nur aus dem Herzen funktionieren, wenn jemand von sich aus eine Entscheidung trifft.

Heute habe ich zu beiden ein gutes Verhältnis voller Respekt und gegenseitiger Sympathie. Ich sehe auch heute noch, wie viel ich aus der gemeinsamen Zeit mitgenommen habe. Ich kann »Danke« sagen und denke, dass die beiden das auch können. Wenn ich G. heute treffe, das Leuchten in seinen Augen sehe, kann ich ihn nur dazu beglückwünschen, dass er es geschafft hat, seinen Traum zu leben.

Wenn jemand Dinge tut, weil sie verordnet wurden, so wird es vielleicht gut, aber nicht sehr gut. Vor allem aber wird es eines nicht: Es wird niemals ein glückliches Arbeiten werden, bei dem man sich am Sonntag auf Montag freut. Stellt man aber die Entscheidungsfrage, kristallisiert sich heraus, wer wirklich für die Sache brennt. Es bleiben die übrig, mit denen man die Welt erst einreißen und dann neu aufbauen kann.

Diese Geschichte geht letztlich gut aus. Es hätte auch anders kommen können: Hätte ich die Dinge laufen lassen oder meine Mitarbeiter um jeden Preis halten wollen, dann hätte ich die A-oder-B-Frage gar nicht oder weniger radikal gestellt. Dann hätten wir uns weitere zwei oder drei Jahre dahingeschleppt, auf besonders schlechte Leistungen gewartet oder einen unnötigen Konflikt angezettelt, um endlich einen Trennungsgrund zu haben.

Hier also das Fazit der Geschichte: Stellen wir jedem unserer Mitarbeiter die A-oder-B-Frage. Stellen wir sie überhaupt jedem Menschen, mit dem wir in einer tieferen Beziehung stehen, auch der Partnerin oder dem Partner. Auch mal den Freundinnen und Freunden. Fragen wir immer mal wieder, auch wenn die Frage schockt: »Ja oder Nein?« »Gemeinsamer Weg oder getrennte Wege?«

Das ist nicht leicht. Denn es reicht nicht, in radikalen Worten nach »A oder B« zu fragen. Vielmehr gehört das radikale Gefühl dazu: Ich muss auf jede Antwort vorbereitet sein. Nur wenn ich zu radikalen Antworten und damit radikalen Ergebnissen bereit bin, kann ich radikal fragen und dem Gefragten alle Möglichkeiten zu antworten eröffnen. Ich muss vermitteln: »B« ist genauso akzeptabel wie »A«, denn ich bin stark genug für »B«. Ich als Chef, wir als Firma werden »B« tragen können, denn wir sind frei. Dann kann auch der andere frei entscheiden.

Nach innen müssen wir bereit sein, den Schmerz einer Trennung zu ertragen und ihn zu transformieren, ohne zu verbittern. Wenn wir vor dem Trennungsschmerz zurückscheuen, machen wir uns und andere abhängig. Und wenn wir nicht durch den Schmerz gehen, tragen wir ihn in die neue Beziehung hinein. Wo er nicht hingehört.

Nach außen müssen wir bereit sein, uns vor alle Menschen zu stellen und uns in der Unternehmenskrise zu zeigen. Wer mit Pfeilen auf uns schießen will, soll das tun. Solange wir uns selbst treu bleiben, kann uns nichts passieren. Und letztlich schießt dann kaum einer. Aber die Bereitschaft, sich dem Potenziellen auszusetzen, muss da sein. Wollten wir nach außen etwas vertuschen, wären wir abhängig. Und schon wäre Radikalität nicht mehr möglich.

- Fragen Sie auch mal radikal nach »A« oder »B«?
- Wie radikal sollen die Menschen für Sie und die Firma entschieden sein, wenn Sie Ihr Unternehmen irgendwann übergeben?
- Wollen Sie, dass halbüberzeugte Menschen Ihre Firma irgendwann weiterführen?
- Haben Ihre Mitarbeiter das Leuchten in den Augen?

Meine neun Wege zur Exzellenz – die persönliche Klarheit ist die Basis

Im vorhergehenden Kapitel ging es um radikale Entscheidungen. Wie kommt man zu solchen Entscheidungen? Die trifft man lieber nicht unreflektiert aus dem Bauch heraus. Für wirklich klare, fundierte Entscheidungen brauchen wir eine persönliche Klarheit, die sich aus einem Denkprozess ergibt. Für mich mündet dieser Denkprozess in die »Neun Wege zur Exzellenz«.

Ich habe vor einigen Jahren angefangen, mir Gedanken darüber zu machen, was wir in meinen Unternehmen brauchen, um exzellent zu werden. Heute nenne ich das »Neun Wege zur Exzellenz« und hatte aus der Idee bereits früh ein Plakat für die Kurzform gemacht. Es ist fast das Gleiche wie »Wege zum Ziel«, aber eben nur fast: Ich betone damit weniger das äußere Ziel, sondern mehr das Wachstum, das auf dem Weg dahin stattfindet. Erst wenn wir das für uns geklärt haben, entsteht eine Klarheit, die zu fundierten und nicht willkürlichen Entscheidungen führt.

Dabei steht das Thema Geld nicht im Vordergrund. Es gibt natürlich auch in meinen Unternehmen Umsatzziele. Aber wichtiger ist die höhere Ebene – sich selbst bewusst zu werden. Diese Ebene erreicht nur, wer sich selbst befragt: Warum tue ich die Dinge, die ich tun will? Wenn man diese Dinge dann aufschreibt, werden sie bewusst. Es geht um die eigene Philosophie. Jeder muss dieses Plakat für sich selber schreiben. Dann weiß jeder auch, was dahintersteht. Zum Beispiel kann ein Weg heißen: »Bleibe ehrlich!« Das ist ein enorm wichtiger Wert für mich. So bin ich aufgewachsen. Ich bleibe bei allen ehrlich, auch meinen Mitarbeitern gegenüber. Bei Ihnen könnte ein ganz anderer Wert an dieser Stelle stehen. Wichtig ist nur, dass wir ein solches Plakat haben – in welcher Form auch immer: als buntes Plakat an der Wand, als Plakat im Kopf, auf dem Bildschirm, über der Eingangstür. Dieses Plakat mit den neun Wegen habe ich als riesengroße Tafel in meinem Büro an der Wand hängen.

Ich möchte, dass auch meine Mitarbeiter sich fragen, wozu sie bereit sind, um in dem, was sie am besten können wollen, immer besser zu

Sei besessen!	Fokussiere dich!	Denke anders!
Langweile (dich und andere) nicht!	Bleibe ehrlich!	Trage Verantwortung!
Denk an dich!	Nimm dich nicht zu wichtig!	Sei dankbar!

Wege zur Exzellenz
Wie wir Geschäftsmodelle revolutionieren.

werden. Im Moment spüre ich genau, dass diese neun Wege diejenigen sind, die mich den Rest meines Lebens begleiten sollen, sodass ich irgendwann sagen kann: Ich habe das gemacht, was ich machen wollte. Ich bin auf meinem Weg geblieben.

Ich habe die neun Wege schon in meinem vorherigen Buch vorgestellt. Dieses Plakat war damals jedoch noch nicht mit so viel Erfahrung unterfüttert wie heute. Inzwischen ist etwas Zeit vergangen, und es ist der Punkt gekommen, ein Zwischenfazit zu ziehen: »Sollte ich mich von dem einen oder anderen Weg verabschieden? Oder behalte ich sie bei, formuliere sie aber um, sodass sie tiefgründiger werden? Seit ich dieses Plakat im Büro habe, lebe ich bewusster. Ich sage zum Beispiel öfter »Nein!«, weil ich an mein Plakat denke.

Ich zeige Ihnen hier meine Zusammenfassung der neun Wege, die für mich persönlich zur Exzellenz führen: Das sind die neun Wege, die ich gehen muss, um mit meinen Leuten das beste Unternehmen zu werden, das wir werden können. Ein Weg kann zu verschiedenen Zeiten unterschiedlich wichtig sein. Wenn es einen starken Wettbewerber gibt, sind »Denke anders!« und »Sei besessen!« besonders wichtig. Und wenn eine Krankheit dazwischenkommt, gewinnt »Denk an dich!« größte Bedeutung.

1. Sei besessen!

Dieser Weg steht für mich an erster Stelle, weil er so etwas wie die Überschrift über allen Wegen zur Exzellenz ist: Es nützt nichts, wenn man ein wunderschönes Plakat entwirft und es dann doch nicht so genau damit nimmt. Besessenheit polarisiert bis heute stark und ist grundsätzlich negativ besetzt. Zum Beispiel wird in »vom Teufel besessen« die Existenz dämonischer Wesen postuliert. Außerdem wurden einige psychische Erkrankungen oder organischen Störungen mit »Besessenheit« erklärt.

Meine Besessenheit ist eine andere. Besessenheit, so wie ich sie verstehe, ist eher ein Anliegen, eine Idee mit einer starken Intensität. Jemand hat zum Beispiel die Idee, dass der Hunger in der Welt bekämpft oder die Welt von Plastikmüll befreit werden muss. Meine Idee ist, Arbeit würde- und sinnvoll zu gestalten, sodass sich jeder am Sonntagabend auf Montag freut. Ich bin von der Vorstellung besessen, dass über die Liebe und das bedingungslose Vertrauen zu den Mitarbeiterinnen und Mitarbeitern die Arbeitswelt eine für alle am Unternehmen Beteiligten glückliche Arbeitswelt werden kann. Deshalb ist einer meiner neun Wege zur Exzellenz die Besessenheit. Besessenheit kann also auch positiv gesehen werden in Verbindung mit einer Idee oder einem Anliegen. Die Leitfrage für den Weg »Sei besessen« lautet: »Was ist meine Idee, von der ich besessen bin?«

2. Fokussiere dich

Wer sich verzettelt, schrumpft. Wer sich fokussiert, wächst. Ich habe zu dieser Aussage in dem Buch »Das große 1x1 der Erfolgsstrategie« (https://www.gabal-verlag.de/buch/das_grosse_1x1_der_erfolgsstrategie/9783869360010) eine sehr überzeugende Visualisierung gefunden und sie gleich als Grafik umgesetzt. Diese Grafik sagt eigentlich schon alles:

Wie ist das bei Ihnen? Wie wirkt sich die Bündelung der Kräfte in Ihrem Unternehmen, in Ihrem Leben aus?

Statt sich zu verzetteln und immer weiter zu diversifizieren …

… besser die Kraft konzentrieren!

Die Strategie der Fokussierung hat mir immer sehr geholfen, und in den vergangenen vier Jahren, kann ich sagen, habe ich sie so weit entwickelt, dass ganz neue Dimensionen von Erfolg möglich wurden. Wir wachsen nicht wie früher in die Breite (mit immer mehr Zweigstellen), sondern wir wachsen eher in die Tiefe (immer mehr Quantität und Qualität an einem Ort). Wir sind durch die Konzentration/Fokussierung, wie ein Wettbewerber jüngst sagte, ein »gallisches Dorf in der römischen Fahrschullandschaft« geworden.

Als ich früher bei Gelegenheiten, in denen man mit Menschen ins Gespräch kommt, gefragt wurde: »Was machen Sie denn beruflich?«, da konnte ich über mein Aufgabenfeld einen ganzen Tag erzählen, was ich alles machen muss und für was ich alles verantwortlich bin. Ich war eine eierlegende Wollmilchsau. Ich habe alles gemacht. Ich war Werbestratege, Marketingexperte, Steuerberater, Finanzverwalter, Personalentscheider, Seelentröster, Ideengeber und der beste Fahrlehrer sowieso. Schwachsinn! Heute weiß ich, was das Ergebnis war: Halbherzigkeit. Wenn Sie mich heute fragen, was meine Tätigkeit als Unternehmer ist, kommt von mir eine einzige Antwort: »Meine Aufgabe ist die Potenzialentfaltung meiner Mitarbeiterinnen und Mitarbeiter.«

Hauptaufgabe **Unternehmer** Mike Fischer:

Potenziale der Mitarbeiter entfalten (Min — Max)

Nehmen wir mal ein aktuelles Beispiel: unser FischerDorf. Vor einem Jahr haben wir es fertig gebaut. Es ist das kleinste Dorf Deutschlands, und es ist das Ergebnis von unternehmerischer Fokussierung. Wir sind im FischerDorf nicht mehr wie früher von Zweigbetrieben umgeben, mit langen bürokratischen Wegen, sondern fokussiert auf einen Ort. Das heißt nicht, dass ich gegen Zweigniederlassungen bin, im Gegenteil. Es macht in anderen Konstellationen sicherlich Sinn. Nur mit meiner Firma war es richtig, »halbgute« Zweigniederlassungen lieber zu schließen und rechtzeitig vom »toten Pferd« abzusteigen.

Ich habe gerade ein rotes Büchlein im Format DIN A4 mit Goldprägung auf dem Cover, das ich vor ein paar Tagen aus der Druckerei bekommen habe, in der Hand: »Spielkultur 2018 Fischer Academy«. Zurzeit hat unsere Spielkultur 24 Spielregeln. Es ist das Pamphlet, die

Gebrauchsanweisung, der Koalitionsvertrag, das Plädoyer, die Heilige Schrift, das Testament: von den Mitarbeitern für die Fischer Academy entwickelt. Darin manifestiert sich für mich der Weg, den wir gehen wollen. Mit der Spielkultur können wir die Leitplanken auf dem Weg zu unseren Zielen mit Haltepunkten fixieren. Wir kommen ja oft vom Weg ab, weil wir von den Kaufeinladungen des Lebens Gebrauch machen. Die Verlockungen, sich zu verzetteln, sind heute größer als vor zehn Jahren. Mit der richtigen Idee kann man im Netz Millionen verdienen, und natürlich streben viele nach diesem Supertreffer. Am Anfang steht der vage Gedanke: »Das muss ich doch auch irgendwie können.« Dann versuchen sie, überall mitzumachen. Sie merken gar nicht, dass sie etwas ganz Falsches antreibt. Ein konkreter Plan fehlt den meisten. Sie verzetteln sich und verfolgen ihre Idee nur halbherzig. Die Spielkultur können wir immer wieder benutzen, wenn wir Gefahr laufen, vom Weg abzukommen. Wir haben diese Spielkultur 2013 zum ersten Mal genutzt, heute ist sie weiterentwickelt. Der Begriff »Spielkultur« stammt übrigens von Klaus Kobjoll. Es gibt auch noch andere, die Ähnliches veröffentlichen und woraus sich Inspirationen ergeben können.

Meine Leseempfehlungen:
Friedrich, Kerstin; Malik, Fredmund; Seiwert, Lothar: »Das große 1×1 der Erfolgsstrategie: EKS® – ERFOLG DURCH SPEZIALISIERUNG« (Gabal 2009)

Fischer Academy: »Spielkultur 2019 der Fischer Academy«: Link/QR-Code

Die Leitfrage für »Fokussiere dich«, die auch Sie sich immer wieder stellen können, lautet: »Bringt mich das, was ich tue oder tun werde, meinem eigentlichen Ziel näher?«

3. Denke anders!

Jeder Mensch hat sein eigenes Denkmuster und seine ganz eigenen Denkstile. Das Nachvollziehen der Denkstile der Kollegen, der Mitarbeiter, der Kunden und der Geschäftspartner erhöht den Erfolg. Wir finden dann heraus, mit welchen Denkmustern jeder von uns denkt: Das kann eher analytisch und faktisch, strukturiert und praktisch, konzeptionell und visionär oder emotional und zwischenmenschlich geprägt sein. Wenn wir unsere Denkstile und Denkmuster verstehen, gewinnen wir dadurch neue Sichtweisen auf die eigenen Stärken und Möglichkeiten.

Ich habe mir immer wieder die Frage gestellt: Warum passt die Zusammenarbeit mit diesem Mitarbeiter? Und warum mit dem anderen nicht? Warum ist dieses Team besonders kreativ und das andere eher nicht? Das für mich und mein Team zu erforschen ist für mich zu einer wichtigen Herausforderung geworden, und wir arbeiten dafür mit dem HBDI®-Profil der Firma »Herrmann International Deutschland«. Die Idee dieses HBDI®-Profils erzähle ich gleich am Beispiel einer Mitarbeiterin. Hier sehen Sie die vier Bereiche im Überblick – die bei jedem Menschen unterschiedlich ausgeprägt sind. Ich werde Ihnen später noch die Profile von mir und meiner Firma zeigen.

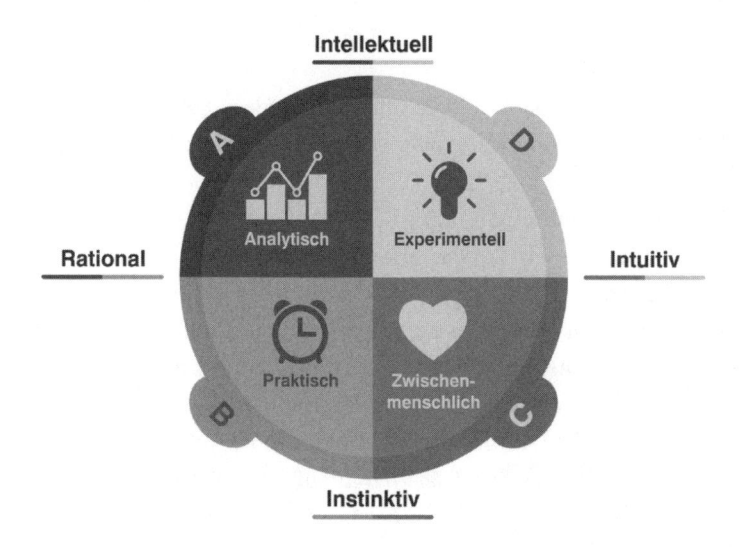

Aber nun zu dem Beispiel: Eine meiner Mitarbeiterinnen hatte eine stark ausgeprägte perfektionistische Ader, man kann sogar sagen: Sie war davon geplagt, und sie hat darunter sehr gelitten. Es hat sich massiv auf ihren Arbeitsstil ausgewirkt, und letztlich kann das zu einer Überforderung der Person und des Teams führen. Uns war klar, dass wir daran arbeiten müssen. Also haben wir die eben erwähnte HBDI®-Denkstilanalyse zu Rate gezogen. Sie ist weltweit etabliert und als Werkzeug für die Analyse der Potenziale von Menschen, zur Persönlichkeitsentwicklung, für die Personalarbeit und für die Team- und Unternehmensentwicklung im Einsatz.

Das Schöne und Hilfreiche für die Persönlichkeitsentwicklung sehe ich darin, dass sich mithilfe dieser Denkstilanalyse im daraus resultierenden HBDI®-Profil die Denkpräferenzen leicht verständlich abbilden. So werden die Stärken und die Potenziale – also die Bereiche, in denen sich Personen, Teams und Organisationen weiterentwickeln können – sehr gut sichtbar. Da können sich regelrechte Aha-Effekte einstellen – ich habe das selbst sehr eindrücklich mit meinem eigenen HBDI®-Profil erlebt. Ich habe mir viele Fragen gestellt und auch beantwortet bekommen: Wie ticke ich? Warum denke und handle ich so und nicht anders? Welche Möglichkeiten habe ich, und wie kann ich all das nutzen, um mich erfolgreich weiterzuentwickeln? Seit ich das erste Mal diese Profilanalyse vorgenommen hatte, begleitet sie mich eigentlich mein ganzes Unternehmerleben.

Man kann sich seiner Denkweise bewusst werden, die eigenen Denkvorlieben kennen und gerade dann, wenn ein Bewusstsein dafür geschaffen wurde, außerhalb dieser Vorlieben handeln. Das wird in diesem Model das »Whole BrainThinking®«, genannt, also ein ganzheitliches Denken, das nicht mehr auf das gewohnte Denken eingeengt ist.

Diese Mitarbeiterin mit dem Perfektionismusproblem hat dann die HBDI®-Denkstilanalyse gemacht, und wir haben geschaut, wo einige Potenziale bei ihr noch nicht so weit entwickelt waren. Sie konnte daraus einige wichtige Erkenntnisse ziehen, die sie sich sehr zu Herzen genommen hat. Sie hat diese Themen dann in den nächsten Jahren für sich intensiv verfolgt und sich damit auf verschiedene Arten auseinandergesetzt. Drei Jahre später hat sie die Denkstilanalyse wiederholt und dabei gesehen, wie stark sie sich entwickelt hat. Sie stand ganz woanders: Der Perfektionismus war eigentlich kein Thema mehr. Eine solche Reflektion hilft einem zu erkennen, wie man selbst oder jemand anderer seine Potenziale entwickelt.

Auch die Sichtweise auf das eigene Team verändert sich. Für den Unternehmer ist dann die hohe Kunst, den größeren Weitblick zu schaffen: Von »Wie ticke ich?« geht es hin zu: »Wie tickt dein Team?« Wenn man ein Profil zu den eigenen Stärken und Potenzialen erstellt hat, kann man anschließend schauen, wie man in seinem Team dadurch besser zusammenarbeiten kann. Mit einem Mal geht es nicht mehr darum, die Schwächen des anderen zu sehen und sich vielleicht sogar darüber aufzuregen, sondern man kann erkennen, dass andere eben ganz anders sind und dass verschiedene Profile eine große Bereicherung für ein Team und für die Zusammenarbeit sind. Das Teamprofil zeigt außerdem genau, wie die einzelnen Teammitglieder voneinander profitieren können. Da sieht man im Teamprofil mit einem Mal, dass die eine die Stärke hat, die dem anderen fehlt. Nutzt man diese Erkenntnisse richtig, kann sich die Zusammenarbeit maßgeblich verbessern. Damit nicht irgendwann alle kreativ sind und keiner mehr auf die Zahlen aufpasst. Führungskräfte können durch dieses Profil die Teams mit den Teammitgliedern effizienter einsetzen. Wir können herausfinden, wie wir ausgewogene Teams zusammenstellen können. Es gibt keine Unternehmen, die ständig in der Balance sind.

Damit das Ganze noch handfester wird, zeige ich hier mein persönliches HBDI®-Profil:

Man sieht an den gestrichelten Linien, wo man sich in Stresssituationen befindet, die durchgezogene Linie zeigt den aktuellen Stand. Die Quadranten bedeuten: »A«: mathematisch, quantitativ, analytisch, faktisch, rational, kritisch, logisch. »B«: dominant, detailliert, kontrolliert, sequentiell, konservativ, verbal als Redner. »C«: intuitiv, spirituell, emotional, musikalisch, symbolisch, verbal mitteilsam. »D«: ganzheitlich, künstlerisch, aufbauend, simultan, räumlich, intuitiv, kreativ.

Bei mir ist durch die Denkstilanalyse klar geworden, dass ich schon immer nicht so gut im analytischen Denken war, auch nicht im praktischen. Hingegen bin ich sehr visionär, beschäftige mich intensiv mit langfristigen Zielen, wie Sie beim Lesen dieses Buches vielleicht schon bemerkt haben.

Und ich weiß genau, weil ich da von mir auf andere schließen kann: Wenn ich jemanden in meinem Unternehmen einsetze, der wie ich ist, und ihn Zahlen auswerten lasse, geht er daran genauso kaputt, wie ich daran kaputt gehen würde. Man muss neben seinem Gefühl auf solche Profile achten, um die Mitarbeiter an den richtigen Stellen einzusetzen.

HBDI®
Profil

MIKE FISCHER

Quadrant:	A	B	C	D
Profiltyp:	2	2	1	1
Paarweise Eigenschaften:	5	3	9	7
Profilwerte:	65	42	81	102

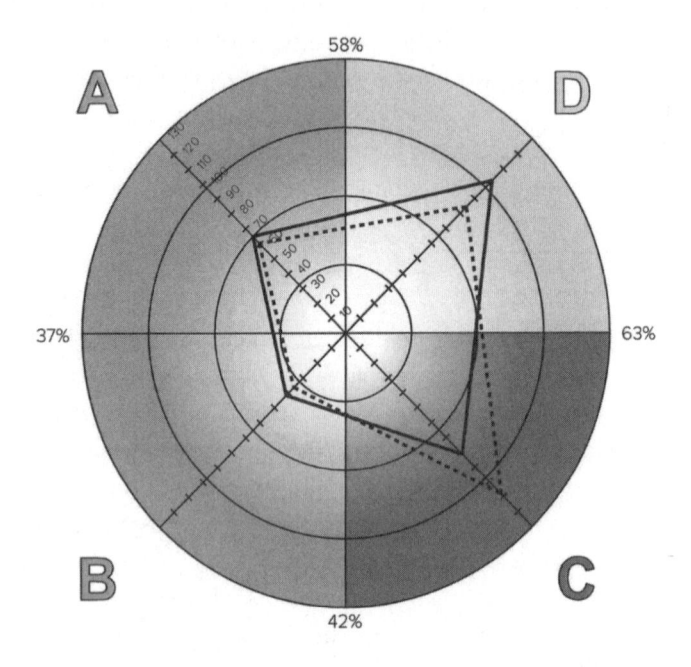

A 58% D

37% 63%

B 42% C

Profilwert — --- Paarweise Eigenschaften

Wenn alle einzelnen Mitarbeiter ihre Profile haben, kann man auch ein Unternehmensprofil erstellen. Wir haben die HBDI®-Einzelprofile der Mitarbeiter in ein HBDI®-Teamprofil umgewandelt. Es ging uns darum, herauszufinden, wie die Zusammenarbeit verbessert werden kann. Ich zeige Ihnen hier das HBDI®-Profil unseres Teams in der Fischer Academy:

HBDI® Durchschnitts- und Stressprofil

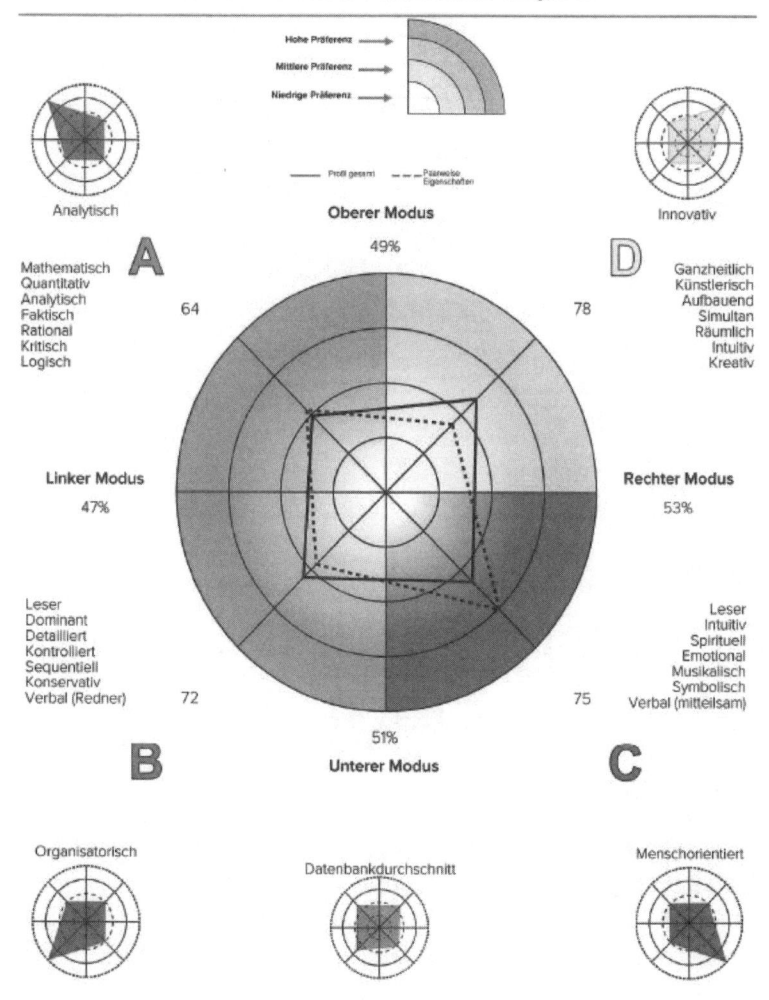

Analytisch (A) — 64

Mathematisch
Quantitativ
Analytisch
Faktisch
Rational
Kritisch
Logisch

Innovativ (D) — 78

Ganzheitlich
Künstlerisch
Aufbauend
Simultan
Räumlich
Intuitiv
Kreativ

Oberer Modus: 49%

Linker Modus: 47%

Rechter Modus: 53%

Leser (B) — 72

Dominant
Detailliert
Kontrolliert
Sequentiell
Konservativ
Verbal (Redner)

Leser (C) — 75

Intuitiv
Spirituell
Emotional
Musikalisch
Symbolisch
Verbal (mitteilsam)

Unterer Modus: 51%

Organisatorisch — Datenbankdurchschnitt — Menschorientiert

Wir sind alle sehr stark in zwischenmenschlichen Beziehungen, das kann man auf der Grafik erkennen, schwächer dagegen zum Beispiel im Schreiben, das steht an vorletzter Stelle. Also haben wir Ulrike Scheuermann mit ihrer »Akademie für Schreiben« in unsere Firma geholt, um mit ihr zusammen eine grundlegende Schreibfitness für die Mitarbeiter im Unternehmen und ein zu uns passendes Corporate Wording zu entwickeln. Dabei lernen alle Beteiligten, wie sie passend zum Stil

HBDI® Merkmale der Arbeit - Reihenfolge

Merkmal	Durchschnittswert
Zwischenmenschlich	~4,3
Probleme lösen	~4,0
Organisieren	~3,8
Planen	~3,8
Unterrichten/Training	~3,8
Kreative Aspekte	~3,5
Integrieren	~3,4
Finanzielle Aspekte	~3,0
Implementieren, Einführen	~3,0
Analytisch	~3,0
Technische Aspekte	~2,9
Konzipieren	~2,9
Innovation	~2,8
Ideen ausdrücken	~2,8
Schreiben	~2,7
Administrativ	~2,5

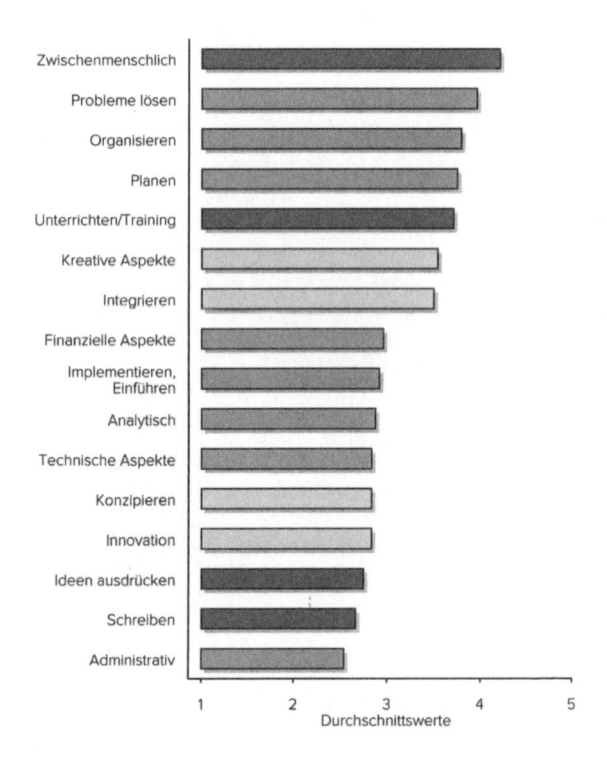

des Unternehmens, aber dennoch authentisch und mit eigener Schreibstimme einen guten Kontakt zu ihren Lesern aufbauen.

Auch administrativ sind wir nicht so gut, das steht sogar an letzter Stelle. Wir sind eine emotionale Firma. Ich als Chef ziehe natürlich Leute an, die auch visionär und emotional führen. Mit solch einem Profil kann ich mich dann selbst wieder zurückholen und ebenfalls die Mitarbeiter sehen, die aufräumen und die Detailarbeit machen. Es ist genauso wie beim Fußball: Man stellt den Stürmer in den Sturm und nicht ins Tor.

Also, mein Fazit: Die Zeit der Einzelkämpfer ist vorbei. Meine Fragen an Sie lauten: »Wie unterschiedlich sind Sie im Team aufgestellt? Wie würden die Profile Ihrer Mitarbeiter, Ihrer Kollegen aussehen, wenn Sie solch ein Profil ermitteln würden?«

> **Meine Website-Empfehlung für diesen Abschnitt:**
> Das HBDI® – Potenzialanalyse und Persönlichkeitsprofil:
> *www.hbdi.de*

4. Langweile dich und andere nicht!

Langeweile ist für mich ein schrecklich unbefriedigendes Gefühl. Ich vermute, dass es recht vielen anderen Menschen ähnlich geht. Ich habe versucht, dazu im Internet fündig zu werden: Was sagt die Wissenschaft zum Thema »Langeweile«? Welche Forschungsergebnisse gibt es dazu? Die Erforschung der Auswirkung von Langeweile ist jedoch eher unterentwickelt. Es gibt nicht allzu viel zu diesem Thema im Netz zu finden. Eine Studie dazu ist sehr interessant:

Der Psychologe James Danckert von der kanadischen University of Waterloo erforscht das Thema »Langeweile« und hat ein Experiment dazu durchgeführt. Er hat ein wirklich fürchterlich langweiliges Video »Two guys hanging in a laundry« gedreht. Man sieht einen fensterlosen Raum. Zwei Männer, ein älterer und ein jüngerer, stehen bei einem Wäscheständer zum Aufhängen frisch gewaschener Wäsche. Es gibt einen Stapel verschiedener Kleidungsstücke. Jeder nimmt ein Kleidungsstück und hängt es auf die Leine, ab und zu gibt es kleine, nebensächliche, kaum verständliche Kommentare, ansonsten Schweigen. Dann wieder ein Kleidungsstück, Griff zu den Wäscheklammern, Aufhängen und wieder von vorn. Ein langweiligeres Video kann man sich kaum vorstellen. Nun kommen die Versuchspersonen ins Spiel. In Danckerts Experiment waren das die Zuseher des Videos.

Zu Beginn der Videosequenz waren die Zuseher in diesem Experiment noch erwartungsvoll und gut gelaunt, so Danckert. Klar, sie sehen, wie diese zwei Männer ein Wäschestück nach dem anderen aufhängen, und glauben, dass gleich etwas Komisches oder Unerwartetes passieren wird. Doch es passiert nichts. Wäscheklammer nehmen, Wäsche aufhängen, Wäscheklammer nehmen, Wäsche aufhängen und immer so weiter. Keine witzigen oder spannenden Dialoge, keine Explosion, keine Akrobatik.

James Danckert kommentiert nun die Reaktion der Zuseher so: »Schon nach etwa 30 Sekunden wird dem Probanden, also dem »Videoseher«, klar, dass in diesem Video nicht mehr viel passieren wird – und augenblicklich wird es langweilig. Sehr langweilig. Und dieses Gefühl der Langeweile ist eine sehr unangenehme Selbstwahrnehmung. Denn durch Langeweile, so die Auswertung des Experimentes, entsteht Sinnlosigkeit. Menschen, die sich langweilen, erwarten keine Veränderungen mehr in der nächsten Zukunft. Deshalb versuchen Menschen, dieses unangenehme Gefühl zu vermeiden.

Dr. Rainer Funk beschreibt in seinem Artikel über Langweile und Suchtverhalten, in dem er sich wiederum auf den bekannten Autor und Psychoanalytiker Erich Fromm bezieht, die Langeweile als Antrieblosigkeit, innere Leere und Lustlosigkeit. Es gibt kein Interesse an irgendetwas, keine Verlockung nach etwas, wir fühlen uns wie verloren. Er beschreibt, wie wir eigentlich gar nichts mehr fühlen, was uns beleben könnte, und fast sei es, »wie lebendig tot zu sein«.

Ähnlich wird es beim Flow-Konzept von Mihalyi Czikzentmihaly beschrieben: Man fällt aus dem Flow – dem idealen, hochgestimmten Tätigkeitszustand –, wenn die Kompetenzen für eine Tätigkeit bereits vorhanden sind, aber die Anforderungen nicht weiter wachsen. Es ist keine Herausforderung da, es gibt nichts Neues zu lernen. Man verfällt in Langeweile, die sich sogar zum Bore-out steigern kann.

Mein Fazit aus meiner Recherche, kombiniert mit meinen eigenen Erfahrungen, ist: Langeweile ist eine Emotion, bei der jemand motiviert ist, etwas Bedeutsames zu tun, dieses Gefühl der Bedeutsamkeit aber nicht befriedigt wird.

Motivation
ist nicht etwas, was Du geben kannst.
Motivation ist etwas, was sich jeder selbst geben muss.

Gutes Klima ist Grundvoraussetzung für Selbstmotivation.
Mike Fischer

Die Leitfragen für »Langweile nicht!« lauten: Wodurch langeweilen Sie sich? Langweilen sich die Leute in Ihrem Unternehmen? Was können Sie tun, um sich nicht mehr zu langweilen?«

> **Meine Video- und Leseempfehlungen für diesen Abschnitt:**
> Vanessa Hill/Prof. James Danckert: »The Most Boring Video Ever«:
> https://www.youtube.com/watch?v=s34zGmq3rXQ
>
> Martin Hubert/Deutschlandfunk: »Das Geheimnis der Langeweile«:
> https://www.deutschlandfunk.de/neurologie-das-geheimnis-der-langeweile.740.de.html?dram:article_id=375889
>
> Rainer Funk: »Langeweile und Suchtverhalten nach Erich Fromm:
> http://www.fromm-gesellschaft.eu/images/pdf-Dateien/Funk_R_2010c.pdf)

5. Bleibe ehrlich!

Wir sind nie immer ehrlich. Das wissen wir inzwischen, wir flunkern und lügen tagtäglich. Das ist normal. »Du siehst aber gut aus!«, war vielleicht auch schon das eine oder andere Mal eine Lüge. Mir geht es um etwas anderes, was eine grundlegendere Bedeutung hat. Ich möchte vermitteln: »Sei anständig, aufrichtig, edel, ehrenhaft, unbestechlich.« Es geht also nicht darum, ständig darüber nachzudenken, ob man ausnahmslos ehrlich ist. Es geht um den größeren Gedanken dabei. Und das ist enorm wichtig: Denn Unehrlichkeit ist heutzutage gewöhnlich. Unehrlichkeit umgibt uns wie die Luft, die wir atmen. Es wird gelogen, betrogen, gestohlen. Schulden werden nicht zurückgezahlt, unlautere Geschäftspraktiken in der Arbeitswelt sind an der Tagesordnung. An Ehrlichkeit in der Arbeitswelt glauben viele nicht mehr.

Wie gelingt es uns, dem Trend zur Unehrlichkeit *nicht* zu folgen? »Lügen haben kurze Beine« oder »Ehrlich währt am längsten« – diese Redewendungen sind wahr. Durch Ehrlichkeit kommt man auf Dauer im Leben viel besser weiter, denn nur durch ständige Wahrheit erhalten wir uns unsere Glaubwürdigkeit. Wahrheit ist wichtig, weil sie uns zusammenhält, während eine Lüge immer etwas Zerstörerisches in sich trägt. Sie kommt zu uns zurück.

Ich bin in all den Jahren zum Beispiel mit Ämtern immer unbestechlich und ehrlich geblieben. Ich habe niemanden in die Versuchung gebracht, für Geld etwas zu machen – und mich hat übrigens auch nie jemand in die Versuchung gebracht. Ich habe nie Schmiergeld genommen oder gegeben. Ich bin ohne Korruption ausgekommen. Ich habe auch keinen einzigen korrupten Beamten kennengelernt. Nicht bei den Stadtverwaltungen, mit denen wir zusammenarbeiten, nicht bei der Agentur für Arbeit. Das ist ein gutes Gefühl nach 30 Jahren Arbeit. Es ist eben doch nicht immer so, dass Geld die Welt regiert. Das ist meine Erfahrung. Meine Fragen für »Bleibe ehrlich!« lauten: »Wie ehrlich sind Sie? Wie sensibel sind Sie für kleine – und vielleicht auch größere Unehrlichkeiten in Ihrem Leben? Wie können Sie noch ehrlicher sein, als Sie es ohnehin schon sind? Wie können Sie andere zu mehr Ehrlichkeit motivieren – vielleicht durch Ihr Vorbild?«

6. Trage Verantwortung!

Jeder von uns möchte Bedeutsames hervorbringen, das ist ein von Geburt an in uns angelegtes Bedürfnis. Ebenso strebt jeder Mensch nach Verantwortung. Verantwortung zu übernehmen bedeutet, frei zu sein. Ich übernehme für alles, was passiert, ganz bewusst die volle Verantwortung. Dieses Denken versetzt mich in die Lage, selbst frei zu entscheiden. Verantwortung ist Handeln inklusive der daraus folgenden Konsequenzen. Und da steckt auch schon das Dilemma. Verantwortung haben und Verantwortung übernehmen sind für viele zwei Paar Schuhe.

Hin und wieder kann es passieren, dass wir uns falsch entscheiden. Wir entscheiden uns für etwas, und drei Wochen später gelingt das, was wir uns vorgenommen haben nicht. Auf die Frage, warum es nicht geklappt hat, schieben wir es auf alles, was uns dazu einfällt. Schuld ist der Auftragnehmer, der Kunde, die Mitarbeiter, das Wetter, die schlechte Laune des Nachbarn, die Politiker, der Stau. Fragen Sie mal Unternehmer, die pleitegegangen sind, wer an der Pleite Schuld hatte. Sie erkennen in den Aussagen ganz genau, wer der eigentliche Verlierer und wer ein Gewinner ist. Derjenige, der sich selbst die Verantwortung zuschreibt, ist der Gewinner.

WER IST VERANTWORTLICH FÜR DEN ERFOLG DEINER HANDLUNG?

Denkweise erfolgloser Menschen

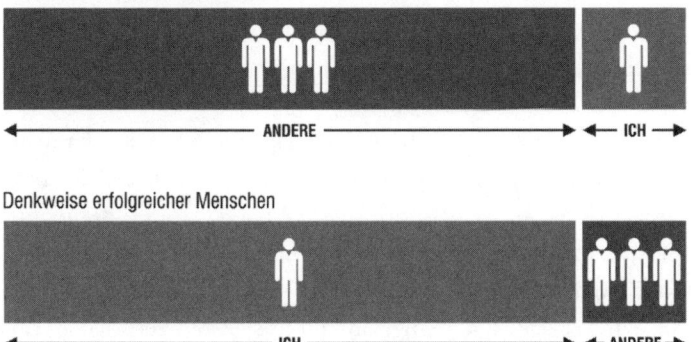

◄─────────── ANDERE ───────────► ◄─ ICH ─►

Denkweise erfolgreicher Menschen

◄─────────────── ICH ───────────────► ◄─ ANDERE ─►

Doch viele wollen Verantwortung haben, aber sie nicht übernehmen, wenn im Nachhinein etwas schiefläuft. Das wiederum hat damit zu tun, dass viele Angst haben, weil Scheitern in Deutschland verpönt ist. Auch wenn es gerade in Mode ist, über seine Pleite zu reden.

Das Thema Insolvenz ist das große »Modethema«. Man spricht über seine Pleite. Doch wirkt es oft scheinheilig und ist kein echtes Verantwortung-Übernehmen, und mir dreht sich dann manchmal der Magen um. Aus folgendem Grund: Wenn manch ein Unternehmer in den vergangenen Jahren aus dieser Pleite-Erzählmode heraus sogar auf der Vortragsbühne erzählt, wie toll er nach einer Pleite wieder aufgestanden ist und wie er es geschafft hat, eine neue Firma zu gründen, dann klingt das gut. Aber in seiner wunderbaren Selbstdarstellung erwähnt er nicht, wie er den Schuldenberg aufgeräumt hat, den er hinterlassen hat bei Mitarbeitern, Lieferanten und Gläubigern. Ich höre einfach nichts davon, was derjenige mit seinen Schulden macht. Das wird nämlich in der Regel verschwiegen.

Hat er seine Schulden abbezahlt, selbst wenn er vom Gesetzgeber nach sieben Jahren davon entlastet wird? Nein. Da kommt nämlich ein Insolvenzverwalter und guckt sich das Unternehmen an. Dann verhandelt dieser Insolvenzverwalter mit den Gläubigern: »Machen wir doch aus 1000 Euro lieber 400 Euro, bevor Sie gar nichts bekommen. Denn wenn Sie nicht einverstanden sind, sind Ihre Forderungen nach sieben

Jahren ohnehin verloren.« Das läuft meinem Empfinden für Verantwortlichkeit zuwider. In meinen Augen hat dieser Unternehmer mit seiner insolventen Firma trotzdem noch 600 Euro an den Gläubiger zu zahlen. Auch nach den sieben Jahren. Was ist mit den Gläubigern, die kein Geld bekommen haben? Bei denen sich sogar niemand entschuldigt hat?

Wer von diesen Unternehmern, die großspurig von ihrer Pleite erzählen und wie toll sie aus ihrer Niederlage gelernt haben, hat jemals seinen Gläubigern auch noch das restliche Geld zurückgezahlt, obwohl sie es laut Gesetz nicht mehr müssten? Wer von diesen Unternehmern trägt für seine persönliche Schuld die Verantwortung und steht dafür ein, auch wenn das Gesetz ihn freispricht? Man kann auch gleich weiterdenken und sagen: Ist derjenige nur auf Kosten anderer wieder erfolgreich geworden? Aus wessen Asche ist dieser Phönix da auferstanden?

Die Pleite kann sogar auch geplant sein, nicht unbedingt bewusst, aber man kann mehr oder weniger bewusst und bereit für die Verantwortung sein. Einer sagt sich: »Ach das wird schon klappen, und falls nicht, melde ich Insolvenz an.« Derartiges Handeln halte ich für absolut verantwortungslos. Also habe ich einen Leitsatz zum Thema »Trage Verantwortung«: »Pleitegehen ist nicht schlimm – wie du dich danach verhältst, ist entscheidend.«

Der Verlierer schiebt die Verantwortung auf andere, sein Umfeld. Er spricht in der Vergangenheitsform plötzlich von »Wir«, selbst wenn es vorher immer nur »Ich« gab. Der Gewinner dagegen spricht auch in der Vergangenheitsform von »Ich«. Er sieht die Schuld bei sich, zieht Konsequenzen, lernt aus Fehlern, steht auf und macht weiter. Er kommt für den entstandenen Schaden auf.

Mir gefällt die folgende Frage im Zusammenhang mit Verantwortung in unserem Leben, denn wir geben viel zu oft die Macht über unser Handeln ab. Meine Frage an Sie lautet: »Wer hat Macht über Sie?« Überlegen Sie mal: »Wer bestimmt Ihr Leben und Handeln?

7. Denke an dich!

Ich nehme mir wirklich viel Zeit, darüber nachzudenken, was ich im Leben will und was nicht. »Denk an dich« bedeutet sicherlich, sich gelegentlich etwas zu gönnen. Für mich bedeutet »Denk an Dich« jedoch vor allem, darüber nachzudenken, mit welchen Werten ich durch mein Leben gehe. Wie weit lasse ich mich verbiegen und wann ist Schluss? Die Klarheit, die ich in den vergangenen Jahren bekommen habe, hat dazu geführt, ein weitgehend selbstbestimmtes Leben zu leben.

Immer wieder stelle ich mir die Frage: »Mike, was gibt deinem Leben Sinn? Was bedeutet Lebensqualität für dich?« Das könnten Sie sich auch immer wieder fragen. Immer wieder. Die Frage taucht in diesem Buch wieder und wieder auf, weil sie so unglaublich wichtig ist. So etwas wie meine persönliche Jahreszielplanung entsteht daraus, meine neun Wege, die ich hier gerade vorstelle, sind daraus entstanden. Mein ganzes Wirken und mein unternehmerisches Handeln entstehen daraus: »Was macht für Sie Sinn im Leben? Was bedeutet für Sie Lebensqualität«?

8. Nimm dich nicht zu wichtig!

Wenn ich Probleme habe, stelle ich mir vor, vom Mond auf die Erde herabzublicken. Ich rufe mir ins Gedächtnis, wie viele Menschen es auf der Erde gibt. Dann muss ich vom Mond aus über mich schmunzeln. Ich frage mich und Sie auch: »Ist das Problem so wichtig, dass es sogar auf dem Grabstein stehen würde?« Dann muss jeder grinsen, weil er merkt: Sooo wichtig ist es dann doch nicht. Wenn man die eigenen Probleme so relativiert, fallen sie häufig nicht mehr so sehr ins Gewicht.

9. Sei dankbar!

Der Vorwurf des Undankes wird zumeist – und das ist das Traurige – dann erst erhoben, wenn »das Tischtuch bereits zerschnitten ist«. Dann ist es meist zu spät, und ich möchte Ihnen ohnehin nahelegen, niemals Dankbarkeit einzufordern: Wer Dankbarkeit einfordert, fordert Unterwerfung und verhindert damit, was er erwartet. Echte Dankbarkeit gibt es nur aus freien Stücken und eigenem Antrieb, in einer Beziehung mit wechselseitigem Respekt und Anerkennung.

Ich bin unendlich dankbar, dass mir das Leben so viele Möglichkeiten bietet, Erfahrungen zu machen, mich auszuprobieren, als Unternehmer freie Entscheidungen zu treffen. Ich bin dankbar, dass ich mich im März 1990 selbstständig machen durfte. Ich bin dankbar für meine Erinnerung, als ich das erste Mal nach dem Mauerfall in den Westen gefahren bin und Dinge sehen durfte, die ich vorher nur aus Berichten kannte. Ich bin dankbar für … nun, so vieles, dafür reicht das Buch nicht aus. Dankbar zu sein ist *Glück*. Wir können nicht dankbar und gleichzeitig unglücklich sein. Das bedeutet im Umkehrschluss: Je dankbarer wir sein können, umso glücklicher leben wir.

Das Werte-Spiel

Und noch etwas: Gerade ging es um neun Werte. Da ich es für so ungeheuer wichtig halte, dass wir alle uns mehr Gedanken über unsere Werte machen, habe ich dazu ein Spiel entwickelt. Es lädt ein, zu erkunden, was Ihnen in Ihrem Unternehmen oder was Ihnen ganz persönlich wichtig ist. Es geht also darum, die eigenen Werte zu kennen und darüber zu sprechen. Es ist ein kooperatives Spiel, dessen Ziel es ist, dass jeder Mitspieler gewinnt, indem er oder sie herausfindet und nachvollzieht, was alle anderen Mitspieler bewegt, was ihnen wichtig ist und was sie sich wünschen – vom Leben und von anderen Menschen.

Die Spielidee stammt von Conrad M. Siegers »Das FamilienWerteSpiel«. Ich habe die Spielidee für die Arbeitswelt neu gestaltet und adaptiert. Sie können dieses Werte-Spiel von mir mitsamt Spielanleitung mit den verschiedenen Einzelteilen des Spiels als pdf-Datei sofort kostenfrei herunterladen. Sie drucken nur die Dateien aus und basteln das Spielfeld und die Karten zusammen. Sie brauchen nur noch einige Würfel, Spielfiguren sowie Zettel und (Bunt-)Stifte. Dann kann es schon losgehen.

Sie können mit ihrer Familie, mit Ihren Kollegen und Mitarbeitern spielen. Viel Vergnügen wünsche ich Ihnen.

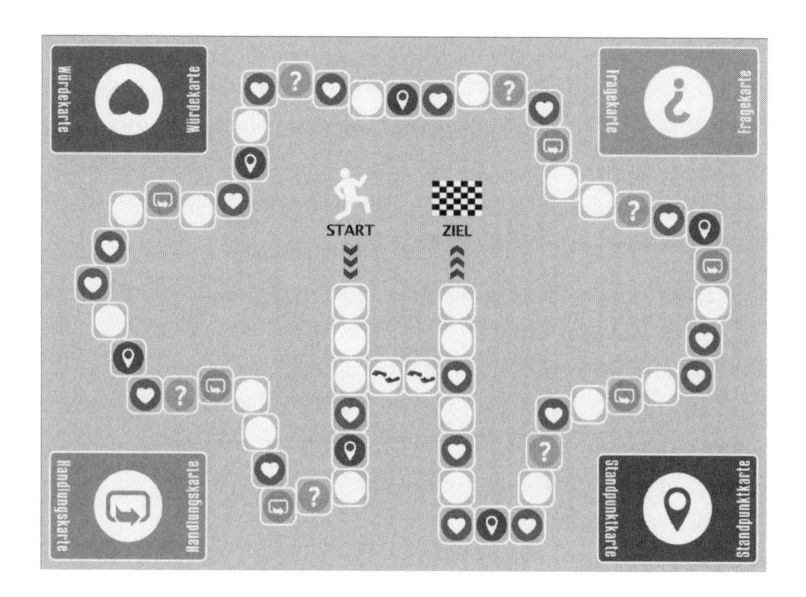

Meine Leseempfehlungen und der Link zum Wertespiel:
Mike Fischer/Fischer Academy: »Das WerteSpiel«:
www.fischer-academy.de/wertespiel

Conrad M. Siegers: »Das FamilienWerteSpiel«:
https://www.elternbriefe.de/familienwertespiel/spielplan-und-karten/

Frank H. Sauer: Das große Buch der Werte: Enzyklopädie der Wertvorstellungen.
INTUISTIK-Verlag; 2. Auflage 2018

Die persönliche Standortanalyse – Klar werden

Zunächst muss sich jeder selbst verorten und über den eigenen Standort bewusst werden. Danach erst wird die Entwicklung eines Leitbildes oder der persönlichen »Neun Wege zur Exzellenz« vollständig. Deshalb zeige ich Ihnen hier eine Fragenliste für die Standortanalyse als Ergänzung für Ihre neun Wege zur Exzellenz.

Ich lehne diese Standortanalyse an die Fragen von Dr. Dr. Cay von Fournier an. Sie sind Teil seiner »UnternehmerEnergie«-Seminare. Ich habe unglaublich von ihm und seinem Ansatz profitiert. Ich darf sie hier abdrucken, und ich kann sie nur jedem ans Herz legen. Erst wenn wir uns selbst mit unserer Vergangenheit und allem Gegenwärtigen erforscht haben, können wir unsere Ziele, unsere Zukunft entwickeln. Ich wünsche Ihnen eine große Ernsthaftigkeit und genug Zeit, um diese Fragen bis in die Tiefe zu beantworten:

- Was war ein besonderes Kindheitserlebnis, an das ich mich noch konkret erinnern kann?
- Wie beurteile ich mein Elternhaus? War es harmonisch oder disharmonisch? Wie bin ich erzogen worden? Das wievielte Kind war ich in unserer Familie? Welche Wirkung hatte das auf mich?
- Wie stehe ich persönlich zu meinem Vater? Was bewundere ich an ihm? Was sehe ich kritisch an ihm?
- Wie beantworte ich vorstehende Fragen in Bezug auf meine Mutter?
- Welcher Elternteil dominierte? An welchen Erinnerungen mache ich die Antwort fest?
- Welche Werte wurden mir während meiner Kindheit und meiner Jugend wichtig?
- Welchen Einfluss hatte mein Heimatort, und welche Werte wurden mir durch ihn wichtig?
- In welchem Glauben wurde ich erzogen, und was bedeutet er mir heute? Welche Werte sind damit verbunden?
- Welche kulturellen Faktoren wie Musik, Malerei und Theater sind in meinem Leben von Bedeutung?
- Welche Persönlichkeiten schätze ich besonders? Warum?
- Welche Werte wurden mir durch diese Vorbilder wichtig?
- Habe ich einen geistigen Mentor? Welche Werte repräsentiert er oder sie?
- In Gesellschaft welcher Menschen fühle ich mich wohl und frei sowie unwohl und unfrei?
- Wann und bei welchen Aufgaben fühle ich mich wohl und stark, und was habe ich dadurch erreicht? Wann und wobei fühle ich mich unwohl und schwach?
- Mein besonderes Talent ist …/Es ist mir immer schwergefallen …
- Meine beste Eigenschaft ist …/meine schlechteste Eigenschaft ist …

- Egal was passiert, ich war immer fähig zu …/wenn ich bloß loskommen könnte von …
- Ich habe es leichter als andere, weil …/Mein Leben würde einfacher werden, wenn …
- Welche theoretischen Wissensgebiete habe ich? Lassen sie sich nach ihrer Ausprägung bewerten?
- Welche Fähigkeiten aus praxisbezogenen Tätigkeiten mit eigener Erfahrung habe ich? Lassen sie sich nach ihrer Ausprägung bewerten?
- Wann habe ich aufgrund von Widerständen etwas aus meiner Sicht Wichtiges aufgegeben? Warum?
- Worin besteht zurzeit für meinen privaten Bereich eine Gefahr, beispielsweise in Bezug auf Gesundheit, Partnerschaft, Kinder, Eltern, Freunde? Wie kann ich diese abwenden?
- Worin besteht eine ähnliche Gefahr im beruflichen Bereich, und wie kann ich diese abwenden?
- Was ist das tiefste Bedürfnis meines Herzens?
- Wenn ich drei Wünsche frei hätte, was würde ich mir wünschen?

Quelle für die Standortanalyse
Dr. Dr. Cay von Fournier: Seminare »UnternehmerEnergie«
https://www.schmidtcolleg.de/unternehmerenergie/

Sei still und geh! - Mein Umgang mit »Hatern« im Netz

»Alkoholiker«, »Selbstdarsteller«, »Wichtigtuer«. Ich muss schlucken. Zwischen unzähligen herzlichen und freudigen Kommentaren lese ich diese Beschimpfungen zu meinem Facebook-Post. 2014 wurde ich zum »Unternehmer des Jahres« in Thüringen ausgezeichnet. Im Frühjahr 2014 erschien mein Buch »Erfolg hat, wer Regeln bricht«. Unglaublich viele Menschen haben mir gratuliert, mich beglückwünscht, sich mit mir gefreut. Auch die Presse hatte damals ausgiebig über die Auszeichnung und über mein Buch berichtet. Den positiven Rückmeldungen folgten leider schnell die negativen Kommentare: Menschen, die mich nicht kannten, haben sich ein Urteil über mich gebildet. Ohne mich zu kennen. Ohne sich die Mühe zu machen, mich näher kennenzulernen. Solche Kommentare wie oben sind noch die harmlose Variante. Diese Menschen heißen bei mir Hater und Neider.

Ich lese die Worte, und Ärger steigt in mir auf. Zunächst jedenfalls. Inzwischen habe ich meinen Umgang damit gefunden. Und der ist gut. Ich bleibe zumeist gelassen.

Im Jahr 2018 habe ich selbst meine schlimmste Woche als Unternehmer erleben müssen. Ein Shitstorm war aus heiterem Himmel über unser Unternehmen hereingebrochen. Von bösartigen Beschimpfungen bis zu Morddrohungen war alles dabei. Irgendjemand hatte eine Falschnachricht in die Welt gesetzt, die sich wie ein Lauffeuer in den entsprechenden Kreisen im gesamten deutschsprachigen Raum verbreitete. Das Thema selbst will ich hier gar nicht wieder aufwärmen, denn es geht mir darum, was Hater und Neider auslösen können: Aufregung, kräftezehrende und eigentlich überflüssige Stellungnahmen. Das ging dann sofort als Nachricht herum in den sozialen Medien. Tausende haben mich angeschrieben. Das wünsche ich keinem Feind. Das war der Hammer, was wir da erlebt haben, bis hin zu zwei Morddrohungen. Eine der Morddrohung kam per SMS aufs Festnetz, also eine Computerstimme. Die Kriminalpolizei konnte die Mobilnummer jedoch ausfindig machen. Es hat sich zwar alles schnell wieder beruhigt, aber die Erfahrung zeigt die Gefahr des blinden Rufmordes in einer vernetzten Welt.

Deshalb möchte ich hier erzählen, wie ich damit umgehe. Nicht als Rat oder als Tipp, sondern als Ermutigung, eine neue Haltung einzunehmen und einen anderen Fokus anzusetzen. Übrigens: Dieses Kapitel wird ein kurzes sein. Denn über Hater und Neider muss man nicht lange nachdenken, und man sollte das auch nicht. Es sollte rasch gehen, ungefähr so: Erkennen, unterscheiden, löschen, blockieren. Das Ganze kann man nochmals vereinfachen und in Alltagssprache übersetzen, dann lässt es sich leichter verinnerlichen:

Sei still und geh'!

Ja, Sie haben richtig gelesen. Mehr gibt es für mich dazu nicht zu sagen, zu denken, zu fühlen. Ich möchte mich nicht allzu sehr damit beschäftigen, was mit diesen Menschen los ist. Ein wenig kann man das tun, ein Mal, vielleicht eine Stunde lang oder für die Länge dieses Textes. Aber dann ist es auch gut.

Also, diese kurze Zeit fülle ich hier mit meinen ganz persönlichen Antworten, woraus sich eine differenziertere Strategie ergibt:

1. Wie gehe ich mit diesen Menschen um?

- Erkennen und unterscheiden: Ist es überhaupt ein Hater und Neider, oder hat jemand eine berechtigte Kritik vorgebracht? Das heißt, die Aussage zunächst auf ihren Wahrheitsgehalt überprüfen, gegebenenfalls diesbezüglich Meinungen Dritter einholen, die aus einer anderen Perspektive auf die Anschuldigung blicken können. Lässt sich dabei keine Berechtigung erkennen, gilt: Hater erkannt.
- Löschen: Ich will diese Kommentare löschen, weil sie meinen Post vergiften und die anderen Leser runterziehen. Dieses Löschen tut gut. Ich lösche die ungerechtfertigte Anschuldigung einfach aus meinem Leben, sodass ich sie ignorieren kann. Im »echten Leben« würde ich so jemanden aus meinem Büro werfen, warum sollte ich mich also online mit ihm auseinandersetzen?
- Blockieren: Dann frage ich mich kurz: Will ich grundsätzlich einem Menschen, der mich ungerechtfertigterweise anfeindet, die Möglichkeit geben, das wieder zu tun? Nein. Würde ich so jemanden als Kunden, als Mitarbeiter, als Lieferanten in meiner Firma dulden? Nein. Also blockiere ich ihn, schließe ihn aus meinem Leben aus. Ich muss mich nicht ärgern, und andere, die sich online über mich informieren wollen, werden nicht irritiert. Ich bleibe fokussiert. Die Menschen, die sich ernsthaft für mich interessieren, bleiben auch fokussiert. Schluss.

2. Was sind das für Menschen?

Ich stelle sie mir gern folgendermaßen vor: Ein Hater ist wie ein Besserwisser im Fußballstadion, der den Trainern zuruft, was sie falsch machen. Hater sind immer negativ eingestellt. Sie verbreiten negative Stimmung um sich herum und sind in ihren Augen im Besitz der allein gültigen Wahrheit. Sie geben die Verantwortung für sich ab: Die anderen sind grundsätzlich schuld, handeln falsch, sind nicht intelligent genug. Sie sind in irgendeiner Weise neidisch, missgünstig, verärgert, unglücklich.

Hater und Neider sind ... natürlich neidisch. Das Maß an Neid zeigt an, wie unglücklich sich jemand fühlt. Unglücklich mit dem, was er tut. Er richtet seine ständige Aufmerksamkeit auf das, was andere machen, weil er sich in seinem eigenen Leben langweilt. Ich habe in einem Blog-Beitrag folgende Definition von »Hater« gefunden, die mir sehr gut gefällt:

> »Ein Hater ist ein Mensch, der nichts leistet oder zumindest nichts, was andere Menschen wertschätzen, und der sich zwanghaft durch den Erfolg anderer Menschen angegriffen und an eigene Minderwertigkeitsgefühle erinnert fühlt. Anstatt sich zu verbessern und an sich zu arbeiten, versucht der Hater mit permanenter sinnfreier Kritik, andere auf das eigene Niveau herunterzuziehen.«

Calvin Hollywood, deutscher Autor, Fotokünstler und Digitalkünstler

3. Bringt Hating auch etwas Positives? Ist Hating etwa versteckte Kritik, über die man sich Gedanken machen sollte?

Ich sage: Nein. Nützliche Kritik bekomme ich von Menschen, die mich kennen, und ich sorge dafür, dass es ihnen leichtfällt, mich zu kritisieren. Einen winzigen positiven Aspekt hat der Neid als Indikator aber doch, denn er ist ein Indiz dafür, vieles gut und anders gemacht zu haben als alle anderen. Wer erfolgreich ist, erzeugt Neid. In einer egoistischen Kultur gibt es immer Neid. Deshalb ist Neid – zumindest in unserer Kultur – eine kleine Auszeichnung.

So viele negative Seiten diese Netzkultur auch hat, sie hat mir geholfen, mich noch mehr auf das Positive zu fokussieren, noch mehr die andere Seite zu betonen. Das Positive in der Welt kommt ohnehin häufig viel zu kurz. Deshalb leiste ich einen kleinen Beitrag dazu, den positiven Beispielen eine Bühne zu bereiten: In meiner Heimatstadt bin ich Initiator von Aktionen wie »Held der Herzen«, bei der Menschen geehrt werden, die im Alltag Großes vollbringen, was aber selten gesehen und wertgeschätzt wird. Jetzt erst recht, sage ich. Und jetzt, spätestens jetzt, muss hier Schluss sein mit der Fokussierung auf die Hater und Neider. Denn ich möchte mich nicht auf das Niveau herunterziehen lassen. Was hier bleibt, ist meine Erkenntnis: Wir brauchen zum Vorankommen nicht in erster Linie Zerstörer, Neider und Hater, sondern Menschen als Vorbilder.

- Wie gehen Sie mit Hatern um? Mäklern, Kritikern unter der Gürtellinie, Miesmachern, Bedenkenträgern aus Prinzip?
- Wie beherzt und klar setzen Sie Grenzen?
- Haben Sie schon mal einen Hate-Kommentar abgegeben, und wenn ja, warum?

Wann ist ein Unternehmen erfolgreich? – Meine persönliche Definition und die finanzielle Seite

Wann ist ein Unternehmen erfolgreich? Mehr als 49 Millionen Einträge zu diesem Thema kann ich bei Google zu dieser Frage anklicken. Es gibt unendlich viele Studien, die bis ins Detail dieser Frage nachgehen. Die Frage beschäftigt wohl ungemein viele Menschen. Ich habe diese Frage unlängst in einem Seminar vor 100 Unternehmern aus verschiedenen Branchen gestellt. Jeder hatte eine andere Meinung und Definition, wann eine Firma nun wirklich erfolgreich ist.

Meine Definition ist kurz und simpel: Ein Unternehmen ist erfolgreich, wenn sich alle Mitarbeiter am Sonntagabend auf Montag freuen. Sofort schießt ihnen vermutlich die Frage in den Kopf:»In welchem Unternehmen ist das denn so? Gibt es solche Unternehmen tatsächlich, wo sich ausnahmslos alle Mitarbeiterinnen und Mitarbeiter am Sonntagabend auf Montag freuen?« Tja, Sie haben recht: Die Realität sieht überwiegend anders aus, ganz anders. Nicht nur in Unternehmen.

Sind unsere Schulen heute erfolgreich? Freuen sich die Schüler am Sonntagabend auf Montag? Fließen Tränen, wenn der Ferienbeginn ansteht? Was muss überall in unserem Land anders werden? Was muss in unseren Schulen, in unseren Unternehmen, aber auch in unseren Gemeinden, in unseren Sportvereinen, in unseren Familien passieren, damit jeder sich am Sonntagabend auf Montag freut – denn diese Haltung ist der Inbegriff von Erfolg.

Wieder benutze ich zur Verdeutlichung gerne eine Analogie aus dem Fußball: Manche Fußballmannschaften freuen sich extrem auf das Spiel. Ihre Körpersprache verrät schon im Vorfeld: »Wir werden siegen.« Eine Mannschaft mit einer solchen Haltung verliert nur dann, wenn die andere Mannschaft sich noch mehr auf das Spiel freut und noch stärker für den Sieg brennt.

Das lässt sich auf Unternehmen übertragen. Ein guter Unternehmer ist wie ein Märchenprinz, der die Potenziale seiner Mitarbeitenden wachküsst. Dieses Potenzial ist dann erst mal nichts anderes als Talent, das erkannt werden muss. Dann benötigt das Potenzial zunächst viele Froschküsse von anderen, vom Chef oder auch von den Kollegen, und natürlich von der Person selbst, um sich entfalten zu können. Die volle Entfaltung der Potenziale ist ein lebenslanger Prozess. Ein guter Unternehmer entdeckt also nicht nur das im Mitarbeiter angelegte Potenzial, sondern er begleitet und fördert das Potenzial des Mitarbeiters bis zur vollständigen Ausprägung – Jahr um Jahr. Viele meiner Mitarbeiter sind seit 20 Jahren und mehr bei mir im Unternehmen, und ich habe ihre Potenzialentfaltung über einen sehr, sehr langen Zeitraum begleitet und gefördert. Das ist meine große Freude und mein Lebenssinn, bei dem meine Liebe zu den Menschen einfließt.

Und nun wieder zurück zu der Frage »Wann ist ein Unternehmen erfolgreich?« Meine Definition wiederhole ich gerne noch einmal: »Wenn sich alle Mitarbeiter am Sonntagabend auf Montag freuen«. Das ist die Wette darauf, dass alle Mitarbeiter, die die in sich angelegten Potenziale entfalten und daran wachsen können, sich ausnahmslos am Sonntagabend auf Montag freuen.

Und wie kommt dabei mein persönlicher Erfolg. der natürlich mit dem Unternehmenserfolg zusammenhängt, ins Spiel? Meinem Freund Dr. Dr. Cay von Fournier habe ich viel zu verdanken. Wir tauschen uns gerne per E-Mail zu aktuellen Themen aus. In einer unserer jüngsten E-Mails stellt er mir die einfache Frage: »Mike, was bedeutet für dich Erfolg?«

Hier ist meine Antwort: Erfolg ist für mich letztlich das Fundament und die Voraussetzung für ein privates und berufliches glückliches Leben. Erfolg bedeutet für mich, etwas zu haben, was ich gern tue, worin ich gut bin, was die Welt braucht und wofür ich bezahlt werde. Um diese Kriterien für mich zu erfüllen, muss ich tief in mich gehen und mich selbst finden. Die Selbstfindung ist für mich Grundlage für ein glückliches Leben und damit die Voraussetzung, vom Ich zum Wir zu kommen.

Auf diese Definition bin ich durch Birgit Blasche gekommen, mit der ich immer wieder Gedanken über eine bessere Arbeitswelt und sinnhaft glückliches Arbeiten austausche. Sie coacht Menschen zum Thema »Präsenz«, wobei es natürlich darum geht, sein inneres Ich zu erkennen. Sie ist eine absolute Ausnahmeexpertin für Potenzialentfaltung. Birgits Input war bei folgender Gelegenheit die dringend ersehnte Rettung: Ich sollte ein Tagesseminar für ein Unternehmen halten und hatte keine Ahnung, wie ich den ganzen Tag spannend gestalten kann. Vielleicht lag es daran, dass ich bis dahin immer nur Vorträge gehalten habe, aber mir die Erfahrung gefehlt hat, als Seminarleiter einen ganzen Tag mit einem Unternehmen zu arbeiten.

In einer ihrer E-Mails an mich stand die Überschrift »Das, wofür es sich lohnt, morgens aufzustehen«. Dieser Satz dreht sich um das persönliche »Ikigai«, das ist ein japanischer Begriff, der genau beschreibt, wofür sie oder er persönlich brennt. Ich liebe solche Sätze, weil sie so spannend und aufregend sind. Weil sie genau auf den Punkt kommen. Zu wissen, warum es sich überhaupt lohnt, aufzustehen und den Tag zu beginnen, ist meines Erachtens unerlässlich! Viel zu oft stehen wir auf, machen das, was wir jeden Tag machen, gehen arbeiten, kommen wieder nach Hause, gehen ins Bett, stehen wieder auf und so weiter. Wann haben Sie sich das letzte Mal gefragt: »Wofür lohnt es sich, morgens aufzustehen?« Ich habe dann gleich eine Grafik umsetzen lassen, in der die vier Bereiche, die wir dabei abfragen können, visualisiert sind.

Sie finden die Grafik als Übungsblatt auf meiner Website zum Buch.

Mit diesem Schaubild kann ich nun noch genauer auf meine Definition von Erfolg eingehen:

- Erfolgreich bin ich, wenn ich ohne Fremdbestimmung, auch finanziell, als leidenschaftlicher Unternehmer tun kann, was ich liebe, ohne mich verstellen zu müssen. Wenn der Punkt »Du wirst dafür bezahlt« nicht erfüllt ist, ist das Ganze nicht komplett. In der gesamten Literatur zum Lebenssinn wird das nicht berücksichtigt. Wenn

Das, wofür es sich lohnt, morgens aufzustehen.

Selbstzufrieden, aber mit dem Gefühl nutzlos zu sein

Du liebst es.

Erfüllt, aber nicht wirklich reich

Passion | Mission

Du bist großartig darin.

IKIGAI

Die Welt braucht es.

Profession | Berufung

Komfortabel, aber mit dem Gefühl von Leere

Du wirst dafür bezahlt.

Wohlhabend, aber mit dem Gefühl von Unsicherheit

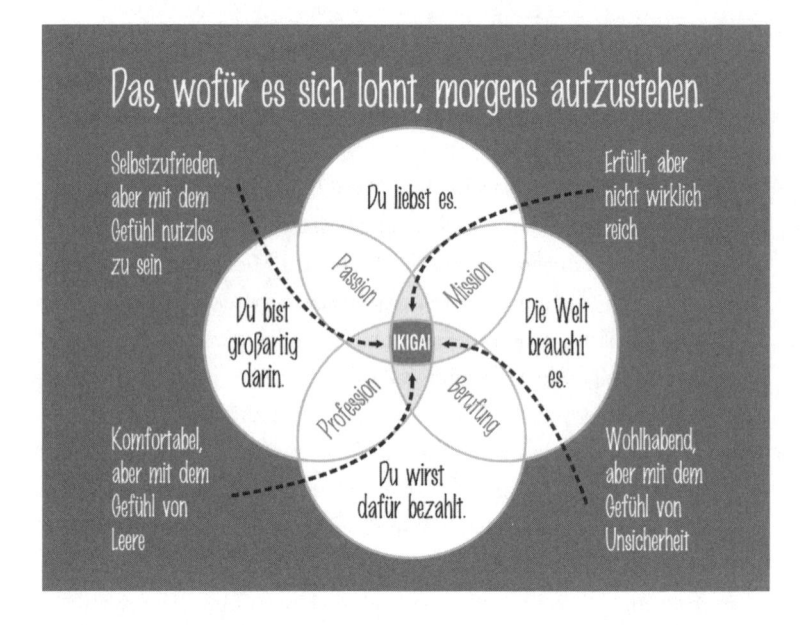

nur »Die Welt braucht es« erfüllt ist, reicht das noch nicht. Dann ist man noch nicht in seinem Ikigai.
- Erfolgreich fühle ich mich, wenn es mir gelingt, authentisch zu leben, ohne mich verstellen zu müssen.
- Wenn es mir gelingt, Fehler zu erkennen, daraus zu lernen und es besser zu machen als vorher, das ist für mich Erfolg.
- Ich fühle mich erfolgreich, wenn ich spüre, dass Menschen, die im FischerDorf arbeiten, sich wohlfühlen und von der familiären Atmosphäre begeistert sind.
- Wenn wir Menschen im FischerDorf mit unserer Haltung, unseren Werten und unserem Denken und Handeln überraschen, dann fühle ich mich erfolgreich.

Ich möchte nun noch näher auf einen Punkt eingehen, der wie gesagt oft vernachlässigt wird: die finanzielle Seite des Erfolgs. Und ich meine damit nicht das klassische Erfolgsdenken à la »Wer reich ist, ist erfolgreich«. Aber dennoch müssen wir uns die Frage stellen: Wie wird das neue Denken, für das ich in diesem Buch stehe, in unserem Unternehmen eigentlich finanziert? Die Grundlage neuen Denkens ist das finanzielle Fundament.

Ich verdiene in meinem Unternehmen selbst 3 000 Euro brutto. Abzüglich der Kosten für Kranken- und Rentenversicherung bleibt meist genau so viel übrig wie bei den meisten anderen Teammitgliedern meines Unternehmens. Manche verdienen monatlich weit mehr als ich. Wer meine Gehaltsabrechnung einsehen will, kann mich jederzeit darauf ansprechen, daraus mache ich kein Geheimnis. Mir persönlich geht es gut. Ich habe mein finanzielles Auskommen. Schließlich werfen alle Gebäude Mieten ab.

Die Gewinne des Unternehmens jedoch gebe ich nicht für Fincas auf Mallorca, dicke Fahrzeuge und übertriebenen Luxus aus, sondern ich investiere immer wieder in das Unternehmen. Denn ich möchte meinen Mitarbeitern nicht das Gefühl vermitteln, mich persönlich an ihren Leistungen zu bereichern. Die Absicherung des Risikos, die ein Unternehmen zu tragen hat, werden über die Gewinne abgedeckt. Das heißt, alle Gewinne bleiben im Unternehmen.

Ich stelle meinen Mitarbeitern folgende Frage:»Hast du das Gefühl, dass ich mich persönlich durch deine Arbeitsleistung bereichere?« Wenn diese Frage mit Ja beantwortet wird, ist das Unternehmen nicht richtig für die Zukunft aufgestellt. Es darf kein Gefühl der Ausbeutung und Bereicherung entstehen. Keiner soll das Gefühl haben, dass ich mir selbst die Taschen auf Kosten anderer fülle. Gefühle entstehen durch Handlungen. Wenn ich andere ausbeute, löse ich ungute Gefühle bei diesen anderen aus.

Sie können sich in Bezug auf den Erfolg Ihres Unternehmens fragen:

- Vermittle ich das Gefühl, dass ich mich durch die tägliche Arbeitsleistung meiner Mitarbeiter persönlich bereichere?
- Vermittle ich das Gefühl, das andere Ideen und Veränderungen nur vorantreiben können, wenn ich es erlaube?
- Vermittle ich das Gefühl, dass andere von mir anhängig sind?
- Vermittle ich das Gefühl, dass andere ihre Gedanken und Ideen nicht frei äußern können aus Angst, sich zu blamieren?
- Vermittle ich das Gefühl, den einen mehr, den anderen weniger zu mögen?
- Wofür lohnt es sich für Sie, morgens aufzustehen?
- Wie sorgen Sie dafür, dass Sie Ihre eigene Entwicklung und die Ihres Unternehmens finanzieren können?

Meine Leseempfehlung:
Francesc Miralles, Héctor García: Ikigai: Gesund und glücklich hundert werden. Allegria, 2018.

Was mein Beckenrand war, muss heute dein Zehnmeterturm sein – Von anderen lernen

Ein Vortragsteilnehmer fragte mich mal: »Herr Fischer, wo bekommen Sie bloß Ihre neuen Ideen immer wieder her?« Ich hätte lässig antworten können und ihm von den vielen Erlebnissen und Begegnungen mit Menschen in meinen und anderen Unternehmen erzählen können, die mir täglich einen riesigen Fundus an Ideen ermöglichen. Aber ich habe tiefer über die Frage nachgedacht. Man kann sie auch verstehen als die Frage, wie ich – und alle – sich stetig weiterentwickeln können. Persönlich, und auch bezogen auf die Möglichkeiten der Unternehmerentwicklung. Da blicke ich zurück auf meine eigene Entwicklung als Unternehmer.

Als Kind war ich Leistungsschwimmer. Da gehört das Springen ins Wasser natürlich dazu. Als ich damals mit meinem Unternehmen angefangen habe, bin ich quasi vom Beckenrand gesprungen. Ich habe erfahrungs- und wissensmäßig ziemlich klein und unbedarft angefangen. Im Laufe der Zeit bin ich den Turm immer weiter hochgeklettert.

Heute stehe ich auf dem Zehnmeterturm und sage zu meinen Mitarbeitern, auch zu meiner Geschäftsführerin: »Wenn du, Nancy, dieselben Fehler noch einmal machen willst wie ich damals, dann nimmst du dir selbst die Möglichkeit, über deine Vorgänger hinauszuwachsen. Was mein Beckenrand war, muss heute dein Zehner sein.« Sie lacht dann und sagt: »Mike, ich muss schon auch meine Fehler machen.«

Ich habe nochmal nachgedacht und dann doch wieder so ähnlich reagiert: »Natürlich kannst du deine Fehler machen, aber nicht meine. Mach nicht die Fehler der Alten, aus denen du lernen kannst.«

Ich bin überzeugt: Wenn Nancy alle meine Fehler wieder macht, verschwendet sie einen Gutteil ihres Potenzials. Wir können nicht die

Fehler unserer Vorfahren immer wieder machen, sonst entwickeln wir uns nicht weiter, sondern enden im Stillstand. Denn wir lernen doch immer aus den Fehlern der Vorherigen. Früher lag die durchschnittliche Lebenserwartung bei 50 Jahren, weil Menschen sich schlecht ernährt haben. Heute stirbt man mit 80 statt mit 50, weil wir viel darüber gelernt haben, wie man sich gesünder ernähren kann. Das ist Beispiel für eine erfolgreiche Lernkurve.

Aber wie habe ich denn selbst gelernt, was man für das Leben als Unternehmer braucht? Das begann neben dem praktischen Lernen mit »Trial and Error«, mit dem Lernen in einem Seminar. Später mit Lehren. Heute findet das Lernen auch mit meinen Büchern und Vorträgen statt, in inspirierenden Gesprächen und Erlebnissen. Aber es begann so:

Ich habe bald nach meinem Start ins Unternehmerleben realisiert, dass wir Unternehmer alle nicht zu Unternehmern ausgebildet werden. Den Unternehmerstatus bekommt man vielmehr gegen eine Gebühr, wenn man ein Gewerbe anmeldet. Nachdem die bezahlt wurde, kann sich jeder »Unternehmer« nennen. Die Berufsbezeichnung gibt es eigentlich gar nicht. Deshalb habe ich in der Unternehmerschule Schmidt-Colleg an einer Unternehmerausbildung teilgenommen.

Diese enorm wertvolle Ausbildung von Dr. Dr. Cay von Fournier begleitet mich bis heute in ihren Grundzügen. In dem Seminar »UnternehmerEnergie« betrachtet man das Unternehmen und die eigene Persönlichkeit in Bezug auf die Strategie, Führung, Management und Steuerung. Der erste Tag begann gleich damit, sich ausschließlich mit der eigenen Persönlichkeit auseinanderzusetzen. Wir Teilnehmer stellten uns Fragen wie: »Welche Persönlichkeit bin ich, was will ich im Leben erreichen?« Wir lernten uns selbst intensiv kennen, was die Grundlage für die restlichen Seminartage schuf. Vier Tage insgesamt, volle Power von früh bis abends, voll gemeinsamen Austauschs und gemeinsamen Lernens. Viele der Fragen tauchen an verschiedenen Stellen hier im Buch auf.

Ich war so begeistert, dass ich das Seminar mehrmals wiederholt habe, bis ich alles umsetzen konnte. Das hat erheblich zu meinem Erfolg beigetragen. Später habe ich einen der Seminartage selbst geleitet und den Teilnehmern erzählt, was passiert, wenn man sein Unternehmen mit vollem Einsatz führt. Später hatte ich die Idee, ein Seminar mit dem Titel »UnternehmerEnergie für Fahrschulinhaber« anzubieten. Ich war somit der

Erste beim SchmidtColleg, der eine völlig neue Zielgruppe definiert hat, die sonst nicht bei diesen UnternehmerEnergie-Seminaren dabei war. Den Zugang zu diesem Wissen ermöglichen wir durch diese speziellen Seminare nun auch anderen Fahrschulinhabern. So geht es mir regelmäßig mit neuen Ideen und Erkenntnissen. Ich lerne etwas, setze es um, und es ergeben sich weiterführende Ideen, die heute immer mehr in die Richtung gehen, mein Wissen und meine Erfahrung und alles, was ich von anderen gelernt und bekommen habe, weiterzugeben. An Sie, liebe Leserinnen und Leser, an meine Vortragsteilnehmer, an meine Mitarbeiter.

Das Lernen steckt für mich tief im Herzen. Doch inzwischen interessiere ich mich kaum mehr für Ratgeber mit Tipps im Sinne von »Ratschlag eins bis fünf – Wie wir in sieben Schritten noch reicher werden« oder »Wie wir in zehn Schritten noch glücklicher durchs Leben gehen«. Was mich heute interessiert – und ich glaube, diese Entwicklung durchläuft unsere gesamte Gesellschaft gerade –, ist die Frage, wie wir lernen, und zwar jenseits von diesen Ratschlägen. Denn haben sie uns fundamental weitergebracht? Für mein Lernen kann ich die Frage jedenfalls nicht uneingeschränkt bejahen.

Ich lese sehr viel, aber eben nicht unbedingt Bücher mit Tipps und Tricks. Ich höre Hörbücher und spreche mit Menschen. Ich gucke mir Vorträge auf YouTube an. Ich suche mir Vorbilder, um zu sehen, was ich von ihnen lernen kann, und suche sofort den persönlichen Kontakt. Ich will Menschen treffen und mich mit ihnen austauschen. Menschen, die mir ganz direkt, mit ihrer Anwesenheit und Präsenz, etwas für die Praxis geben können. Die Zusammenkünfte mit Führungskräften und Mitarbeitern aus allen Branchen und Unternehmensformen und -größen bereichern mich. So gewinnt man Erfahrungen aus erster Hand. Interessant finde ich bei solchen Gelegenheiten die Frage, wie andere mit Input von außen umgehen: Wie haben sie ihn für sich umgesetzt? Genau das ist es, was mich inspiriert, was mich weiterbringt. Die Praxis. Das ist der Weg, der mir Erkenntnisse eröffnet.

Zum Beispiel tausche ich mich viel mit Cay von Fournier vom SchmidtColleg aus. Er hat genau die wissenschaftlich fundierten Grundprinzipien für die Unternehmensführung entwickelt, die ich selbst umgesetzt habe. Ich kann sie auf mein Unternehmen anpassen, und Sie können sie auch auf Ihres anwenden. Ich habe unter anderem sehr von seinen Checklisten profitiert. Checklisten sind keine Tipps, sondern Werkzeuge für die Anpassung an das eigene Unternehmen. Das ist ein himmelweiter Unterschied. Mit zunehmender Erfahrung braucht man solche Listen immer seltener, aber zunächst sind sie ein Gerüst, mit dem das eigene Unternehmenssystem verständlich wird. Checklisten und Fragen ermöglichen Lernen. Tipps und Tricks verhindern Lernen, weil sie vorgeben, das Richtige für jemanden zu wissen. Jemand anders weiß aber nie, was das Beste für einen selbst ist. Aber darüber habe ich schon zu Beginn des Buches berichtet.

Als ein Beispiel für eine solche Art, mithilfe von Fragen zu lernen, möchte ich Ihnen hier zwei Checklisten vorstellen. Damit gehe ich sehr ins Detail, aber zur Auseinandersetzung mit sich und dem eigenen Unternehmen gehört eben die Frage: »Wo stehe ich ganz genau im Moment mit meiner Firma?« Da sehen viele lieber nicht so genau hin.

Ich nehme gerade deshalb hier die Checklisten zum Unternehmenscontrolling von Cay von Fournier, die auf den ersten Blick vielleicht sehr trocken wirken mögen, aber so ist das eben mit den Details. Sie können Sie sich einfach mal ansehen und entscheiden, ob Sie auch für Sie, für Ihr Unternehmen, ein Gewinn sein könnten. Es kann sein, dass Sie eine Frage nicht beantworten können. Wenn dem so ist, sind Sie schon einen entscheidenden Schritt weiter. Denn dann wissen Sie, dass Sie etwas dazulernen können, und bekommen bereits eine erste Idee davon, was Sie noch zu lernen haben.

Operatives Unternehmenscontrolling

- ☐ Besteht eine Kostenstellenrechnung?
- ☐ Besteht eine Kostenartenrechnung?
- ☐ Sind Verlustbringer identifiziert und ist gleichzeitig bekannt, welchen Ergebnisbeitrag Produkte/Sortimente und/oder Unternehmensbereiche haben?
- ☐ Ist bekannt, welche Deckungsbeiträge je Kunde oder je Produkt erwirtschaftet werden?
- ☐ Existiert eine auf Monate heruntergebrochene Ergebnisplanung?
- ☐ Existiert eine auf Monate heruntergebrochene Liquiditätsplanung?
- ☐ Erfolgt mindestens monatlich ein Soll-/Ist-Abgleich zur Ergebnis- und Liquiditätsplanung?
- ☐ Werden Abweichungen analysiert?

- ☐ Führen erkannte Negativabweichungen zur Einleitung von Gegenmaßnahmen?
- ☐ Gibt es rollierende Planungen, d. h. Prognosen oder Vorausschaurechnungen?
- ☐ Existiert eine Auftrags-/Produkt- bzw. Sortimentsvorkalkulation?
- ☐ Ist eine Nachkalkulation implementiert?
- ☐ Besteht ein geordnetes Forderungs- und Mahnwesen?
- ☐ Ist das Controlling eindeutig einer Person oder einem Bereich zugeordnet?
- ☐ Existiert ein monatliches Berichtswesen, in dem die aktuelle Geschäftentwicklung kurz erläutert ist und notwendige Maßnahmen zur Stabilisierung und positiven Entwicklung festgelegt sind?
- ☐ Sind Mitarbeitern quantitative Ziele zugeordnet?

Genauso wichtig sind die folgenden Fragen zum Unternehmenscontrolling:

Strategisches Unternehmenscontrolling
- ☐ Ist die Unternehmensvision formuliert?
- ☐ Sind aus der Vision kurz-, mittel- und langfristige Unternehmensstrategien abgeleitet?
- ☐ Sind die Unternehmensziele und die erwarteten Wirkungen klar und operational definiert?
- ☐ Erfolgt die Unternehmensplanung durch einen Planungsprozess, der in allen Teilbereichen des Unternehmens durchgeführt wird?
- ☐ Sind die notwendigen Maßnahmen im erforderlichen Umfang und detailliert durchgeplant?
- ☐ Werden die geplanten Maßnahmen auch tatsächlich umgesetzt?
- ☐ Ist aus den Unternehmensstrategien ein Zielsystem, bestehend aus kurz-, mittel- und langfristigen Zielen, abgeleitet?
- ☐ Sind die Ziele von den Beteiligten akzeptiert?
- ☐ Werden dabei auch qualitative Ziele im Unternehmen formuliert?
- ☐ Wird die Zielerreichung kontrolliert und werden Abweichungen analysiert?
- ☐ Führen Sie hinsichtlich Ihrer wirtschaftlichen Entwicklung Markt- und Wettbewerbsanalysen durch?
- ☐ Gibt es alternative Planungen für unterschiedliche Unternehmensentwicklungen (Worst-Case-Betrachtungen)?

- ☐ Sind Mitarbeitern qualitative Ziele zugeordnet?
- ☐ Werden die mitarbeiterbezogenen Zielvorgaben einem regelmäßigen Soll-/Ist-Abgleich unterzogen und gegenüber den betroffenen Mitarbeitern kommuniziert?
- ☐ Ist organisatorisch Vorsorge dafür getroffen worden, dass die Führung den Umsetzungsprozess beherrschen kann?
- ☐ Funktioniert das Frühwarnsystem (insbesondere das Berichtswesen), sodass Gegensteuerungsmaßnahmen rechtzeitig ergriffen werden können?

Bei jeder der Listen gibt Cay von Fournier den Rat: »Sollten Sie mehr als fünf Fragen mit ›Nein‹ beantwortet haben, empfehlen wir Ihnen, sich dringend mit der Einführung oder Optimierung Ihres operativen Steuerungs- und Controllingsystems zu beschäftigen.« Und als ich diese Fragen das erste Mal beantwortet habe, hatte ich fast alles mit Nein beantwortet. Ich wusste gar nicht, dass es das alles gibt.

- Wie viele Themen und Fragen kannten Sie denn auch noch nicht?
- Wie sieht das operative Controlling bei Ihnen aus?
- Wie sieht das strategische Controlling bei Ihnen aus?

Meine Website-Empfehlung:
Dr. Dr. Cay von Fournier: UnternehmerEnergie«-Seminare.
https://www.schmidtcolleg.de/unternehmerenergie/

5 DAS KLIMA DES VERTRAUENS – SICHERHEIT UND GEBORGENHEIT SCHAFFEN

Messenger-Dienst und »Daumen hoch« in der Führungskräftesitzung – Erfolge feiern als Teil der Unternehmenskultur

Marco von Münchhausen macht in seinen Vorträgen und Seminaren ein Experiment: Er stellt dem Publikum zehn einfache Rechenaufgaben. Jeder soll sagen, was ihm an den Aufgaben auffällt. Eine Rechenaufgabe von den zehn ist falsch gelöst. Marco von Münchhausen fragt: »Was fällt Ihnen auf?« Jeder sagt sofort: »Eine Rechenaufgabe ist falsch.« Keiner sagt: »Neun Aufgaben sind richtig.«

Als Fahrlehrer in Gera könnten wir uns tagtäglich über die hässlichen, tiefen Schlaglöcher in der Louis-Schlutter-Straße im Stadtzentrum von Gera aufregen. Die Straße liegt in unmittelbarer Nähe zu unserer Fahrschule und wir befahren sie täglich mit unseren Schülern. Wir können dem vermeintlichen Ärgernis aber auch mit einem Lächeln begegnen. Die Mitarbeiter haben die Schlaglöcher in der Louis-Schlutter-Straße zu kleinen »Mini-Schlaglochgärten« umgestaltet. Anstatt sich über Schlaglöcher zu ärgern, finden wir es besser, sich an den kleinen Mini-Schlaglochgärten zu erfreuen.

Die Inspiration zu dieser Idee kam von einem Unbekannten, der mit Kieselsteinen und einer künstlichen Blume ein Schlagloch verschönerte. Der Unbekannte ist für mich der eigentliche Ideengeber für diese Aktion. Schon beim Pflanzen der Minigärten blieben die Leute stehen, kamen ins Gespräch und fanden die Aktion toll. Wir nennen das dann

»Schlaglochgespräche«, und wenn es eine wenig befahrene Straße ist, kann man am Mini-Schlaglochgarten zwei Stühle aufstellen, ein bisschen plaudern oder gemütlich sein Lieblingsbuch lesen. Wir werden immer weitere Schlaglöcher in Gera bepflanzen. Wir werden Gera noch liebevoller gestalten.

Und gerade deswegen haben wir die Aktion »Held der Herzen« initiiert, die schon kurz erwähnt wurde und in Teil 5 in einem eigenen Kapitel ausführlicher vorgestellt wird. Denn verfolgt man die mediale Berichterstattung, liegt der Schluss, die Welt sei schlecht, leider oft sehr nahe. Ich aber sage über meine Mitarbeiter und bei der Ehrung zu unserer Aktion »Held der Herzen«: »Genau hier sitzen die Richtigen, weil hier viel mehr Positives als Negatives passiert, nur hören, sehen und lesen wir das viel zu selten.« Denn auf die negativen Entwicklungen fokussieren wir uns oft genug, da nehme ich mich persönlich gar nicht aus. Oft stört mich ein Detail, und ich verlerne, die positiven Dinge zu sehen, bei den Mitarbeitern, in unserem FischerDorf, bei den Fahrschulautos, bei den Fahrschülern und so weiter. Wenn ich lerne, auf die positiven Dinge zu achten und dankbar für sie zu sein, habe ich ein viel positiveres Verhältnis zu den Menschen.

Dieses Kapitel ist dementsprechend ein Aufruf. Mein Aufruf an Sie soll sein: Konzentrieren wir uns doch viel mehr auf das Positive in den Menschen, anstatt zuzulassen, dass sich das Misstrauen wie ein Geschwür im Gehirn festsetzt! Deshalb habe ich ein anderes Selbstverständnis entwickelt. Meine Aufgabe als Firmenlenker ist es, mich tagein, tagaus mit der Frage zu beschäftigen: »Wie steht es um die Potenzialentfaltung eines jeden meiner Mitarbeiter?«

Um Potenziale vollständig zu entfalten, ist positives Feedback immens wichtig. Erinnern Sie sich noch an das Kapitel im ersten Teil über die überholte Meeting-Kultur, mit meinen Montag-Morgen-Meetings um acht Uhr? Gruselig! Ich hatte davon erzählt, dass man einen Teil der Kommunikation auch in einen Dienst-Chat per Messenger-Dienst verlagern kann.

Dazu ein Beispiel aus einem meiner Tagesseminare, mit einer Firma aus der Klimatechnikbranche. Es ging um Teamkultur. Da passierte Folgendes: Während der Veranstaltung stand eine der Teilnehmerinnen auf und sagte: »Ich habe gerade eine Nachricht von xy bekommen.

Der Auftraggeber hat die Arbeit der letzten Wochen abgesegnet. Es ist alles zur vollsten Zufriedenheit gelaufen.« Sie hat das vorgelesen, und es war klar: Der Mitarbeiter, der das gerade geschrieben hatte, war Feuer und Flamme. Das hat sich sofort übertragen. Sie hat zurückgeschrieben: »Toll habt ihr das gemacht. Super!«

Und da habe ich eingehakt und gesagt: »Leute, wir machen jetzt ein Video. Ihr stellt euch hin, alle zwölf Führungskräfte. Dann sagt eine von euch in die Kamera: ›Lieber Lutz, wir haben deine Nachricht erhalten und wir finden, dass du und dein Team einfach klasse sind.‹« In dem Moment, wo sie das in die Kamera sagt, haben alle applaudiert. Dann hat sie das Video abgeschickt.

Gleich darauf schreibt der Empfänger zurück: »Dass ihr mir das gesagt habt, berührt mich ungemein, ich habe Tränen in den Augen! Diese Firma ist die tollste überhaupt!« Das war auch für mich ein besonderer Moment.

Warum also nicht mit einer kurzen Nachricht dem Kollegen seine Anerkennung vermitteln? Das Eisen schmieden, so es heiß ist. Der Aufwand ist gering, das Ergebnis oftmals überwältigend. Das gilt oft auch für die Zusammenarbeit in Teams mit Ideen, die gerade akut sind. Dazu habe ich ein Beispiel aus einem großen Projekt, in meinem Fall mit Handwerkern bei einem Bauprojekt. Jeder der mal gebaut hat, kennt die vom Architekten anberaumte Handwerksbesprechungskultur. Beim Bau des FischerDorf durfte ich diese Kultur ausgiebig kennenlernen. Der Architekt hat das Sagen, alle anderen folgen seinen Anweisungen. Die erste Baubesprechung steht also an. Der Architekt lädt alle Beteiligten ein, sie sollen um 8 Uhr morgens vor Ort sein. So war es dann auch. Alle am Projekt beteiligten Firmen waren anwesend. In der Besprechung, die geschlagene zwei Stunden dauerte, hat der Architekt aber von den anwesenden zwölf Handwerksfirmen nur mit zweien gesprochen. Die anderen waren in diesem Stadium der Bauarbeiten schlicht noch nicht wichtig – Malerarbeiten werden beispielsweise erst gegen Ende der Bauphase relevant.

Ich habe interessiert nachgefragt: »Ist das immer so mit dieser Baubesprechung? Was für eine Zeitvergeudung!«

Und so haben wir auch hier eine Chat-Gruppe gegründet. Wir haben die Baubesprechungen nicht mehr vor Ort, sondern in der Chat-Gruppe geführt. Wenn jemand ein Problem, eine Frage, eine kurze Mitteilung hatte, konnte das sofort im Chat artikuliert werden. Die Handwerker, alle beteiligten Unternehmer, haben sich als Fachleute ausgetauscht und sich gegenseitig gefragt, wenn es Klärungsbedarf gab. Die Zeitersparnis ist aber nur ein Vorteil von Chat-Gruppen, viel wichtiger ist Folgendes: In diesem Baubesprechungschat ist gelobt worden, wann immer sich eine Gelegenheit bot. Fotos von schönen oder komplexen Arbeitsleistungen wurden ausgetauscht und so mit allen geteilt. Da hat keiner irgendwelche blöden Witze gemacht. Alle haben sich verstanden gefühlt. Der Architekt hat natürlich mitgemacht. Da ist ein Spirit entstanden, an dem alle ihre Freude hatten! Unnötig zu sagen, dass niemand die Meetings vermisst hat.

Die Erfolge gegenseitig feiern, auch in einer Chat-Gruppe, warum nicht? Das Beispiel mag Ihnen nebensächlich vorkommen – eine Nachricht eben –, aber es zeigt, wie schön Kurznachrichten für eine Feierkultur und die gegenseitige Wertschätzung sein können, Dadurch entsteht unendlich viel Vertrauen, Freude an der Arbeit und letztlich Liebe. Damit machen wir in diesem und in den weiteren Teilen dieses Buches weiter.

- Was spricht gegen eine Chat-Gruppe zum Teilen kleiner und großer Erfolge?
- Wie sehr können Sie sich über Erfolge freuen und das Positive sehen?
- Wie haben andere in Ihrem Leben reagiert, wenn Sie etwas gut gemacht hatten?

Meine Facebook- und Video-Empfehlungen
Mike Fischer/Facebook: »Aktion ›Schlagloch in Gera‹«:
https://www.facebook.com/photo.php?fbid=10215102650733728&set=pcb.10215102743736053&type=3&theater

Mike Fischer/Facebook: »Reaktion auf die Aktion ›Schlagloch in Gera‹«:
https://www.facebook.com/photo.php?fbid=10215322699714815&set=pcb.10215322717475259&type=3&theater

Ostthüringer Zeitung/YouTube: »Held der Herzen 2015 in Gera geehrt«:
https://www.youtube.com/watch?v=8OW2AP-mzjc

Jeder hat ein Mitspracherecht –
Der demokratisch gewählte Chef

Die eine oder andere Führungskraft, so mancher Firmeninhaber, mit dem ich spreche, hat immerhin das folgende Wort schon gehört – angewendet haben es nach meinen persönlichen Umfragen nur die wenigsten: das Führungskräfte-Feedback. Führungskräfte-Feedback bedeutet, sich von den eigenen Mitarbeitern bewerten zu lassen. Das kann unangenehm werden, wenn man erwartet, dass das Ergebnis nicht euphorisch sein wird. Man kann sogar noch weiter gehen: Wie wäre es, sich als Chefin oder Chef, von den eigenen Mitarbeitenden demokratisch wählen zu lassen?

Ich möchte Sie in diesem Kapitel zum Andersdenken anregen: Ist der Gedanke, jemand anderen ans Steuer zu lassen, wenn die eigene Orientierung nicht mehr ausreicht, derart abwegig? Können Sie sich solch einen Gedanken ernsthaft vorstellen? Mit allen Konsequenzen? Hintergrund für diesen Gedanken ist bei mir folgende Überlegung:

Wir haben damals 35 D-Mark bezahlt, um unser Gewerbe anzumelden. Nichts weiter. Es gab keine Ausbildung zum Unternehmer, keinen Lehrgang für angehende Chefs oder Vergleichbares. Und jetzt frage ich Sie: Soll diese Gewerbeanmeldung mit den 35 D-Mark genug Berechtigung darstellen, um heute noch ein Unternehmen zu lenken? Oder müssen sich alle Chefs nicht vielmehr der Frage stellen, ob es einen Besseren gibt als sie selbst? Ich sehe es jedenfalls für meine Firma nicht als selbstverständlich an, dass – nur weil ich vor 30 oder mehr Jahren ein Gewerbe angemeldet habe – ich das Unternehmen für immer weiterführen muss. Denken wir einmal weiter:

Jeder Mitarbeiter soll gegen mich antreten und ein besseres Programm vorstellen. Wenn es wirklich besser ist, dann soll er die Führung übernehmen. Und das sollen alle gemeinsam entscheiden. Ich lasse mich demokratisch wählen. Ich will mich dem Kampf stellen, wenn jemand anderer gegen mich antritt. Deshalb frage ich mich immer wieder: Was ist heute mein Wahlprogramm, das mich von meinen Herausforderern abhebt? Nun kann ich mir vorstellen, dass Sie diese Idee für ziemlich verrückt halten. Vielleicht winken Sie gleich ab und denken: Der Mike

Fischer, jetzt dreht er vollkommen durch. Und gerade wenn Sie das denken, überlegen Sie, warum dem so ist. Warum weisen Sie diese Idee von sich? Was sind Ihre Argumente? Sind es wirklich sachliche Argumente, die Ihrer Firma dienen? Oder stehen doch persönliche Motive dahinter: die Macht behalten, immer weiter der oder die Wichtigste sein, besser sein zu wollen als jeder andere?

Chefs können den Kampf gegen ihre Mitarbeiter mit ihrem Programm für die nächsten Jahre antreten. Oder wenn sie kleiner anfangen wollen, können sie sich in Bezug auf ihre Fähigkeit, ihre Mitarbeiter zu führen, beurteilen lassen. Dieser Bewertung stelle ich mich regelmäßig, und bei der jüngsten Umfrage habe ich die Gesamtnote 1,4 erreicht.

Dieses Ergebnis bestärkt mich. Wenn ich so gute Noten bekomme, ist das wohl ein Argument, dass ich noch der Richtige bin. Auch Sie als Leser können sich den Bewertungsbogen bei mir auf der Website herunterladen. Wichtig für solch eine Bewertung: Der Bewertungsbogen muss absolut anonym sein! Sobald die Befragung das in einem noch so kleinen Punkt nicht ist, werden die Ergebnisse verfälscht.

Meine schlechteste Note mit 2,2 erreiche ich bei der Aussage: »Er kritisiert mich im Beisein von anderen.« Das ist keine gute Eigenschaft von mir, das sehe ich sofort ein. Jetzt, da ich diese schlechte Eigenschaft an mir wahrnehme, kann ich daran arbeiten, mich zu verbessern und zu ändern. Also habe ich mir vorgenommen, Kritik nur noch unter vier Augen zu üben, denn ich habe nicht im Geringsten ein Interesse daran, dass andere sich vorgeführt oder schlecht behandelt fühlen, weil Kollegen etwas mitbekommen, was eigentlich nur für die eine Person bestimmt ist.

Auf dieses Entwicklungspotenzial von mir wäre ich ohne solch eine Beurteilung durch die Mitarbeiter nie gekommen. Erst als ich vor vielen Jahren begonnen habe, mich dem anonymen Feedback zu stellen, konnte ich so etwas erfahren. Heute ist das Feedback eine wichtige Quelle für mich, um mich persönlich und unternehmerisch zu entwickeln. Und das können Sie ebenso tun. Die Fragen könnten dabei helfen:

Fragen Sie sich als Führungskraft:

- Was sind Fragen, die für mich wichtig sind, wenn ich mich heute bewerten lassen würde?

- Schreiben Sie dazu zehn Fragen auf. Ein Beispiel:»Mein Chef ist für mich da, wenn ich ihn brauche.«
- Was ist mein Wahlproramm für die nächsten Jahre? Wo soll es hingehen?
- Wie wäre das für mich, wenn ich nicht mehr der Beste für mein Unternehmen wäre? Was würde ich tun?

Als mein Fundament zu wackeln begann – Selbstführung im hierarchiefreien Unternehmen

Wenn ich in meinem Unternehmen vom »Fundament« spreche, dann meine ich Micha, Elke, Henry und Jacqueline D. Die vier sorgen für Sauberkeit, gute Verpflegung, Wartung oder kurz dafür, dass sich im FischerDorf alle wohlfühlen. Doch an einem Tag höre ich plötzlich: »Mike, hast du schon gehört, Henry und Jacqueline reden nicht mehr mit Micha? Was ist denn da los?«

»Wie? Wieso reden die nicht mehr miteinander?«

Am Freitag habe ich erfahren, dass die vier, die mein Fundament ausmachen, nicht mehr miteinander reden. Ich bin erst perplex. Am Montag vereinbare ich sofort einen Gesprächstermin mit Micha, Elke, Henry und Jacqueline, um zu erfahren, was vor sich geht.

Im Gespräch stellt sich heraus, dass sich seit einiger Zeit Frust unter den vier Kollegen angestaut hat. Wieso hat sich da Frust angestaut, frage ich mich selbst, dann die vier.

Sie zucken mit den Schultern, doch nach einigem Hin und Her stellte sich heraus, dass das ungute Gefühl zwischen ihnen schon viel länger bestand. Ich habe sie konkret gefragt: »Wie oft setzt ihr euch zusammen und redet über alles, was gerade ansteht?«

Dabei kam heraus, dass sie sich untereinander noch nie ausgetauscht hatten, obwohl sie den Nutzen gemeinsamer Gespräche sofort erkannten.

Das war der Startschuss. Sofort fingen sie an zu planen: Einmal pro Monat müssen wir uns für ein Gespräch treffen. Und natürlich müssen wir uns zwischendurch austauschen, dann aber informeller.

Wenn man nicht redet, obwohl schon etwas in der Luft hängt, wird das Problem eben noch größer. Jeder macht weiter wie bisher, und das Problem wächst. Das wäre das Ende jeglicher konstruktiver Zusammenarbeit.

Ich habe sehr deutlich zu verstehen gegeben, dass ich mit ihrer Kommunikation untereinander nicht zufrieden bin und von ihnen von Anfang an erwartet hätte, sich ein solches Gesprächsformat schon längst selbstständig geschaffen zu haben.

Sie gucken bedrückt, und ich beende das Gespräch.

Der Clou kommt jetzt, denn ohne dass ich in den darauffolgenden Tagen hätte nachhaken müssen, veränderte sich die Stimmung der vier. Jacqueline, die in der letzten Zeit nur noch mit einer Grabesstimme »Guten Morgen« gesagt hat, hat nach dem Gespräch gesungen. Dieses Gespräch hat bei ihr zu hundert Prozent den Nagel auf den Kopf getroffen.

Warum erzähle ich Ihnen diese Geschichte von einem Konflikt, wie er überall und ständig in jedem Team vorkommen kann? Aus einem wichtigen Grund: Für mich ist der Vorfall ein Signal für das Maß an Selbstführung, das im Unternehmen möglich ist. Wie weit sind wir auf dem Weg zum hierarchielosen Unternehmen? Der hohe Anspruch an meine Mitarbeiter, sich selbst zu führen, hat natürlich Konsequenzen. Was, wenn im Stimmungsbarometer dunkle Wolken aufziehen? Wenn das »Fundament«, die Basis guter Zusammenarbeit, wackelt, weil nicht miteinander gesprochen wird? Für ein Unternehmen, in dem Selbstführung großgeschrieben wird, ist eine solche Entwicklung besonders problematisch. Gerade in selbstgeführten Organisationen können ungelöste kleine Probleme zu unlösbaren großen Problemen mutieren.

Das bedeutet: Wenn Unternehmer von ihren Teams erwarten, dass sie sich selbstständig führen, müssen sie immer darauf achten, wie das Verständnis um die Selbstführung bei jedem einzelnen Mitarbeiter ankommt und verstanden wird. Denn in Hierarchien zu leben ist das Normale für uns alle, also auch für jeden Mitarbeiter. Da ich früher Leistungsschwimmer war, nehme ich wieder einmal das Bild des Ins-Becken-Springens: In Hierarchien zu leben bedeutet, vom Beckenrand zu springen. Was aber, wenn die Mitarbeiter plötzlich vom Zehnmeterturm springen sollen, ohne vorher auf dem Einer, dem Dreier, dem Fünfer gestanden zu haben?

Nur weil nun ein Firmenlenker aus unternehmerischen Gründen plötzlich davon überzeugt ist, hierarchielos und selbstbestimmt zu arbeiten, wäre es der neueste Schrei und sollte umgesetzt werden, müssen plötzlich die Mitarbeiter vom Zehnmeterturm springen. Das kann nicht gelingen. Selbstführung ist mehr als eine Verordnung, es ist ein wachsender Prozess. Wir müssen uns also bewusst sein, dass der Wunsch nach Selbstführung und Selbstbestimmung immer auch eine Konsequenz hat. Die Mitarbeiter müssen dazu befähigt werden.

Wenn eine Firma die Selbstführung wirklich lebt, müssen die Mitarbeiter einen schwelenden Konflikt um jeden Preis lösen können – mindestens in der Lage sein, einen Konflikt zu thematisieren. Man muss sich sofort zusammensetzen und sich austauschen. Man muss so lange zusammen kämpfen, bis der Konflikt wieder bereinigt ist. Wie das genau aussieht, ist offen.

Basis für die Selbstführung ist eine wertschätzende und freundschaftliche Zusammenarbeit. Alle müssen einander so verbunden sein, dass jeder dem anderen das Gefühl gibt, dass er besser werden soll, als man es selbst je werden kann. Das ist ein enorm hoher Anspruch, der eben nicht nur für mich als Firmenchef gilt. Es genügt nicht, dass ich das für meine Mitarbeiter will. Wenn alle in einem Unternehmen diesen Anspruch verinnerlicht haben, sind wir einen guten Schritt weiter auf dem Weg zu einer liebevollen Arbeitswelt. Doch diese Liebe zu uns, zu den anderen und zur Firma müssen wir entwickeln! Im geschilderten Streit hat das Ego regiert. Aber wir müssen darüber hinauswachsen. Das ist eine Erfahrung, die man machen muss, und in meinem Beispiel hat es geklappt.

Ich möchte jetzt vom Einzelfall in meiner Firma weggehen. Das Thema »Selbstführung« ist eines, das alle Unternehmen und sogar unsere ganze Gesellschaft betrifft. Der Begriff Selbstführung bezeichnet bei uns die Autorität, die berufliche Entfaltung weitgehend unabhängig von äußeren Einflüssen zu gestalten. Ziel ist es, durch die Selbstführung Neid, Machtgehabe, Besitzanspruch, Miesmacherei, Gier und unglücklicher Arbeit keinen Raum zu geben. Das gelingt jedoch niemals ohne Zusammenarbeit mit dem Team. Der größte Feind der Selbstführung ist das eigene Ego.

Ich habe gesehen, dass wir 1990 noch solch ein typisches Organigramm hatten, das kennen Sie: Chef oben, dann Abteilungsleiter, danach die Mitarbeiter ganz unten. Mit dieser Form der Hierarchie leben viele Unternehmen nach wie vor. Wir auch, bis 2005. Dann haben wir das Organigramm einfach umgedreht in der Darstellung. Es kam die umgedrehte Pyramide. Ganz oben waren nun die Kunden. Aber auch das war nur ein Zwischenschritt. Heute, 2017, gibt es gar keine Hierarchie mehr. Wir sind bei der Selbstführung angekommen. Jedenfalls auf dem Organigramm. Denn in der Realität – das will ich nicht verhehlen – gibt es ab und an Probleme, den Egoismus zu überwinden. Das ist ein Prozess, der nicht einfach ist. Mehr darüber erzähle ich im Kapitel »Hierarchie Zero« im fünften Teil dieses Buches.

- Wie sieht bei Ihnen das Firmenorganigramm aus? Wer steht oben, wer unten?
- Was halten Sie von Selbstführung und Hierarchielosigkeit? – Blitzantwort?
- Wer in Ihrem Unternehmen hat das Zeug zur Selbstführung? – Erstellen Sie eine Liste mit Werten von 0 bis 10, inklusive Ihnen selbst.
- Was könnten die Vorteile der Hierarchielosigkeit für Ihr Unternehmen sein?

Frühstück beim Bäcker und der Frauenverwöhntag – Was Mitarbeiterwertschätzung bewirkt

Ich sitze schon wieder beim Bäcker. Morgens um halb neun. Die Bäckerin hat einen weiteren Stempel in meine Gutscheinkarte gestempelt. Bald ist es wieder so weit: Das elfte Mal gibt's unser Frühstück gratis. So geht das inzwischen seit Jahren. Nicht nur hier, auch in anderen Bäckereien in der Stadt. Diese Hefte haben wir inzwischen überall liegen. Mittlerweile bin ich in ganz Gera dafür bekannt, außer Haus zu frühstücken. Aber ich sitze nicht alleine und knabbere an meinem Brötchen. Mir gegenüber sitzt immer ein Mitarbeiter.

Früher haben Mitarbeiter, die ich zum Frühstücken einlud, schon Wochen vorher gegrübelt wie vor einen Zahnarzttermin. Wie vor einer

Jury mit mir als einzigem Juror musste Rechenschaft über die Arbeit und darüber, was im zurückliegenden Jahr gut oder schlecht lief, abgelegt werden. Es war ein Gesprächsformat, das durchaus ungute Gefühle auslösen konnte. So habe ich es auch noch in meinem vorherigen Buch beschrieben, es hieß da noch »Mitarbeiterorientierungsgespräch«. Ich habe das abgeschafft. Jetzt machen wir es anders. Weg vom Mitarbeiterorientierungsgespräch, hin zu den Bäckereien dieser Stadt: Jeden Morgen kaufe ich ein Frühstück und gucke einem meiner Mitarbeiter in die Augen, um dort zu sehen, ob er sein Potenzial lebt. Das dauert ungefähr 45 Minuten, und diese Frühstücke finden ständig statt – nicht nur einmal am Ende des Jahres.

Mit manchen spreche ich öfter, weil sie mehr Zeit brauchen, um ihre Potenziale zu entfalten, manche brauchen weniger Zeit und weniger Gespräche. Wenn Mitarbeiter Probleme bekommen, spüre ich das. Dann spreche ich sie an, und oft ist ihre erste Reaktion: »Mensch, du merkst was, bevor ich es selbst merke.« (Dass nicht ausschließlich ich Initiator der Frühstücksgespräche bin, sondern jeder Mitarbeitende mich darum bitten kann, versteht sich von selbst.) Ich habe für diese Aufmerksamkeit, für den engen Kontakt zu allen Mitarbeitenden im Führungskräftefeedback die Note 1,0 bei »Mein Chef ist für mich da« bekommen. Das ist für mich eine der schönsten Bestätigungen überhaupt, und meine Mitarbeiter genießen diese Form der Wertschätzung ungemein.

Wenn meine Hauptaufgabe ist, die Potenziale meiner Mitarbeiter zu entfalten, dann muss ich für meine Mitarbeiter da sein und ein Gefühl für sie haben. Das entwickelt sich nur, indem ich Verbundenheit schaffe. Der Vortragsredner Dieter Lange hat einmal nach meinem Vortrag zu mir zwei Dinge gesagt: »In deinem Vortrag ist Liebe. Du hast es zwar nicht gesagt, aber das Wort Liebe ist da drin.« Und er hat noch etwas gesagt: »Weißt du, warum dir die Menschen folgen? Die folgen dir, weil du an die Menschen glaubst. Weil du an das Positive in ihnen glaubst.«

Das ist eines der schönsten Feedbacks, die ich je bekommen habe. Denn genau das will ich, und es scheint bei den anderen anzukommen. Dafür bin ich dankbar. Ohne Wertschätzung wird es im Unternehmen keine Zufriedenheit geben. Wenn Vorgesetzte die Kraft der Wertschätzung, des ehrlichen Feedbacks und das Interesse am Menschen erkennen und umsetzen, steigt die Jobzufriedenheit der Mitarbeiter, das belegt zum Beispiel die Studie aus dem Jahr 2017 zur Jobzufriedenheit der ManpowerGroup.

Wir können Mitarbeiter immer noch mehr wertschätzen. Ihnen zeigen, wie sehr wie sie schätzen und wie dankbar wir für ihre Arbeit sind. Ich möchte Sie in diesem Kapitel auch dazu anregen, einige Ideen, die Wertschätzung gegenüber den Mitarbeitenden auszudrücken, selbst im eigenen Unternehmen umzusetzen. Das ist übrigens nicht zwangsläufig mit hohen Kosten verbunden. Es geht vielmehr um das Zeichen, das Sie damit setzen, um der Wahrhaftigkeit ihrer Wertschätzung Ausdruck zu verleihen.

Es gibt natürlich unzählige Möglichkeiten, Mitarbeiter wertzuschätzen. Hier sind ein paar Beispiele, die ich ausprobiert habe und die Ihnen Anregungen geben können: Frauentag, Männertag, Oscarnacht, Cheffrühstück, alle Mitarbeiter als Figur aus dem 3-D-Drucker, Badetag mit Grillabend, Sommerfest, Weihnachtsmarkt, Bogenschießen, Fahrradtour mit Picknick, Gemeinsam kochen. Mit meinen Mitarbeiterinnen war ich vergangenes Jahr zu einem Frauenverwöhntag bei meinem Freund Heiko Schneider in Hoyerswerda.

Die Liste könnte nun beliebig weitergehen. Doch all das ist nichts, wenn es nur Aktionismus ist. Das Wichtigste bei all diesen Vorschlägen zur Mitarbeiterwertschätzung ist, dass diese Wertschätzung aus dem Herzen kommt. Incentives sind nicht der Kern, und es soll dadurch keine

Erwartungshaltung entstehen. Wenn bei den Mitarbeitern eine Erwartungshaltung ins Spiel kommt, wird es die Arbeitsfreude eher mindern und die Mitarbeiter demotivieren. Jede Art der Incentives oder Wertschätzungsmaßnahmen sollten eine Ausnahme bleiben, die aus einer besonderen Situation entsteht. Es gibt eine passende Stimmung, aus der der Moment für eine passende Wertschätzungsbekundung entspringt, ohne dadurch eine Regelmäßigkeit entstehen zu lassen. Es kann auch ein Blumenstrauß sein oder ein belegtes Brötchen. Ganz simple, einfache Dinge. Die gerade passen. Immer etwas Neues.

Mit den folgenden elf Anzeichen fehlender Wertschätzung im Unternehmen können Sie prüfen, ob Mitarbeiter bei Ihnen genug wertgeschätzt werden:

1. Der Vorgesetzte interessiert sich nicht die Bohne für Sie als Mensch, nur als Arbeitskraft.
2. Der Vorgesetzte kann Ihnen für geleistete Arbeit nicht danken.
3. Der Vorgesetzte hat kein Interesse, dass Sie sich als Mensch beruflich und persönlich weiterentwickeln.
4. Ein Termin bei Ihren Vorgesetzten oder Chef zu bekommen fühlt sich an wie ein Hauptgewinn.
5. Im Unternehmen herrscht eine ängstliche Stimmung.
6. Ihnen wird keine Verantwortung übertragen.
7. Ihnen wird kein Vertrauen geschenkt.
8. Fehler werden umfangreich ausgewertet und gute Arbeit nicht genügend gewürdigt.
9. Ihnen werden ständig Aufgaben übertragen, die nicht mit Ihnen abgestimmt sind und nicht in Ihr Aufgabengebiet gehören.
10. Vereinbarte Arbeitszeiten werden nicht eingehalten, es kommt häufig zu (unbezahlten) Überstunden.
11. Ihre Idee und Verbesserungsvorschläge werden nicht ernstgenommen.

Und diese Fragen können Ihnen zusätzlich weiterhelfen:

- Wie dankbar sind Sie Ihren Mitarbeitern für Ihre Arbeit?
- Wie sehr schätzen Sie jeden Ihrer Mitarbeiter, auf einer Skala von 1 bis 10? Wie können Sie die individuellen Potenziale erkennen und weiterentwickeln, um nur noch die Höchstwertung zu vergeben?

- Welche Ideen zur Kollegen- und Mitarbeiterwertschätzung haben Sie für Ihr Unternehmen?

> **Meine Leseempfehlung**
> ManpowerGroup Deutschland: »Bevölkerungsbefragung Jobzufriedenheit 2017«:
> https://www.manpowergroup.de/fileadmin/manpowergroup.de/ManpowerGroup_Studie_Job-zufriedenheit_2017.pdf

Die Mystery Shopperin – Wir verkaufen unvergessliche Lebenszeit

Ich habe einen aufgezeichneten Anruf: »Rufen Sie mich doch mal bitte zurück.«

Na gut, ich rufe sie zurück.

»Hallo, ich war Ihre Mystery Shopperin. Ich habe meine Fahrprüfung bestanden, jetzt schreibe ich mein Exposé mit der Auswertung meiner Erfahrungen bei Ihnen. Zehn Seiten.«

Was ist überhaupt eine »Mystery Shopperin«? Ich lese erst mal bei Wikipedia nach: Mystery Shopping ist so etwas wie ein Testkauf, der dazu dient, die Dienstleistungsqualität zu erheben. Geschulte Testkäufer oder Testkunden, die als normale Kunden auftreten, nehmen die reale Kundensituation wahr und werten sie aus. Es geht dabei vor allem um die Qualität der Dienstleistung, aber auch um allgemeine Faktoren wie Freundlichkeit, Wachsamkeit, Ordnung und Sauberkeit.

Mystery Shopper liefern Feedback aus Kundenperspektive.

Eine Woche später hatte ich ihr Exposé auf dem Tisch liegen. Sie beschrieb alles von der ersten E-Mail, das Telefonat mit dem Office, der Ablauf der Buchung. Sie beschreibt weiterhin: Wie war die persönliche Begrüßung beim Ankommen im Fahrschulinternat? Wie hat sie geschlafen? Wie durchdacht und kundenfreundlich waren die gesamten Abläufe? Nun, eins vorweg: Wir haben insgesamt bei ihrer Bewertung sehr gut abgeschnitten. Nur bei unserer Ausbildung kommen wir noch etwas »Old School« rüber, so ihre Einschätzung. Old School? Hm. Dann habe ich sie zu einer Weiterbildung für unser Team eingeladen. Die Leitfrage für den Tag lautete: Wie hat sie uns erlebt? Und da kam einiges zutage, was wir bis dahin nicht im Kopf gehabt hatten. Und wobei sie uns sogar ziemlich deutlich ins Gewissen geredet hat.

»Leute, die Fahrerlaubnis ist für die Menschen ein Meilenstein im Leben. Alle sind aufgeregt«, erzählt sie. »Aber eure Mitarbeiter haben mich teilweise gar nicht gegrüßt. Ich habe deutlich gemerkt, dass ihr absolut hochwertige Arbeit macht. Aber die Mitarbeiter waren darin gefangen. Sie waren mit ihrer guten, wichtigen Arbeit beschäftigt – und dazu gehörte oft nicht, auf uns Fahrschüler auch als emotionale Wesen zu reagieren.«

Nun, wir haben uns ihr Feedback natürlich zu Herzen genommen. Und sofort eine Neuausrichtung angestoßen. Wir haben über unsere Mission wieder neu nachgedacht. Da war einfach bisher zu wenig Emotionalität drin. Unsere Mission, die wir – angeregt durch die Einschätzung der Mystery Shopperin – neu formuliert haben, lautet:

»Wir verkaufen unvergessliche Lebenszeit an unsere Schüler.«

Und daraus haben wir eine Leitlinie abgeleitet, die unser Handeln begleitet: Wir können uns immer wieder neu fragen: »Was haben andere davon, dass es uns als Team und jeden Einzelnen von uns gibt?«

Wenn wir uns dieser Frage – und der Antwort darauf – bewusst werden, dann kommen wir weiter. Dann bringen wir die Sache voran, für die wir arbeiten. Bei uns ist es die außergewöhnlich emotionale und intensive Erfahrung, die unsere Kunden bei uns – schon allein wegen der Internatswoche vor Ort – machen. Manche ehemalige Fahrschüler veranstalten sogar noch zehn Jahre nach bestandener Fahrprüfung »Klassentreffen«.

Das Entscheidende an der Erfahrung mit der Mystery Shopperin ist: Wir müssen unsere Augen immer wieder neu öffnen und uns fragen, was wir hinter dem Führerschein, hinter den Fahr- und Theoriestunden anbieten. Bei uns müssen wir entsprechend unserer Mission ständig aufs Neue hinterfragen und klären: Ist das, was ich anbiete und wie ich mit den Kunden kommuniziere, unvergesslich? Halte ich diesen Geist hoch? Was haben die anderen davon, dass es mich gibt?

- Setzen Sie im Unternehmen Mystery-Shopper ein?
- Was haben andere davon, dass es Sie als Team gibt?
- Was haben Ihre Kunden davon, dass es Sie als Einzelnen in diesem Unternehmen gibt?
- Was haben Ihre Mitarbeiter davon, dass es Sie gibt?

»Ich helfe dir, wenn auch du mir hilfst« – Das Motto der Zukunft

Laut einer Studie der BAT Stiftung für Zukunftsfragen lehnen die Deutschen den »Egoismus« ab. 84 Prozent der 2 000 befragten Bundesbürger sprachen sich dafür aus, dass »für Egoismus in unserer Gesellschaft immer weniger Platz« sei. Die Mehrheit der Deutschen wollen also ganz klar keinen Egoismus, sondern mehr Zusammenhalt. Sie wünschen sich die Sicherheit und Geborgenheit, die Verbundenheit und den Teamgeist, der erst aus einer unegoistischen Haltung aller entstehen kann. Ist das ein Trend? Ja. Das Zeitalter der reinen ich-Bezogenheit nähert sich seinem Ende und wird ersetzt durch Individualität und Gemeinschaft. Wie komme ich zu dieser Behauptung? Ich sehe diesen Trend überall in unserer Gesellschaft. Ich sehe ihn im Fußballverein meines Sohnes, ich sehe den Wunsch nach mehr Gemeinschaft und gegenseitiger Hilfe in meiner Stadt Gera, ich lebe ihn in meiner Arbeit.

Und ich erinnere mich an ihn zurück in einer Zeit, die es nicht mehr gibt, deren Werte jedoch in uns weiter existieren. Wir können sie wieder aktivieren, denn nicht alles war schlecht in der DDR. Da ich in der DDR aufgewachsen bin, möchte ich Ihnen von einer schönen Sache erzählen, an die ich mich gerne zurückerinnere. Das hat nichts mit melancholischem »Früher-war-alles-besser« oder gar mit »Die-schöne-alte-DDR« zu tun, aber wenn wir alles schlechtreden, was war, vergeben wir uns selbst Chancen, etwas zu nutzen, was viele von uns erlebt haben – und dadurch zu wachsen.

In DDR-Zeiten war die Gemeinschaft ein Teil des Systems. Ich erinnere mich, wie sich samstags alle aus dem Wohnblock trafen. Der eine hat die Pflanzen gegossen, der andere hat die Straße gefegt, der Dritte am Trabi des Nachbarn geschraubt, die Mutti hat Kartoffelsalat gemacht, eine andere hat den Treppenaufgang gestrichen, noch eine hat das Garagentor repariert und der letzte hat den Trabi-Reifen gewechselt. Am Grill mit Roster hat man in gemütlicher Runde den Tag ausklingen lassen. Das nannte man Subbotnik. Für diejenigen, die nicht in der DDR aufgewachsen sind, habe ich bei Wikipedia nachgeschaut: »Der Subbotnik (von russisch суббота *subbota*, deutsch ›Sonnabend/Samstag‹) ist ein in Sowjetrussland entstandener Begriff für einen unbezahlten Arbeitseinsatz am Sonnabend, der in den Sprachgebrauch in der DDR übernommen wurde.«

In der DDR war die gegenseitige Hilfe existenziell. Wer anderen half, wusste, dass ihm auch geholfen wird. Man half sich beim Reparieren, Bauen und Räumen. Man half gegenseitig dabei, sich um die Kinder oder die alten Eltern zu kümmern. Man half sich mit gegenseitigem Zuhören und Reden, Kochen und Wegefahren. Man half sich mit Materialien: Der eine hatte den Autoreifen, der andere hatte den Wagenheber, der dritte hatte die Pumpe für den richtigen Reifendruck. Es hatte eben niemand alles drei, und man konnte es sich auch nicht kaufen. Die gegenseitige Hilfe funktionierte, und es war eine tägliche Übung im Nicht-Egoismus. Aber was erzähle ich da: Wir wissen ja schon, dass man den Nicht-Egoismus nicht üben muss – das gegenseitige Helfen ist der natürliche Zustand menschlicher Gemeinschaft, erst die Gesellschaft macht uns zu Egoisten.

Nun, dieses Sobbotnik-Feeling ist genau das, was ich mit dem Wir-Gefühl meine, das in Unternehmen Einzug halten muss. Wie wäre es, wenn Sie die Subbotnik-Stimmung, selbst wenn Sie sie nicht in der DDR erlebt haben, auf Ihren Arbeitskontext übertragen würden? Dann sind die Roster auf dem Grill eben die neuen Konzepte, die alle gemeinschaftlich entwickeln. Dann ist der Autoreifen die Idee, die einer beisteuert,

> Kleine Menschen mögen auf ihre Genossen neidisch sein, wahrhaft große Männer suchen einander auf und lieben sich.
>
> Samuel Smiles
> schottischer Arzt und Schriftsteller (1812-1904)

und die PowerPoint-Visualisierung ist der Wagenheber, den der andere hinzufügt, damit das neue Projekt ins Laufen kommt. Überlegen Sie mal für Ihre Arbeit, für Ihr Unternehmen, für Ihre Mitarbeiter und Kollegen:

- Woran erinnert Sie meine Beschreibung der Sobbotnik-Stimmung?
- Wann haben Sie diesen Nicht-Egoismus und dieses Wir-Gefühl bereits erlebt?
- Wie können Sie diese Erfahrung wieder in Ihren Alltag aktivieren?
- Wie können Sie das Subbotnik-Feeling auf Ihr Unternehmen übertragen?

Meine Leseempfehlung
Stiftung für Zukunftsfragen: »Deutsche wollen Ende des Egoismus«:
https://www.stiftungfuerzukunftsfragen.de/fileadmin/user_upload/forschung_aktuell/PDF/Forschung-Aktuell-274-Ende-des-Pessismismus.pdf

6 DIE WIR-KULTUR – WIR MACHEN UNS GEMEINSAM AUF DEN WEG

Disruption der Arbeitswelt – Wie aus Veränderungen Visionen entstehen

Im Jahr 1990 gab es 15 000 Verkehrstote auf deutschen Straßen. Unvorstellbar, wie viel Leid deren Angehörige ertragen müssen! Heute, seit fünf Jahren stagnierend, liegt die Zahl nur noch bei 3 500 Toten pro Jahr. Was für ein Glück! Aber das ist nicht nur Glück. Es hat mit der Verbesserung der Fahrausbildung zu tun, mit höheren Sicherheitsstandards im Verkehr und in den Autos und mit vielem anderen. Aber die Entwicklung geht noch viel weiter. Denn glücklicherweise möchte sich weder Politik noch Autoindustrie auf dem Erfolg der gesunkenen Zahl ausruhen. Dafür ist sie immer noch zu hoch – im Vergleich: Wir sprechen hier über die Einwohnerzahl einer Kleinstadt.

Es gibt Stimmen, die sagen: »Null Verkehrstote sind möglich!« Die Idee, dass der deutsche Straßenverkehr keine Leben mehr kosten soll, ist eine gewaltige Idee. Ich will, dass sie Wirklichkeit wird. Doch woher stammt diese Idee? Hier kommt das autonome Fahren ins Spiel. Und da stellt sich für einen Unternehmer wie mich, der eine erfolgreiche Fahrschule betreibt, natürlich die Frage: Wo ist unser Platz als Fahrlehrer, wenn sich das autonome Fahren durchsetzt und niemand mehr Autofahren lernen muss? Wo stehe ich dann mit meiner Fahrschule in unserer Gesellschaft? Wie soll die professionelle Fahrlehrerausbildung in Zukunft aussehen? Doch ich bin kein Gegner des autonomen Fahrens, weil ich Angst hätte, dass mir die Felle davonschwimmen. Ich bin im Gegenteil Befürworter des autonomen Fahrens, weil ich an das Leid durch die vielen Toten denke. Auch ich bin Anhänger der Null-Verkehrstote-Idee. Was können wir als professionelle Fahrlehrer also tun, um uns auf die enormen Veränderungen vorzubereiten?

Je länger ich über diese Frage nachdachte, desto klarer wurde, dass ich als nur einer von Tausenden Fahrausbildern mit dieser Frage überfordert bin und möglichst viele Kollegen an der Entwicklung einer Zukunftsstrategie beteiligt sein müssen. Schnell kam ich zu dem Schluss, dass ein Workshop her muss. Der musste so kreativ wie möglich werden und allen Branchenangehörigen, wie zum Beispiel Fahrlehrern und Verbandsvorsitzenden, offenstehen. Denn von diesem Thema sind sie alle betroffen und müssen sich über kurz oder lang damit beschäftigen. Warum also lange warten? Da ich Dinge gerne schnell umsetze, habe ich einen offenen Brief geschrieben und alle Interessierten eingeladen. Ein halbes Jahr später fand der Workshop statt, und vom Ergebnis erzähle ich später. Hier zeige ich Ihnen zunächst den Brief, der Anstoß für eine Idee war, die später so richtig ins Rollen kam. Der Brief verdeutlicht meine Haltung zum Thema und meine Motivation dafür, zu diesem Workshop einzuladen. Er kann eine Anregung für Sie bieten, anfangs noch gänzlich ungewissen Entwicklungen offen zu begegnen, nicht den Kopf in den Sand zu stecken und gemeinsam mit anderen Beteiligten groß zu denken – auch mit solchen, die man vorher noch gar nicht kannte. Hier ist der Brief:

»Liebe Kolleginnen und Kollegen der professionellen Fahrausbildung!
Ich lade Sie zu einem Visions-Workshop ein.
Ende März 2017 hat der Bundestag ein Gesetz verabschiedet, das »autonomes Fahren« unter bestimmten Voraussetzungen auf deutschen Straßen zulässt. Die Hammer-Vision lautet: »Null Verkehrstote«. Das autonome Fahren wird kommen. Und wenn dadurch jährlich 3 500 Tote verhindert werden – und unendlich viel Leid bei den Trauernden –, dann bin ich dafür. Auch wenn dann niemand noch die professionelle Fahrausbildung brauchen wird. Wozu auch, wenn es keine Verkehrstoten mehr auf deutschen Straßen gibt?

Die große Frage für uns professionelle Fahrausbilder ist also: Was haben wir noch zu tun, wenn das autonome Fahren Wirklichkeit geworden ist? Sie werden mir recht geben: Die bisherige Vision von Wikipedia reicht bald nicht mehr. Dort heißt es: »Ziel der Ausbildung ist das Heranbilden von Wissen und von Fertigkeiten, von Einsichten und schließlich einem verkehrsgerechten Verhalten zum Schutz des Einzelnen und der Gesellschaft.«

Sie alle, die gesamte Branche denkt natürlich darüber nach, schreibt, redet, diskutiert. Doch es gibt noch keine große, konkrete und klare Vision, welchen Stellenwert der Fahrlehrer künftig in unserer Gesellschaft einnehmen wird. Diese Vision brauchen wir zuerst. Danach können wir beginnen zu handeln. Ohne die Vision gibt es uns bald nicht mehr.

Deshalb lade ich Sie zu einem Visions-Workshop mit dem Titel »Vision der Professionellen Fahrausbildung in Deutschland und Europa« ein. Ich möchte damit alle an der professionellen Fahrausbildung Beteiligten erreichen. Fahrlehrerverbände, Fahrlehrerinnen und Fahrlehrer, Fahrlehrer-Ausbildungsstätten, Verkehrsverlage und andere. Denn nur gemeinsam werden wir eine wirklich neue Vision entwickeln können.

Ich bin seit 28 Jahren selbstständiger Fahrschulunternehmer, Bildungsträger, Gastronom sowie Auto- und Fachkräfteverleiher. Mit rund 85 Mitarbeitenden gehören wir zu den umsatzstärksten Fahrschulen in Deutschland. Mit 56 Jahren könnte es mir persönlich eigentlich egal sein, ob das Autonome Fahren den Berufsstand der Fahrlehrer bald auslöscht oder nicht. Ist es mir aber nicht. Ich will immer weiter sinnvoll und bedeutsam arbeiten, ich will an etwas Großem mitarbeiten. Und diejenigen, die nach mir kommen, sollen das auch können. Wer als Unternehmer keinen Nutzen mehr anzubieten hat, verschwindet bald. So ist das im Leben. Meiner Arbeit würde jetzt schon etwas Sinnloses anhaften. Das ist der Grund, warum ich mir den zusätzlichen Stress aufbürde, einen Visions-Workshop zu veranstalten.

Natürlich haben wir auch in unserer Fima über die Auswirkungen nachgedacht. Wir sind absolute Profis im Entwickeln und Umsetzen innovativer Ideen. Nur ein Beispiel: Uns gelang durch unsere Fahrschulinternat-Vision damals trotz der geburtenschwachen Jahrgänge eine Umsatzsteigerung von über 33 Prozent. Doch wir haben gemerkt: Als einzelnes Fahrschulunternehmen haben wir bisher keine Antwort. Gemeinsam mit allen Innovativen der Branche jedoch werden wir weiterkommen.

Wir brauchen eine Vision – und können sie gemeinsam finden –, die noch größer und stärker ist als »Null Verkehrstote«: Was kann die Menschheit in Zukunft von der professionellen Fahrausbildung erwarten? Wie können wir weiterhin Sinnvolles beitragen? Diese Vision ist existenziell für uns. Damit kann sich ein vollkommen neu zu gestaltender Berufsstand entwickeln.

Dafür brauchen wir Sie alle an einem Tisch, an einem Tag, an einem Workshop-Ort. Sie als zukunftsdenkende, an der professionellen Fahrausbildung Beteiligte, die sich miteinander verbinden und ihre kreativen Kräfte bündeln. An diesem Tag geht es um alles: Es geht um unsere Zukunft. Es geht um unsere Existenz.

Als John F. Kennedy 1961 verkündete, die USA würden noch in diesem Jahrzehnt einen Amerikaner auf den Mond und wohlbehalten zurück zur Erde bringen, wusste er auch noch nicht, wie das genau funktionieren könnte. Und doch hat es geklappt. Ich lade Sie nach Gera ein. In unser nagelneues FischerDorf. Wir werden mit einem Visions-Coach arbeiten. Jeder trägt so viel zu den Unkosten bei, wie er will.

Wir werden groß denken – größer, als es jeder Einzelne von uns vermag – und etwas ganz Neues finden.

Sind Sie dabei? Geben Sie mir bitte gleich Bescheid. Ich freue mich auf den Tag mit Ihnen!«

Nun, inzwischen haben mehrere Workshops längst stattgefunden. Unter anderem mit Dr. Dr. Cay von Fournier und Jan Oßenbrink. Wir hatten Mario Herger zu Gast, der als Experte für autonomes Fahren gilt und ein Buch darüber geschrieben hat: »Der letzte Führerscheinneuling … ist bereits geboren« (Plassen 2017). Er hat meine Thesen gestützt, dass die Autobranche die größte Revolution ihrer Geschichte erlebt. 800 000 Jobs bei den großen Autoherstellern sind bedroht, ebenso wie Taxifahrer, Lkw-Fahrer und – natürlich Fahrlehrer.

Zuerst gab es denn auch Ernüchterung in unseren Workshops. Viele sahen für die gesamte Fahrlehrerbranche »dunkelschwarz«, wie einer der Beteiligten es nannte. Doch die Grundidee der Workshops war ja, darüber hinauszugehen und auf Ideen für neue Geschäftsmodelle und Produkte zu stoßen, und siehe da, die Ideen sprudelten: »Wir könnten den Menschen die neuen autonomen Autos erklären.« Oder: »Wir könnten Mobilitätsmanager statt Fahrlehrer werden und Leuten, die künftig ohne eigenes Auto fahren wollen, Mobilität verkaufen.«

Die Workshops sind aus meiner Sicht Prototypen für das gewesen, was auch in anderen Branchen stattfinden könnte und müsste, die ebenso hart von neuen Technologien getroffen werden. Laut einer OECD-Studie »Policy Brief on the Future of Work« wird über die Hälfte aller Jobs in Deutschland ganz oder zumindest teilweise automatisiert, 18 Prozent mit einem hohen Risiko, bei denen Roboter mehr als 70 Prozent ihrer Arbeit übernehmen könnten. Diese Jobs sind akut von der Gefahr bedroht, schlicht wegzufallen. Aber auch 36 Prozent aller Arbeitnehmer müssen sich auf erhebliche Änderungen ihres Jobprofils einstellen. Die Bundesregierung schreibt zwar in ihrem Koalitionsvertrag: »Unser gemeinsames Ziel ist Vollbeschäftigung für Deutschland«. Aber wie soll das gehen, wenn bis 2025 über sieben Millionen (Boston Consulting Group) deutsche Jobs »wegautomatisiert« werden könnten?

Ich will mich da nicht auf andere verlassen. Da kann ein Bundesarbeitsminister Hubertus Heil (SPD) sich noch so sicher sein: »Unserer Gesellschaft wird die Arbeit nicht ausgehen. Es wird neue Arbeitsplätze geben, für die Menschen qualifiziert werden müssen.« Ich kann ihm das jetzt glauben. Klar, bis jetzt hat die Politik immer alle Krisen irgendwie gelöst. Aber hier kommt eine derartige Monsterwelle auf uns zu, die kann man politisch wahrscheinlich nur schwer regulieren. Genauso wie ich als Firmeninhaber einer Fahrschule sagen könnte, »Was geht mich das an?«, könnte auch der Staat sagen: »Wir brauchen kein autonomes Fahren.« Das könnte, um noch einmal das Bild vom Esel zu bemühen, die Möhre für mein Unternehmen sein. Ich würde hoffen und vielleicht sogar darauf hinwirken, dass ich der Möhre weiter nachlaufen kann, sprich: Ich würde mich dafür engagieren, dass autonomes Fahren in Deutschland möglichst lange kein Thema wird. Aber irgendwann, das ist sicher, wird das autonome Fahren kommen, selbst wenn noch so viele Fahrlehrer dagegenwirken. Die Möhre wird irgendwann abgeschnitten. Deshalb will ich vorher schon gucken, was ich zu dem Zeitpunkt mache, wenn autonomes Fahren anderen die Existenz raubt.

Ich könnte bei all dem auch sagen: »Ich bin 56, was geht mich das an?« Aber alles, was ich tue, muss für mich Sinn tragen. Ich bekomme täglich über Google Alert zu den Suchbegriffen »autonomes Fahren« und »Verkehrsunfälle« die aktuellsten Informationen aus dem Netz. Ich erkenne dabei ein Missverhältnis: Auf eine Nachricht zum autonomen Fahren – das ich als Fortschritt betrachte – kommen ungefähr 1000 Nachrichten zu Verkehrsunfällen – was ich als Rückschritt sehe. Rückschritt, denn es ändert nichts, die Zahl der Verkehrsunfälle stetig zu wiederholen. Mein Ziel ist, dieses Verhältnis zu ändern. Ich möchte mehr gute Nachrichten über das autonome Fahren und über die Vision »Null Verkehrstote«, anstatt massenhaft darüber lesen zu müssen, was im Straßenverkehr alles schiefläuft. Das ist ein Grund, sich mit dem autonomen Fahren intensivst zu beschäftigen.

Und dann will ich mich eben auch intensiv dafür engagieren. Ich habe zum Beispiel einen Tesla, der dank des sogenannten »Autopilots« selbstständig fahren kann, zum Fahrschulauto umgerüstet. Wir haben inzwischen sogar ein »Kompetenzzentrum für autonomes Fahren – Mobilität 2030 Ostthüringen« gegründet. Aufgabe ist die Bündelung von Fachwissen und Fachkompetenzen zu diesem Thema. Wir werden dieses Fachwissen an Bürger, Interessierte, an die Kommunen, Politiker und andere Unternehmer weitergeben. Wir wollen herausfiltern, wie die Chancen und Möglichkeiten der neuen Mobilität für jeden Einzelnen aussehen.

So kann man zum Beispiel herausfinden und dann aufklären: Wo stehen wir heute als Stadt, als Region bei diesen Veränderungen? Wie viele Ladesäulen zum Beispiel braucht die Stadt Gera? Dort kann auch das Thema der Verkehrsunfälle, der Verletzten im Straßenverkehr, der Verkehrstoten in Deutschland und in der ganzen Welt aufgearbeitet werden. Wir organisieren außerdem Veranstaltungen, zum Beispiel Themenabende zu Fragen wie »Was habe ich davon, wenn die Mobilität sich verändert?«, zu Fragestellungen also, mit denen sich jeder Unternehmer und jede Unternehmerin beschäftigt haben sollte.

Aus diesem Beispiel aus meiner Fahrschul-Welt folgt eigentlich nur eine einzige Frage für Sie, liebe Leserin, lieber Leser:

- Wie können Sie sich auf die Disruption der Arbeitswelt in Ihrer Branche vorbereiten?

Meine Video-, Buch- und Website-Empfehlungen

Mario Herger: Der letzte Führerscheinneuling: ... ist bereits geboren. Wie Google, Tesla, Apple, Uber & Co unsere automobile Gesellschaft verändern und Arbeitsplätze vernichten. Und warum das gut so ist. Plassen, 2017.

Christiane Hübscher/ZDF heute: »Automatisierung: Vom Fahrlehrer zum Mobilitätsmanager?«
https://www.zdf.de/nachrichten/heute/selbstfahrende-autos-verdraengen-fahrlehrer-100.html

OECD: »Putting faces to the jobs at risk of automation«:
http://www.oecd.org/els/emp/future-of-work/Automation-policy-brief-2018.pdf

Eigenland: »Die Eigenland® Workshop Methode«:
www.eigenland.de

Fischschwärme haben auch keinen Vorsitzenden – Teamintelligenz

Ich denke über unseren neuen Imagefilm »Forever young« nach: Der Film soll widerspiegeln, wie glücklich und sinnvoll wir in der Fischer Academy arbeiten. Wie die Mitarbeitenden arbeiten und führen und warum es Sinn hat, hier zu arbeiten. In dem Film – wie natürlich überhaupt in unserer Firma – spielt das Thema »Hierarchiefreiheit und Freiheit« eine wichtige Rolle. Die Zufriedenheit der Mitarbeiter und das Gefühl von Sinnhaftigkeit sind in den vergangenen drei Jahren durch die Hierarchiefreiheit und die Klugheit des Teams entstanden. Und während ich weiter darüber nachdenke, wie wir diese Ideen im Film am besten vermitteln können, kommt mir eine Idee:

Hierarchiefreiheit findet man auch in der Natur. Dort funktioniert das Zusammenwirken von Gruppen auch ohne Chef. Vielleicht gibt es eine Parallele, die das veranschaulicht? Tiere beraten sich nicht, Fischschwärme – das Beispiel habe ich bereits an anderer Stelle dieses Buches ausführlich erläutert – haben keinen Vorsitzenden, der die Richtung vorgibt. Nein, das funktioniert einfach. Viele Tiere in Gruppen brauchen keinen Anführer. Vielleicht hat unsere sehr freie Zusammenarbeit gerade deshalb so viel Erfolg, weil wir uns am Anfang dieser Hierarchiefreiheit befinden?

Von diesem Gedanken ausgehend habe ich recherchiert und bin auf das Buch »Die Weisheit der Vielen« von James Surowiecki gestoßen. Da habe ich den Beweis gefunden, dass das Thema »Hierarchiefreiheit« wichtig ist und dass es auf unser Unternehmen passt. Eine Beobachtung aus dem Jahr 1906 hat mich in dem Buch gleich beeindruckt: Da sind zu einer Viehausstellung 700 Besucher gekommen. Es wurde ein Preis ausgelobt: ein Bulle. Doch für den Preis musste man eine Schätzung abgeben: Jeder, der das richtige Gewicht des Bullen schätzte, konnte gewinnen. Was geschah? Nicht ein Einziger hat das Gewicht des Bullen richtig eingeschätzt. Jedoch: Beim Addieren aller Schätzwerte kam als Mittelwert genau der richtige Wert raus, bis auf drei Pfund!

Der Autor argumentiert, dass in einer Gruppe viel genauer, schneller und unabhängiger gedacht werden kann, wenn die Mitglieder sehr unterschiedliche Voraussetzungen haben. Denn jeder hat ganz unterschiedliche Informationen über einen Sachverhalt. Surowieckis Schlussfolgerung lautet daher: Je mehr Perspektiven bei einer Problemstellung berücksichtigt werden, desto besser werden die Lösungen. Und dann fällt mir ein: Moment, wir haben doch bei uns gerade vor Kurzem eine ähnliche Aktion gemacht: Vor 14 Tagen haben wir eines unserer Fahrschulautos komplett mit Kunststoffbällen gefüllt, vor die Fahrschule gestellt und ein Gewinnspiel ausgeschrieben. Wer teilnehmen wollte, musste nur die Anzahl der Bälle im Auto schätzen, seinen Tipp auf einen Zettel schreiben und diesen durch das geöffnete Fenster ins Auto werfen. Nicht ein Einziger hat den richtigen Wert geschätzt. 110 Leute haben mitgemacht. Ich rufe Nancy an.

»Nancy, hast du die Tipps der Teilnehmenden noch?«

»Ja.«

»Dann tu mir doch bitte einen Gefallen: Rechne bitte alle Einzelschätzungen zusammen und dividiere sie durch 110.«

Nancy ruft ziemlich schnell wieder zurück: »Mike, 4 825 Bälle waren drin, der Durchschnitt hat 4 600 Bälle geschätzt.«

»Das ist ja toll!«, rufe ich durchs Telefon. »Und wie groß war die Spannbreite der Schätzungen?«

»Das reichte von 500 bis 30 000 Bällen.«

30 000 ist natürlich extrem weit entfernt von der eigentlichen Zahl. Und ich wurde ganz aufgeregt, weil die Leute sich im Mittelwert ja nur um rund 200 verschätzt hatten. Wie bei der Bullengewichtschätzung von 1906.

Also, für mich ist das eine Erkenntnis, die wir auf vieles übertragen können: Wir finden als Team oft bessere Lösungen, als der Einzelne sie finden würde. Das müssen wir weiterverfolgen und beobachten. Es trifft sicher nicht auf alle Anlässe und Aufgabenstellungen zu, aber es könnte doch sein, dass wir die Möglichkeiten von Teams sehr unterschätzen, und hier eben vor allem die Möglichkeiten, die sich in nicht-hierarchisch geführten Teams ergeben. Ich komme in den folgenden Kapiteln immer wieder darauf zurück, weil es ein so wichtiges Thema ist.

Sie können sich dazu schon fragen:

- In welchen Fällen, in welchen Bereichen würde Teamarbeit ohne Chef zu besseren Ergebnissen führen?
- Wo haben Sie bereits von der Weisheit der vielen in Ihrem Unternehmen profitiert?
- Wie können Sie das ausbauen und fördern?

Meine Leseempfehlung:
James Surowiecki: Die Weisheit der Vielen: Warum Gruppen klüger sind als Einzelne und wie wir das kollektive Wissen für unser wirtschaftliches, soziales und politisches Handeln nutzen können. Plassen, 2017.

Mit Liebe und Wertschätzung – Das Geheimnis erfolgreicher Teamarbeit

Anreise am Montag. Dienstag die ersten Fahrstunden, und am Donnerstag zum Frühstückskaffee mit selbst gebackenem Kuchen von Elke stellt sich im Gespräch der Fahrlehrer heraus, dass dieser Fahrschulkurs ein Problem hat, ein praktisches Problem. Das Anfahren mit dem Kupplungspedal und das Schalten fällt ihnen besonders schwer. Es wird klar: Das Ziel »In sieben Tagen zum Führerschein« wird bei den meisten der Fahrschüler in diesem Kurs nicht möglich sein.

Am Freitag um 7:30 Uhr kommt eine Nachricht im Dienst-Chat. Ich bin ein riesiger Fan vom Dienst-Chat, das wissen Sie ja durch die vorherigen Kapitel schon. Der Dienst-Chat ist schnell, bringt es für alle auf den Punkt, wichtige Informationen können sofort an das Team gesendet werden. Nancy schreibt, zusammen mit Marco, einem der Fahrlehrer und Internatspapa:

»Liebes Team, Marco und ich haben uns zum jetzigen Kurs Gedanken gemacht. Am Samstag ab 9:30 Uhr wollen wir einen Vertiefungskurs auf unserem Übungsplatz mit Stationsbetrieb machen. Für Essen und Trinken ist gesorgt. Wer von euch ist mit dabei?«

Im Sekundentakt blinkt das Telefon. Sebastian: »Ich mach mit.« Peter: »Ich mach mit, aber erst ab 10 Uhr.« Mario: »Bin dabei.« Henry, unser Haustechniker: »Ich brate die Roster.« Winni schreibt: »Ich kann nicht dabei sein, habe schon Fahrschülerstunden geplant.« Nicht jeder hatte Zeit, die Idee war nun eben sehr kurzfristig entstanden. Aber, und das ist das Entscheidende für gute erfolgreiche Teamarbeit, jedes Teammitglied, jeder ohne Ausnahme, hat seinen eigenen Beitrag zum Gelingen der Aktion auf dem Übungsplatz beigetragen. Niemand hat Nancys Bitte von 7:30 Uhr ignoriert. Klar, nicht jeder konnte wegen verbindlich zugesagter Termine oder privater Verabredungen dabei sein. Manche haben auch nur eine Stunde mitgeholfen. Ich selbst war zuständig, die Brötchen für die Rostbratwürste zu holen. Alles lief wie am Schnürchen. Die Schüler hatten richtig viel Spaß in der Gruppe. Geübt wurde mit den 13 Fahrschülern: Slalomfahren rückwärts inklusive rückwärts quer Einparken, Einparken längs rückwärts, Anhänger Verbinden und Trennen sowie Fahren und Rangieren, Slalomfahren vorwärts mit vorwärts quer Einparken, Engstellenbewältigung. In der kommenden Woche haben 12 von 13 ihre praktische Fahrprüfung beim ersten Mal bestanden. Ein toller Erfolg.

Im Nachgang habe ich Nancy gefragt, ob zum Zeitpunkt der Nachricht Essen und Trinken wirklich bereits organisiert war. Sie sagte: »Nein, aber ich habe darauf vertraut, dass es irgendwer erledigen wird.« Schon diese Aussage zeigt, was erfolgreiche Teamarbeit ausmacht.

Das Team hatte die Bedeutung der Übungsplatzaktion gekannt. Wenn wir diese Aktion nicht machen, werden wir die Kunden verlieren, also die Fahrschüler, die die Probleme mit dem Kuppeln hatten, werden nach sieben Tagen ohne Führerschein nach Hause fahren. Zugleich hatten alle daran geglaubt, dass wir mit den Übungen auf dem Platz den Fahrschülern tatsächlich helfen werden, ihre Fahrprüfung nach sieben Tagen zu bestehen. Es war zudem klar geregelt, wer welche Station übernimmt und wer wofür verantwortlich war. Durch schnelle Zustimmung und Wortmeldung aller Kollegen wurde das Gefühl »Ich kann darauf vertrauen und mich darauf verlassen, dass wir zusammen das Problem meistern« geschaffen.

Die Wertschätzung, die jedem Anwesenden dafür zuteilwurde, einen Samstag für den Aktionstag geopfert zu haben, war jedem sicher. Fahrschüler äußerten sie persönlich und durch Feedback-Bögen. Wertschätzung wiederum setzt Energie, neue Ideen und Kreativität frei. Erfolgreiche Teamarbeit zieht zudem automatisch neue, teamfähige, innovative und verantwortungsbereite Teammitglieder an. So kann sie auch der Schlüssel für erfolgreiche Nachwuchsarbeit sein.

Die Fähigkeit des Einzelnen spielt für eine erfolgreiche Teamarbeit eine untergeordnete Rolle. Potenzialentfaltung gelingt nicht nur durch den Einzelnen, sondern immer in einer Gruppe. Ein Christiano Ronaldo wäre ohne ein gutes Team niemals so erfolgreich, obwohl seine persönlichen Fähigkeiten im Fußballspiel außergewöhnlich sind.

Auch der Chef spielt bei erfolgreicher Teamarbeit eher eine untergeordnete Rolle. Erfolgreiche Teamarbeit benötigt keinen Chef oder Leitwolf, einen, der sagt, wie es gemacht werden muss. Mit mir als Chef werden solche Termine wie dieser Übungstermin gar nicht abgestimmt beziehungsweise ich werde erst gar nicht gefragt, ob wir das machen können, ob das extra bezahlt wird oder ob ich die sonstigen Chefanweisungen geben möchte, damit die Leute ins Handeln kommen.

Erfolgreiche Teamarbeit ist das Produkt der Potenzialentfaltung Einzelner, die sich in einer Gruppe zusammenfinden. Die Ergebnis der Zusammenarbeit ist weder vorhersehbar noch planbar oder in einem Businessplan prognostizierbar. Das, was durch exzellente Teamarbeit freigesetzt werden kann, ist pure Energie, Überraschung und Freude. Letztendlich Glück für alle, ungeachtet der eigenen Fähigkeit.

Ich habe mich mal auf die Suche nach Studien zum Thema »Erfolgreiche Teamarbeit« gemacht. Gefunden habe ich eine Google-Studie, deren zahlreiche Parallelen zu dem Samstag mit unseren Fahrschülern mich überrascht haben. Die Studie untersucht, was ein Google-Team effektiv macht. Die Ergebnisse legen nahe: Es ist deutlich weniger wichtig für erfolgreiche Teamarbeit, mit welchen Persönlichkeitsmerkmalen und spezifischen Eigenschaften und Fähigkeiten die Individuen im Team ausgestattet sind, als die Art und Weise, wie die Teammitglieder interagieren, ihre Arbeit strukturieren und ihre Beiträge einschätzen.

Über zwei Jahre hinweg wurden mehr als 200 Google-Mitarbeiter interviewt. Es ging um über 250 Attribute von mehr als 180 aktiven Google-Teams. Die perfekte Mischung aus individuellen Eigenschaften und Fähigkeiten, die für ein herausragendes Team notwendig sind, war dann aber etwas völlig anderes als das, was sie erwartet hatten. Fünf Hauptdynamiken erfolgreicher Teams kristallisierten sich im Laufe der zwei Jahre heraus:

1. Psychologische Sicherheit: Können wir in diesem Team Risiken eingehen, ohne uns unsicher zu fühlen oder dass uns etwas peinlich sein muss?
2. Zuverlässigkeit: Können wir uns darauf verlassen, dass wir pünktlich arbeiten?
3. Struktur und Klarheit: Sind Ziele, Rollen und Ausführungspläne für unser Team klar?
4. Bedeutung der Arbeit: Arbeiten wir an etwas, das für jeden von uns persönlich wichtig ist?
5. Auswirkung der Arbeit: Glauben wir grundsätzlich, dass die Arbeit, die wir tun, wichtig ist?

Psychologische Sicherheit war mit Abstand die wichtigste der fünf Dynamiken – die Grundlage der anderen vier. Je sicherer die Teammitglieder miteinander umgehen, desto wahrscheinlicher ist es, dass sie Fehler zugeben, Partner werden und neue Rollen übernehmen. Personen in Teams mit hoher psychischer Sicherheit verlassen ihr Unternehmen weniger häufig, sie nutzen eher die Kraft verschiedener Ideen ihrer Teamkollegen, sie bringen mehr Umsatz und werden von Führungskräften doppelt so häufig als effektiv eingestuft.

Nur eine Frage habe ich diesem Kapitel für Sie:

- Wie gelingt erfolgreiche Teamarbeit bei Ihnen?

> **Meine Leseempfehlung:**
> Julia Rozovsky/re:work, Google: »The five keys to a successful Google team«:
> https://rework.withgoogle.com/blog/five-keys-to-a-successful-google-team/

»Toll, Ein Anderer Macht's«? – Warum Teamarbeit doch mehr sein kann als Gruppenfaulheit

Peter ist Motorradfahrlehrer. Wer Peter beim Motorradfahren zusieht, ist begeistert. Peter liebt die Freiheit auf zwei Rädern. Er bildet Motorradfahrer aller Klassen aus. Vom Moped bis hin zur großen Maschine mit richtig viel PS. Peter ist in unserem Unternehmen mit einer Auszeit von drei Jahren seit mehr als 15 Jahren tätig. Er ist so ein cooler, zurückhaltender Fahrlehrer. Man hat bei ihm den Eindruck, bevor er aus der Fassung gerät, geht eher die Welt unter. Manchmal wünsche ich mir von ihm, dass er etwas mehr lächelt und aus sich herauskommt. Für sein Team ist Peter wie ein Freund, der immer hilft, wenn etwas gebraucht wird.

Die Fahrausbildung auf dem Motorrad ist anders als die Ausbildung im Auto, die Ausbildung ist sehr gefährlich. Wenn der Fahrschüler im Auto eine falsche Bewegung oder Handlung macht, kann der Fahrlehrer dank der Doppelpedale eingreifen. Bei der Motorradausbildung hat der Fahrlehrer keine Chance. Auf Gedeih und Verderb ist er den Handlungen des Fahrschülers ausgeliefert.

In der Zeit meiner Ich-Kultur ist es mir nicht gelungen, Peter Bedeutung und Wichtigkeit zu schenken. Mehr Verantwortung wollte ich ihm nicht übergeben, weil ich es ihm nicht zugetraut habe, und Eigeninitiative habe ich von ihm nicht erwartet. Damals habe immer geglaubt, er kommt über den Dienst nach Vorschrift nicht hinaus.

Was war ich für ein Idiot.

Vor zwei Jahren hat er dann mit einem Mal von sich aus und weil andere die große Verantwortung eines Motorradausbilders nicht mehr übernehmen wollten, die Motorradausbildung unserer Fahrschule zu 100 Prozent allein übernommen. Seitdem trägt er die alleinige Verantwortung für alle Zweiradklassen. Er verwaltet mehrere Motorräder, die Schutzkleidung, Werkstatttermine – eben alles, was eine Motorradfahrschule wie wir alles zum Ausbilden der Zweiradklassen benötigt.

Diese Verantwortung und Eigeninitiative hat er nicht übernommen, weil ich es ihm befohlen hatte, sondern weil er machen wollte, was er gern tut und was andere nicht gern taten. Er wurde damit plötzlich im Team ein auffälliger, sichtbarer Einzelkämpfer, dem alle huldigten. Motorrad-Gott und Zweirad-König sind seine internen, würdigenden Berufsbezeichnungen.

2018 hat er dann geschafft, was kaum ein anderer Fahrlehrer schafft: Er hat 80 Motorradfahrschülern durch die Erstprüfung gebracht. Das ist gelinde gesagt Weltklasse. In der Zeit, als er noch mit anderen Fahrlehrerkollegen im Team die Motorradausbildung durchführte, waren seine Prüfungsergebnisse um 20 bis 30 Prozent schlechter. Also bei Weitem nicht so gut wie heute, wo er die volle Verantwortung hat. Peter war früher im Team eben eher farblos, unauffällig.

Aber woran liegt das? Warum explodierte seine Leistung, erst nachdem er allein die Verantwortung in der Zweiradausbildung übernommen hatte? Warum waren seine Teamergebnisse schlechter als später die Einzelleistung? Ist das Arbeiten im Team doch nicht so gut wie gedacht? Und auf der anderen Seite: Was ist die Ursache der Leistungssteigerung von Peter? Was kann ich als Unternehmer und Führungskraft konkret aus diesem Beispiel lernen und in mein Unternehmen übertragen?

Was bei Peter wohl zum Tragen kam, ist in der Forschung unter dem Namen »Ringelmann-Effekt« bekannt. Heute weiß ich davon. Damals wusste ich noch nichts von solchen Effekten. Entdeckt wurde der Ringelmann-Effekt vom französischen Agraringenieur Maximilian Ringelmann im Jahr 1882. Er fand beim Ziehen von Lasten Folgendes heraus: Je mehr Männer an einer Last zogen, desto weniger Kraft wandte jeder Einzelne auf. Diese Ergebnisse wurden später in psychologischen Studien von Alan Ingham und Ende der Siebziger Jahre von Bibb Latané bestätigt. Es geht also um das kollektive Ausruhen, wenn andere mit beteiligt sind. Mit einer zunehmenden Zahl von Gruppenmitgliedern nimmt die Leistung des Einzelnen ab. In Zahlen ausgedrückt bedeutet das: Teammitglieder bringen bis zu 30 Prozent weniger Leistung, im Vergleich zum maximalen Potenzial, zu dem sie fähig wären, müssten sie alleine arbeiten. Das ist ziemlich viel. Und das ist keine Einzelerkenntnis. Inzwischen ist dieser Leistungsabfall von bis zu 30 Prozent in über 80 Studien nachgewiesen worden.

$$1 + 1 = 1{,}79$$

Ringelmann Effekt - Ursache für Gruppenfaulheit ist viel mehr eine Frage der Motivation bzw. Anerkennung

Mathematisch korrekt müsste da 1,4 stehen (zwei Einzelleistungen werden gleich 1 gesetzt, arbeiten die beiden zusammen, verlieren sie jeweils 30 Prozent ihrer Leistungsfähigkeit, also je 0,3 Teile). Jedoch handelt es sich bei den 30 Prozent um einen Näherungswert, sodass die Gleichung nur verdeutlichen soll, dass durch den Ringelmann-Effekt ein deutlicher Leistungsabfall beim Einzelnen zu verzeichnen ist. Wie hoch dieser genau ist, ist bisher noch nicht festgestellt worden.

Menschen in großen Gruppen reagieren also anders, denken anders und handeln anders, als sie es als Einzelner tun würden. Der Ringelmann-Effekt hat jedoch nichts mit Arbeitsunwilligkeit, Lustlosigkeit oder fehlendem Können zu tun. Und jetzt komme ich zum Kern der Geschichte. Die Ursache für Gruppenfaulheit ist vielmehr eine Frage der Verantwortung, der Motivation beziehungsweise der Anerkennung. Deshalb können wir auch dafür sorgen, dass Teams effektiver und erfolgreicher arbeiten als in diesen Studien.

Peter war um circa 20 Prozent leistungsschwächer im Team gegenüber seiner späteren Leistung als »Einzelkämpfer« aus dem einfachen Grund, weil seine Leistung nicht wirklich sichtbar wurde. Die anderen, ich eingeschlossen, haben seine gute Arbeit nicht gesehen und gewürdigt. Ihm und seiner Arbeit wurde schlicht nicht genug Bedeutung und Wichtigkeit geschenkt. Schlecht organisierte, ziellose, bedeutungslose Teamarbeit kann zum regelrechten Leistungskiller werden. Der Begriff

»Team« kann so oder so verstanden werden. Und das hängt von der Haltung und der Kultur im Unternehmen ab. Die Haltung in Teams geht von »Toll-Ein-Anderer-Macht's!« bis zu »Ihr seid alle toll«.

Selbstverständlich kann durch die Gruppenarbeit mehr erreicht werden, als der Einzelne es vermag. Das ist dann der »Synergieeffekt« beziehungsweise das »Synergiepotenzial« oder noch einfacher gesagt, eine Win-win-Situation. Das beste Beispiel dafür ist die Ideenkultur. Wie sie in unserem Unternehmen funktioniert, zeige ich gleich noch.

Großartige Teams
entstehen nur, wenn ein Gefühl der Verbundenheit vorhanden ist.

Die Voraussetzung dafür ist Vertrauen und der Wille, den anderen sprichwörtlich dabei zu helfen, »Berge zu versetzen«.

Was können wir also gegen den Ringelmann-Effekt und das Soziale Faulenzen tun? Hier sind ein paar Ideen:

- Bei jedem Mitarbeiter das Bewusstsein für die eigenen Bedeutung und Wichtigkeit fördern.
- Viele Köche verderben den Brei. Also: in Projekten die Teilnehmerzahl reduzieren.
- Verantwortung an den einzelnen Mitarbeiter übertragen, damit sich das Verantwortungsgefühl erhöht.
- Klare, transparente Ziele für den Einzelnen und das gesamte Team gemeinsam entwickeln.
- Für eine schnelle, zeitgemäße Kommunikation und Aufklärung sorgen. Die Möglichkeiten von Internet, Messenger-Diensten und Ähnlichem waren nie besser als heute.

- Viel Feedback: Anerkennung der Einzelleistungen und Teamleistung sichtbar machen.

Hierarchie Zero – Das umgedrehte Organigramm

Wenn Sie das nächste Mal zum Sonntagsfrühstück in Ihre Bienenhonigsemmel beißen, könnten Sie sich eine ungewöhnliche Frage stellen: »Was kann ich von diesen kleinen Bienentierchen lernen?« Ich habe gerade vor ein paar Wochen gelernt, was ich von diesen kleinen Tieren lernen kann. Von Thomas. Er war bei der letzten »KinoConvention«, einem Vortrags-Event, das ich alle zwei Jahre organisiere, dabei und übergab mir am Ende ein Glas Honig mit dem Hinweis »selbst gemacht«.

Auf der KinoConvention treffen interessante Redner zu aktuellen Themen in einem großen Kinosaal in Gera auf interessierte Zuhörer. Geld verdiene ich damit nicht. Unternehmen kaufen zwei, fünf, zehn oder mehr Tickets und verschenken diese an ihre Kunden weiter. Aus den Einnahmen werden die Kosten für Verpflegung, Honorare der Redner, Miete usw. bezahlt. Schüler und Studenten können kostenfrei an der Veranstaltung teilnehmen. Ein paar Wochen später habe ich mich erneut mit Thomas getroffen.

Es dauerte keine drei Minuten, und ich war von der Faszination und der Leidenschaft, wie ein nebenberuflicher Imker über seine Bienen spricht, restlos begeistert. Selten habe ich in so kurzer Zeit so viel gelernt. Und zwar habe ich etwas gelernt, das mit diesem Buch zu tun hat. Das Erste, was er sagte, war nämlich:

»Die Bienenkönigin ist zwar die Chefin, hat aber nichts zu sagen.«

Das kommt Ihnen schon von mir bekannt vor, aber ich bin trotzdem erstaunt. Ich hatte das von den Bienen nicht erwartet.

»Wie bitte, sie ist Königin, hat aber nichts zu sagen? Das ist ja fast wie in England.«

»Ja«, erzählt er. »Die Bienen leben nach dem Prinzip ›Ich gebe, damit du anderen gibst‹.«

Jetzt will ich mehr wissen. Ich frage mich: »Kann ich etwas von den

Bienen lernen, das mir als Unternehmer helfen kann, ein noch sinnerfüllteres Arbeiten zu ermöglichen?«

Es ist wirklich erstaunlich: Von Thomas erhalte ich in diesem Gespräch über das Leben der Bienen unglaublich wertvolle Hinweise und Ideen für die Unternehmensführung: Bienen sind fleißig, flexibel und leben mit hoher Wirtschaftlichkeit. Bienen besuchen für ein einziges Gramm Honig ungefähr 8000 Blüten. Sie improvisieren und treffen in Sekunden überlebenswichtige Entscheidungen. Deshalb sind Bienen inzwischen meine Lieblingstiere.

Wir haben nun bei uns im Unternehmen auch ein eigenes Fischer-Academy-Bienenvolk. Für sie haben wir ein 5-Sterne-Bienenhotel gebaut.

Die Bienen produzieren in einem »schlechten« Jahr 30 kg Honig, in einem guten Jahr bis zu 70 kg. Wir verschenken diesen Honig mit dem Spruch »Wir versüßen Ihnen Ihr Leben« auf dem Glas. Das ist mein Tribut an die Bienen, die komplett nicht-hierarchisch leben.

Das Organigramm unserer Fahrschule hat heute große Ähnlichkeit mit dem Organigramm eines Bienenvolkes. In den 90er-Jahren hatten wir in unserer Firma ein Organigramm gebaut, wie man es kennt: ich als Chef oben, dann die Abteilungsleiter, schließlich ganz unten die Kunden. Wo die Mitarbeiter auf dem Plakat waren, weiß ich heute nicht mehr. Jedenfalls: Heute haben wir das weiterentwickelt.

Dieses Organigramm hat einen entscheidenden Nachteil, denn die Botschaft, die es vermittelt, ist klar: Ich stehe an der Spitze und treffe alle Entscheidungen. Plötzlich war ich nur noch damit beschäftigt, Entscheidungen zu treffen, wobei das Schlimmste daran war, dass es teilweise nur Kleinigkeiten waren, die meines Segens bedurften. Davon so genervt, haben ich das Organigramm 2005 einfach umgekehrt: Ganz oben standen nun die Kunden, auf die sich unser Handeln ausrichten sollte. Damit sind natürlich nicht auf einen Schlag alle Hierarchien in den Entscheidungen weggefallen, aber es hat einen Stein ins Rollen und uns auf einen guten Weg gebracht, wie ich Ihnen am Beispiel eines Lkw-Kaufs erzählen möchte. Es gibt bei uns nämlich keine Hierarchie mehr. Wir sind bei der Selbstführung angekommen. Hierarchien haben wir 2016 verlassen.

Wenn bei uns ein Lkw neu bestellt werden muss, geht es um eine Summe von 130 000 Euro. Nicht gerade wenig. Früher bin ich zu dem Händler gefahren, habe mit ihm Kaffee getrunken, über die Ausstattung und alles Weitere mit ihm gesprochen. Der Händler erwartete das auch genauso: Der Chef kauft den Lkw, macht jeder Chef so. So weit, so gut. Es gibt dabei nur ein kleines Problem: Ich habe keine Ahnung von Lkws! Also habe ich mich erkundigt, was braucht so ein Lkw alles? Nun, da kommt so einiges zusammen, was ich wissen muss, ich erspare Ihnen die Details. Nur eins: Es war mühsam und zeitaufwendig, mich damit zu beschäftigen. Deswegen habe ich es bald gelassen. Heute läuft der Kaufprozess für solch einen Lkw zum Glück anders: Ich kaufe keine Lkws mehr. Das machen andere aus meinem Unternehmen. Fähigere, die Ahnung haben vom Lkw-Kauf, nämlich die Fahrlehrer.

Heute entscheidet der Fahrlehrer selbst über das Budget. Er geht zu dem Verkäufer, der ihn zunächst nach dem Chef fragt.

»Der ist in der Firma. Ich kaufe den Lkw.«

Der Verkäufer ist begeistert: »Das ist ja unglaublich, bei euch kann ein Mitarbeiter über 130 000 Euro entscheiden!« Bald versteht er, dass er mit diesem Fahrlehrer einen viel fähigeren Verhandlungspartner hat. Er steht einem echten Experten gegenüber.

Ich habe tagelang gebraucht, mich über alles schlau zu machen. Heute unterschreibe ich nur noch, was mir der Mitarbeiter vorlegt. Ich gucke da kaum mehr drauf. Was bewirkt das? Der Mitarbeiter hat das Gefühl, wirklich wichtig zu sein und Herr im eigenen Hause. Außerdem geht er ganz anders mit dem Lkw um. Kürzlich ist bei einem unserer Laster die Bremse kaputt gegangen – nach nur eineinhalb Jahren ein absolutes Unding! Früher hätte ich mich über die Details informiert und mich um die Gewährleistungsansprüche gekümmert. In der Selbstführung, die wir nun seit drei Jahren leben, geht der Fahrlehrer zu den Chefs von dem Autohaus.

»Leute, wir müssen mal von Chef zu Chef reden über diese kaputten Bremsen.«

»Wieso, du bist doch nur der Fahrlehrer.«

»Ja, ich bin Fahrlehrer, und ich habe die meiste Ahnung.«

»Das ist ja ein Ding«, sagt der Chef. »Aber mit dir unterhalte ich mich eh viel lieber, weil du dich auskennst. Also erzähl, was ist los mit den Bremsen?«

Letztlich hat mein Fahrlehrer tatsächlich die bestmögliche Lösung verhandelt. Weil er als Fahrlehrer eben Ahnung hat. Ich vertraue ihm blind.

Auch wenn mich zum Beispiel ein Unternehmerkollege anruft und mir mitteilt, das er gern zwei seiner Mitarbeiter zum Führerschein Pkw und Lkw bei uns ausbilden lassen will, dann kann sich jeder vorstellen, dass eine Menge Verwaltungsarbeit erledigt werden muss. Das Büro muss informiert, die Anmeldung in die Wege geleitet, die ärztliche Untersuchung organisiert, der Führerscheinantrag eingereicht werden und vieles mehr. Bei uns läuft es dank unserer »Hierarchie Zero« vollkommen anders: Durch Selbstführung nimmt der Fahrlehrer direkt den Kontakt zu meinen Unternehmerkollegen auf und ist sofort Ansprechpartner für diese Ausbildung. Es gibt keinen weiteren Ansprechpartner, mit dem sich der Kollege auseinandersetzen muss. Der Fahrlehrer plant die Ausbildung und die Prüfung und hat den direkten Draht zum Auftraggeber. Das wäre so, als wenn man ein Auto kaufen will und der Arbeiter in der Produktion wäre der Ansprechpartner. Weil er die meiste Ahnung von dem Auto hat.

Ich bin also definitiv nicht die wichtigste Person. Das Wichtigste ist die Sache, um die es gerade geht. Bei einer der Übungsplatzfeiern, die wir manchmal sonntags als eine Art Familienfest für alle gestalten, von denen ich zu Beginn erzählt habe, rief einer meiner Mitarbeiter über den Platz: »Hey, Mike, geh mal bitte rüber zur Station ›Erklärung Abschleppseil‹, da fehlt gerade jemand.« Ich habe das gerne gemacht, eine Weile an der Station zu stehen, weil ich so ein Teil der gelungenen Veranstaltung geworden bin. In dieser Atmosphäre entsteht eine Verbundenheit, in der jeder jeden sieht, sich kümmert, mitdenkt. Es ist das Gegenteil von Egoismus. Wenn wir über den Egoismus hinauswachsen, können wir uns fragen: »Was ist mit den anderen?«

Die Selbstführung birgt natürlich auch Gefahren. Den Egoismus zu überwinden ist nicht einfach, darüber habe ich in den ersten Kapiteln des Buches berichtet. Der gesamte Prozess ist komplex und kann nicht kurzfristig zum Erfolg führen, sondern erfordert Zeit. Außerdem muss er eng begleitet werden und darf nicht darin münden, dass jeder sein eigenes Süppchen kocht. Die Grundidee muss lauten: »Immer im Team!« Wenn Unternehmen die Selbstführung mit »Hierarchie Zero« tatsächlich im Laufe der Zeit gelingt, haben diese Unternehmen eine Art Hauptgewinn gezogen.

Hier habe ich ein paar dieser Gewinne für Sie aufgezählt: Fragen Sie sich mal bei jedem Punkt auf der Liste, ob das was für Sie sein könnte: Wollen auch Sie solche Vorteile genießen? Wollen auch Sie eine vollkommen neue Unternehmensstruktur erreichen?

- Direkter Kontakt zwischen denjenigen, die sich am besten auskennen beziehungsweise am besten helfen können.
- Verantwortung für Entscheidungen liegt beim Mitarbeiter, der sich am besten auskennt.
- Im Vertrieb ist die Bürokratie komplett ausgeschaltet.
- Der Kunde wird in den Produktionsprozess ohne Umwege eingebunden.
- Freier Entscheidungsspielraum für jeden Mitarbeiter, daraus folgt: mehr Gefühl für die eigene Kompetenz und Bedeutsamkeit.
- Die Mitarbeitenden bekommen Selbstachtung, Vertrauen und Verantwortung.
- Es gibt keine Machthierarchien mehr.
- Es gibt keine Vorgesetzten mehr.
  Fragen Sie sich mal in Ruhe:
- Können Sie sich Ihr Unternehmen ohne Hierarchien vorstellen?

- Wie würde das bei Ihnen aussehen?
- Was brauchen Sie, um sich neu auszurichten?

Meine Videoempfehlung:
Fischer Academy/YouTube: »Sonny Loops, Nima & Yared machen ihren Führerschein in 7 Tagen«:
https://www.youtube.com/watch?v=EeuApTJYPuY

Wenn David nicht mehr mit Goliath mithält – Nicht nach den Regeln des Stärkeren

Einer unserer Fahrlehrer ist auch Erste-Hilfe-Trainer, und wir bieten einmal im Monat einen Erste-Hilfe-Kurs an, woran teilgenommen zu haben alle Fahrschulabsolventen nachweisen müssen. Wir müssen also die Teilnehmerinnen zeitlich koordinieren, bis ein neuer Kurs gefüllt ist. Andere Anbieter bieten die Kurse deutlich öfter an.

Nun überlege ich mir: Unsere Kunden der Führerscheinausbildung könnten wir doch für den Erste-Hilfe-Kurs auch weiterleiten an diese Anbieter, anstatt solch einen Kurs mit viel Aufwand bei der Terminfindung selbst anzubieten. Diese anderen Anbieter machen sogar noch das ebenfalls für den Führerschein notwendige Passbild und den Sehtest. Und während ich so darüber nachdenke, verstehe ich mit einem Mal: »Die sind einfach besser. Die sind Goliath, wir sind David, was diese Zusatzleistungen betrifft!« Ich rufe also gleich die beiden Anbieter an: »Leute, wir schicken jetzt alle unsere Kunden zu euch.« Die freuen sich natürlich. Wir freuen uns auch, weil wir uns weniger verzetteln. Und wir haben noch einen zusätzlichen Vorteil: Wir bieten jetzt unseren Kunden einen noch besseren Preis an, denn die Kurse bei den Goliaths sind günstiger.

Unser Erste-Hilfe-Trainer bietet seine Weiterbildung trotzdem an, konzentriert sich nun aber auf Auffrischungskurse für Berufskraftfahrer. Er verliert nicht, sondern er hat jetzt mehr Zeit, um diese Wiederholungsschulungen für Berufskraftfahrer anzubieten, was zudem viel mehr seinen Interessen entspricht.

Das ist ein einfaches Beispiel, das zeigt: Wenn wir David sind, müssen wir unsere Taktik verändern. Anstatt zu versuchen, mit der Goliath-Konkurrenz mitzuhalten, können wir frei gewordene Kapazitäten nutzen, um neue Strategien zu entwickeln. Würden wir den Kurs alle zwei Wochen anbieten, hätten wir die Kurse nicht voll, und das wäre wirtschaftlich ein Reinfall für uns. Wir haben nicht den Leistungsdruck, uns als Erste-Hilfe-Ausbildungsunternehmen zu etablieren und zu entwickeln. Schuster, bleib bei deinen Leisten!

Jeder Unternehmer sollte darüber nachdenken, was ein anderer Dienstleister eventuell schlichtweg besser als er selbst kann, und dann sein eigenes Angebot auf den Prüfstand stellen. So können auch Feinde zu Freunden werden. Dazu gehört eine bestimmte Haltung: Wir brauchen dafür eine innere Größe, mit der wir sagen können: »Ich muss nicht ›der Größte‹ sein.« Mir reicht es, wenn ich mein Geschäft gut mache.

Zu diesem Loslassen von nicht-sinnvollen Angeboten gehört auch ein Wissen um psychologische Mechanismen. Es gibt in der Psychologie den sogenannten »Sunk-Cost-Effect«: Menschen neigen dazu, länger als objektiv gesehen sinnvoll an einem Projekt festzuhalten, weil sie die bisherigen Kosten – Zeit, Geld, Mühe – mit einrechnen: »Ich habe doch schon so viel investiert, jetzt kann ich das doch nicht einfach beenden …« Dieser Gedanke ist natürlich nicht hilfreich, denn die bisher eingesetzten Kosten sollten nie die heutige Entscheidung beeinflussen. Die versenkten Kosten sind Vergangenheit. Es zählt nur, was aus heutiger Sicht sinnvoll ist.

Lieber Leser, liebe Leserin:

- Wo sind Sie Goliath?
- Wo sind Sie David?
- Wann bleiben Sie in einem Projekt, weil Sie schon Geld, Zeit und Mühe investiert hatten?
- Wann steigen Sie dennoch aus, obwohl Sie schon Geld, Zeit und Mühe investiert hatten?

Hilfe, das Bürokratie-Monster kommt – Was Verhinderungspolitik mit Veränderungspotenzialen macht

Vielen Unternehmern steht in diesen Tagen im Mai 2018, in denen ich dieses Kapitel schreibe der Schweiß auf der Stirn. Manche bekommen allein schon von dem Wort Pickel: DSGVO! Datenschutz-Grundverordnung. Das Bürokratiemonster DSGVO wird morgen, am 25. Mai 2018, freigelassen. Riesig, kompliziert, unersättlich frisst es sich durch ein Übermaß an Vorschriften, die alles bisher Dagewesene toppen. Ich nenne Ihnen nur zwei Beispiele: Firmen müssen ihre eigenen Stammkunden anschreiben, als seien sie Neukunden. Und wer mehr als zehn Mitarbeiter in seinem Unternehmen hat, soll künftig einen eigenen Datenschützer beschäftigen. Was ist das Monströse dabei? Diese zusätzliche Bürokratie kostet Geld, Zeit und Nerven – die ohnehin schon durch unzählige bürokratische Regeln überlastet sind.

Schon vor den zum Teil absurden Regeln war es für Unternehmen in der Realität unvermeidlich, Fehler zu machen, denn durch die Regulierungswut der deutschen Behörden müssen gestresste Unternehmen hierzulande über 90 000 Regeln berücksichtigen. Es gibt nur eine Branche, die davon profitieren wird: die Abmahnindustrie mit Rechtsanwälten, die mit Abmahnungen bei Fehlern große Summen kassieren. Wer nicht darunter leiden wird, sind die großen Player wie Facebook, Google & Co. Sie sind die eigentlichen Verursacher der schlimmsten Datenskandale wie »Cambridge Analytica« und der ursprüngliche Grund für den Ruf nach strengeren Datenschutzregeln. Auch werden vermutlich nicht in erster Linie die großen Konzerne darunter leiden. Denn im Vergleich zum kleinen Handwerker oder Verein sind sie natürlich bestens abgesichert. Sie haben eigene Rechtsabteilungen mit einem Heer von Anwälten, die dafür sorgen, dass Abmahnanwälte gar nicht erst versuchen, sich mit ihnen anzulegen. Die kleine Firma mit ein paar Mitarbeitern und einem Chef, der schon vor der DSGVO an den Wochenenden versucht hat, die Regeln einigermaßen umzusetzen, leidet darunter.

Wie die Unternehmen sehe ich parallel auch Kommunen, Gemeinden, Städten und Länder unter einer Last an Bürokratie versinken, die Innovation und Veränderung verhindert anstatt fördert. Beides, Innovation und Veränderung, kann nicht verordnet oder geregelt werden. In China etwa werden ständig Städte erbaut, die autonom funktionieren, und der Staat unterstützt diesen Fortschritt. In Deutschland dagegen herrscht ein vollkommen anderer Geist: Die Bürokratie und Verhinderungspolitik erdrückt alle Innovationen nach Kräften.

Dabei soll kein Missverständnis aufkommen: Die Rechte des Einzelnen sind unbedingt zu sichern. Datenschutz ist wichtig. Aber muss uns der Staat dafür das Wertvollste nehmen, was Unternehmer haben – unsere Zeit? Es ist die Zeit für Innovationen, die dadurch fehlt: Zeit für gute Geschäfte, Zeit für Bildung, kurz: Zeit für die Gestaltung der Zukunft.

Sei es nun E-Mobilität oder autonomes Fahren: Große Wirtschaftsnationen wie die USA oder China sehe ich mit Karacho an uns vorbeirauschen, während in Europa und speziell in Deutschland die Übergabe einer Visitenkarte, zum Beispiel auf einer Messe, zum datenschutztechnischen Mega-Problem wird. Es ist wirklich absurd: Eine Fachmesse dient dazu, dass Unternehmer und andere Interessierte sich vernetzen. Befolgt man die Regeln, so benötigt man vor Übergabe der Visitenkarte die nachweisbare Einwilligung seines Gesprächspartners, der gerade nach dieser Visitenkarte greifen will, zur Nutzung seiner Kontaktdaten. »Polemisch«, sagen Sie? Ein bisschen vielleicht, aber es verdeutlicht den Gedanken.

Der Kern von Innovation, nämlich der Austausch von Menschen, die sich aus unterschiedlichen Blickwinkeln für eine Sache engagieren, wird empfindlich gestört. Die Überregulierung dringt in einen der kostbarsten Momente zukünftiger Innovationen ein.

Wir alle sollten weiter unsere Zeit und unser Geld dafür einsetzen, die Probleme der Menschen unseres Landes zu lösen. Und Probleme lösen wir dadurch, dass wir mit vollkommen verschiedenen Voraussetzungen und Wissensgrundlagen, mit neuen Perspektiven an ein Problem herangehen. Nicht durch Verordnungen und Regeln, die oft komplett realitätsfern von Bürokraten in ihren Amtsstuben konstruiert sind. Wenn man sich mit einem Künstler, einem Unternehmer und einem Bäcker zusammensetzt und gemeinsam über ein Thema nachdenkt, das alle drei beschäftigt, entwickelt sich durch die unterschiedlichen Perspektiven etwas Neues.

Mein Vorschlag für Innovationen geht deshalb genau in die entgegengesetzte Richtung: Hierarchiefreiheit statt Regulierung.

Ich schlage Ihnen zum Beispiel vor: Bittet die Reinigungskräfte, Bürokräfte, Handwerker, Hausmeister, Lieferanten, Kunden und Zulieferer dazu, wenn es darum geht, ein Problem zu lösen. Die Lösung wird sich durch die Menge der Beteiligten entwickeln. Ich kann inzwischen darauf vertrauen. Nicht ich als Chef sage: »So wird's gemacht!« Sondern ich frage: »Wie sollen wir's machen?« Auch in unserem FischerDorf sind alle Mitarbeiter integriert, wenn es darum geht, über Innovationen nachzudenken. Das wird dazu beitragen, dass alle später ihren Platz in dem haben, was da neu entsteht.

Es gibt dabei einen großartigen »Nebeneffekt«: Jeder fühlt sich persönlich ernst und wichtig genommen. Jeder merkt, dass er wirklich dazugehört und gefragt ist und dass er oder sie etwas Wichtiges beisteuern kann. Neue Mitarbeiter merken bei uns oft zum ersten Mal, dass sich jemand für das interessiert, was sie zu sagen haben. Wenn ein Staat, eine Behörde, ein Chef immer vorgibt, was getan werden soll oder wegen verschiedenster Regeln nicht getan werden darf, wird das Ergebnis immer begrenzt bleiben. Die Hierarchiefreiheit erweitert die Möglichkeiten der Einzelnen. Es entstehen bessere Ergebnisse, wenn die Masse Lösungen findet, als wenn der Einzelne mit seinem immer begrenzten Denken und Vorstellungsvermögen etwas vorgibt.

Wir alle würden unsere Aufgaben nicht schaffen, wenn der Chef alles machen würde. Die Last für den Chef wäre zu groß. Erst wenn alle fragen und denken: »Wie kann ich helfen?«, kommen wir wirklich voran.

Sehen wir uns deshalb hier noch genauer die Voraussetzung dafür an, dass dieses Denken überhaupt entstehen kann.

Zuerst einmal braucht der Chef das Vertrauen in sich und in sein Team, dass die Gruppe es besser machen wird als er allein, dass mit Teamintelligenz die Probleme besser gelöst werden. Dazu gehört auch eine gute Portion Mut.

Dafür wiederum brauchen wir die Erfahrung: Wenn Menschen schon einmal gemerkt haben, dass diese besseren Ergebnisse durch das Zusammenwirken aller entstehen können, dann gewinnen sie natürlich erst das Vertrauen, dass es auch beim nächsten Mal gut klappen kann. Heute, nach vielen Jahren, in denen ich Teamintelligenz bei ihrer Entfaltung beobachten durfte, bin ich mir fast sicher, dass durch das Zusammenwirken der Gruppe wieder alles gut klappen wird. Durch die Erfahrung, wie viele wertvolle Kompetenzen jeder einbringt, haben wir über die Jahre ein Vertrauensnetz aufgebaut.

Doch immer ist dabei der Grundgedanke wichtig, der bei allen verankert und in der Unternehmenskultur gelebt werden muss: Es geht darum, dass alle sinnhaft und glücklich arbeiten. Ich als Chef muss vermitteln – und ebenso müssen alle anderen Beteiligten wissen und mittragen –, dass die Mitarbeiter, ihr Glück und ihr sinnhaftes Arbeiten wichtig sind. Andernfalls wäre das Anzapfen der Teamintelligenz nur ein Ausschlachten von Ideen.

Eine weitere Voraussetzung für Innovation durch Hierarchiefreiheit liegt in der Psyche der Chefin oder des Chefs: Sie müssen mit der Kränkung umgehen, dass die Alleinherrschaft und ihr Expertentum gar nicht so viel bedeutet und bringt. Der Chef muss seinen Narzissmus aufgeben. Er muss seine Angst aufgeben, dass er nicht mehr geachtet oder nicht mehr ernst genommen werden würde. Wir alle sind in einer Kultur aufgewachsen, in der Chefs die Wortführer sind. Aber das müssen sie gar nicht sein. Nicht mehr. Über meine Stellung mache ich mir jedenfalls keine Sorgen, obwohl ich mich in vielen Innovations- und Entscheidungsprozessen zurückhalte und die Mitarbeiter eigenständig arbeiten, entwickeln und ihre Entscheidungen treffen. Sie nennen mich trotzdem »Chef« und meinen das auch so. Ich werde akzeptiert – trotzdem und gerade – weil ich *am* Unternehmen arbeite und das Tagesgeschäft anderen überlasse.

Dazu ein Beispiel: Ein Fahrlehrer ist von einem Wettbewerber zu uns gewechselt. Er hatte vorher einen Chef, der einmal pro Woche gesagt hat, dass er durch seine eigenen klugen Ideen reich geworden ist. Das hat verschiedene, negative Effekte: Die Mitarbeiter denken dann: »Na toll, ich spiele gar keine Rolle. Er schafft ja ohnehin alles allein.« Somit zieht er die Leute an, die nicht so innovativ sind. Die wirklich Innovativen stößt er ab, weil sie merken, dass ihre Ideen und ihr Gestaltungswillen bei ihm nicht gefragt sind. Sie gehen woanders hin. Ich vermittle, dass ich Zeit habe für jeden Einzelnen, aber ich entscheide nicht mehr allein, ich manage nicht mehr. Erst, wenn ich nicht mehr *im* Unternehmen arbeite, kann ich vermitteln, dass ich nicht genervt bin von der Idee des Mitarbeiters. So erst kann ich offen sein, die Leute zu begleiten, bis sie alles alleine können.

Aufgabe des Chefs und aller anderen ist also, dass jeder zu seiner eigenen Meinung ermutigt wird. Mitwirkende in einem Unternehmen dürfen sich nicht zurückhalten, und sie müssen gehört werden beziehungsweise Möglichkeiten haben, ihre Gedanken und Ideen umzusetzen. Das muss in der gesamten Unternehmenskultur verankert sein, und das bedeutet wahrlich mehr, als nur ein paar Lippenbekenntnisse abzugeben. Es ist nicht klug, nur Experten mit der Suche nach Lösungen zu betrauen. Gerade ein Außenstehender kann wichtige Erkenntnisse liefern. Ich habe beispielsweise immer meinen Vater gefragt: »Vater, wie soll ich das denn machen?« Und er hat geantwortet, indem er mir kluge Fragen gestellt hat. Ich bin seinen Fragen nachgegangen und habe auf dem Weg Lösungen gefunden.

Dafür kann auch Wissen helfen: Es gibt beeindruckende wissenschaftliche Studien und sehr gute Bücher zu der Aussage, dass die Gruppe eine viel größere Intelligenz hat als der Einzelne. Wie etwa das wissenschaftlich orientierte Buch von Bernhard Wolfgang Lubbers »TeamIntelligenz« oder das bereits erwähnte populärwissenschaftliche Buch von James Surowiecki »Die Weisheit der Vielen«.

Ich habe wieder ein paar Fragen für Sie:

- Wie, glauben Sie, sind Ihre innovativen Ideen der letzten Jahre entstanden?

- Können Sie damit leben, dass Sie nicht die wichtigste Person im Unternehmen sind?
- Haben Sie schon mal Ihre Reinigungskraft um ihre Meinung bei einem Problem Ihrer Unternehmensführung gefragt?

Meine Leseempfehlung:
Bernhard Wolfgang Lubbers: »TeamIntelligenz: Ein intelligentes Team ist mehr als die Summe seiner Kompetenzen«. Gabler, 2005.

Held der Herzen – Wie wir sinnvolles Handeln würdigen

Erinnern Sie sich noch an das Kapitel »Sei still und geh!«, in dem es um die Hater ging? Die Hater haben mir geholfen: Sie haben mir geholfen, mich noch mehr als ohnehin schon auf das Positive zu fokussieren, noch mehr die andere Seite zu betonen. Das Positive in der Welt erfährt ohnehin nicht die Aufmerksamkeit, die ihm zustünde. Ich möchte Ihnen in diesem Kapitel ausführlicher die Aktion »Held der Herzen« vorstellen, die ich im Buch schon erwähnt habe. Mit ihr werden Menschen geehrt, die im Alltag Großes vollbringen, was aber selten gesehen und anerkannt wird.

Ich erinnere mich, wie vor einiger Zeit der G20-Gipfel 2017 in Hamburg mit den Ausschreitungen am Rande des Gipfeltreffens stattfand. Polizisten, die in den Straßen Streife gingen, wurden von Hausdächern aus mit Steinplatten beworfen. Zur gleichen Zeit schrieb eine SPIEGEL-Redakteurin einen Artikel über Gera, der den Titel »Die erschöpfte Stadt« trug. Da wurde es mir zu bunt. Ich habe die Zeitschrift auf den Tisch geworfen und zu meiner Frau gesagt:

»Corinna, wir brauchen mehr positive Stimmung hier.«

Ich habe einen Aufruf in Gera gestartet. Wieder einmal. Auf Facebook habe ich dazu am 8. Juli 2017 gepostet – kurz nach dem G20-Gipfel in Hamburg – mit über 350 Likes: »... nachdenklich. Was mich derzeit richtig aufregt: Krawallbrüder in Hamburg und der Artikel im Spiegel über unsere schöne Stadt Gera. Liebe Mitbürger in Gera: Nehmt an der Aktion ›Held der Herzen‹ teil!«

Was ist der Beweggrund für diese Aktion? Wir brauchen zum Vorankommen in erster Reihe nicht Zerstörer, Nörgler, Neider und Schwätzer, sondern Menschen mit Vorbildcharakter. Unsere Kinder brauchen diese Vorbilder. Ausgezeichnet werden kann zum Beispiel die Kassiererin im Supermarkt; der nette Beamte in der Behörde; der Familienvater, der zugleich Fußballtrainer ist; der Lehrer, von dem die Schüler begeistert erzählen, weil er einen tollen Unterricht macht; die liebevolle Krankenschwester oder die Garderobiere im Theater, die den abgerissenen Mantelaufhänger annäht. Der Preis wurde seit 2014 bis heute jedes Jahr in der Stadt Gera vergeben.

Ich will dazu inspirieren, sich auf das Gute zu fokussieren. Wir müssen die bösen Geister vertreiben und ihnen etwas entgegensetzen. Deshalb habe ich die Aktion »Held der Herzen« ins Leben gerufen. Das ist meine Gegenaktion zu all dem Pessimismus. Und ich habe an Gerald Hüther geschrieben. Seit Langem bin ich Mitglied der »Akademie für Potenzialentfaltung«, deren Vorstandsvorsitzender er ist, und habe ihn gefragt, ob wir unsere Initiative »Held der Herzen« auf der Website der Akademie platzieren dürfen. Weil sie so gut passt. Und vor allem, weil wir noch viel mehr Menschen zu dieser Aktion inspirieren wollen. Ich habe ihm geschrieben, dass wir in der ersten Reihe nicht die Nörgler, Neider und Schwätzer brauchen, sondern Menschen mit Vorbildcharakter, die handeln. Ich habe ihm geschrieben, dass unsere Initiative »Held der Herzen« das Ziel hat, freundlichen, hilfsbereiten und engagierten Menschen einer Stadt den »roten Teppich« auszurollen und ihnen ein Gesicht zu geben. Es geht um das, was in dieser Gesellschaft zu kurz kommt: um den respektvollen und wertschätzenden Umgang mit anderen Menschen.

Außerdem möchte ich erreichen, dass sich die Idee so weit wie nur möglich verbreitet, denn die Aktion »Held der Herzen« kann es nicht nur in Gera, sondern in jeder Stadt in Deutschland geben.

Der viel beschäftigte Professor hat mir dann mit einer sehr herzlichen Nachricht geantwortet, sehr begeistert von der Idee hinter »Held der Herzen«. Die Initiative gehöre aus seiner Sicht in den Kontext der kommunalen Entwicklung und sei ein interessantes Instrument zur Unterstützung des »guten Geistes« einer Kommune. Deshalb würde er sich freuen, das Projekt auf seiner Website einzustellen.

Während ich an den letzten Zeilen für dieses Buch arbeite, gibt es eine großartige Entwicklung: »Held der Herzen« geht in die Welt: Ich habe gerade von Gerald Hüther erfahren, dass die Stadt Tulln an der Donau in Österreich die Aktion ebenfalls umgesetzt hat. Es wurden 100 Helden der Herzen aus der Stadt durch den Oberbürgermeister ausgezeichnet. Die Stadt hatte sich zum Ziel gesetzt, die freundlichste Stadt Österreichs zu werden. Herr Hüther hatte die Brücke von Gera nach Tulln gebaut. Ist das nicht unglaublich?

Gerade in diesen Tagen sitzen wir wieder als Jury zusammen und suchen den »Held der Herzen 2018« der Stadt Gera. Und nun auch Tulln. Ich habe Peter Eisenschenk, der die Aktion dort auf die Beine gestellt hat, gleich ein großes Kompliment gemacht, wie er und sein Team die Aktion in Tulln umgesetzt haben. Das Video »Held der Herzen 2018 Tulln«, das ich mir sofort angesehen habe, hat mich sehr berührt. Es ist unglaublich zu sehen was passiert, wenn Menschen sich zusammenfinden und eine Idee aufgreifen, annehmen und umsetzen.

Und dabei wird es nicht bleiben. Gerald Hüther und ich sind im Kontakt mit engagierten Menschen in einer Kleinstadt in Nordhessen, wo er gerade dabei ist, eine Bewegung in Gang zu bringen, die von allen Bürgern getragen werden soll und ein gemeinsames Anliegen formuliert: Diese Stadt will die freundlichste Stad in ganz Hessen werden. Und so wird es weitergehen. Eine Stadt nach der anderen wird sich an der Aktion beteiligen. Die Aktion »Held der Herzen« hat weltweit Potenzial.

In meinem Austausch mit Professor Gerald Hüther empfahl er mir noch einen Aufruf »Es geht um unsere Würde« mit der Bitte, mich diesem Aufruf anzuschließen. Ich habe mich nicht nur dem Aufruf zur Würde angeschlossen, sondern mich intensiv mit dem Thema »Würde« beschäftigt – ein etwas aus der Mode gekommenes Wort, das sich lohnt, wiederbelebt zu werden. In den nächsten Kapiteln erzähle ich mehr darüber, was Würde in unserem Unternehmen für die Mitarbeiter und für mich bedeutet. Sie können sich schon mal vorher fragen: Was bedeutet Würde für Sie? Was bedeutet Ihnen ein würdevoller Arbeitsplatz? Es geht um unsere Würde. In einer von Effizienzdenken und Erfolgsstreben geprägten Zeit ist die Wiederentdeckung der eigenen Würde wichtiger denn je geworden.

Zuerst möchte ich aber den Ideengeber der Aktion würdigen: Wie entstand eigentlich die Idee für »Held der Herzen«? Vor ungefähr fünf Jahren habe ich in Bayreuth bei einem Unternehmerkongress einen außergewöhnlichen Redner gehört. Der Mann ist Lehrer einer kaufmännischen Berufsschule aus Göppingen. Er hat verrückte Ideen, die er mit dem Förderverein seiner Schule und seinen Schülern umsetzt. Der Mann heißt Karl Otto Kaiser. In seinem lebhaften, leidenschaftlichen Vortrag erzählte er von einer jährlichen Preisverleihung mit dem Namen »Service OSCAR«. Gewürdigt werden freundliche und hilfsbereite Mitarbeiter aus Unternehmen. Und ich war mit einem Mal wie elektrisiert, während ich ihm zuhörte. Dieser Vortrag und die Idee, Menschen, die für andere Menschen etwas Besonderes sind, eine Bühne zu geben! Deren Geschichte zu erfahren und zu veröffentlichen und diese in die Welt zu tragen! Einmal auf eine andere Art »Danke!« sagen zu können! Diese Idee hat mich sehr persönlich sehr tief im Herzen berührt. Ich wollte das weiterverfolgen.

Von Karl Otto Kaiser, seiner Geschichte und der Preisverleihung »Service OSCAR« habe ich dann Sylvia Eigenrauch, der Chefredakteurin der Ostthüringer Zeitung in Gera, erzählt. Ihre Antwort kam sofort: »Warum machen wir das nicht in Gera?« Und so begann diese neue und außergewöhnliche Bewegung mit dem Namen »Held der Herzen«.

An dieser Stelle bedanke ich mich bei meinen Freund Karl Otto Kaiser für seine tollen und außergewöhnlichen Ideen und Inspirationen. Vielen Dank auch an den Chefredakteur der Ostthüringer Zeitung, Jörg Riebartsch und die Chefredakteurin der Ostthüringer Zeitung Regional Ost, Sylvia Eigenrauch sowie an alle Redakteure der Ostthüringer Zeitung, die in mühevoller Arbeit seit Jahren mit ihren Interviews die Aktion »Held der Herzen« erst zu dem gemacht haben, was sie heute ist. Danke!

Meine Lese- und Videoempfehlungen:
Ostthüringer Zeitung: »OTZ-Serie Held der Herzen«:
http://gera.otz.de/web/lokal/thema/-/specific/OTZ-Serie-Held-der-Herzen-1197458685 .

Fischer Academy/Vimeo: »Verleihung Held der Herzen«:
https://vimeo.com/152462173

Tulln an der Donau/YouTube: »Tullns »Helden der Herzen 2018«:
https://www.youtube.com/watch?v=NKGqkbGaiY8

Würdekompass: »Es geht um unsere Würde«:
https://www.wuerdekompass.de/projekte/aufruf-zur-wuerde

Akademie für Potenzialentfaltung:
www.akademiefuerpotentialentfaltung.org

7 DIE ENTFALTUNG – ALS UNSERE IDEEN PLÖTZLICH AUS DEM HERZEN KAMEN

Stelle den Zweiten ein, wenn du den Dritten brauchst – Wie wir ohne weitere Mitarbeiter noch besser arbeiten

Eine Mitarbeiterin ging in Babypause. Uns fehlte also eine Arbeitskraft. Wir haben überlegt, was wir machen. Ich habe in unserem Dienst-Chat die Frage gestellt: »Warum lohnt es sich aus eurer Sicht, hier zu arbeiten?« Das ist die Sinnfrage. Diese Frage, liebe Unternehmer unter den Lesenden, kann man sich auch stellen, wenn man im Augenblick keinen neuen Mitarbeiter sucht. Diese Frage klärt den Sinn, den die Mitarbeiter bei der Arbeit empfinden. Wenn keiner geantwortet hätte, hätte ich mich fragen müssen, warum ich keine Antwort bekomme. Sehen meine Mitarbeitenden keinen Sinn in ihrer Arbeit?

Der erste sagte: »Ich kriege seit 26 Jahren pünktlich mein Geld.«

Ein anderer postete: »Viele Möglichkeiten zur persönlichen Entfaltung.«

Eine andere hat geantwortet: »Ich kann mich einbringen, wie ich das für richtig halte, und werde nicht gegängelt.«

Und der Azubi hat geschrieben: »Hier finden immer so super Partys statt.«

Das haben wir dann zusammen mit einer Stellenanzeige auf Facebook veröffentlicht.

Hier kommen noch ein paar mehr Aussagen von der langen Liste, die ich auf Facebook veröffentlicht habe:

- Rückhalt vom Team (Robin)

Wir machen Fahrenlernen einfach *frischer*.

- Kreative Entfaltung (Henryine)
- Es gibt immer Arbeit (Peter)
- Firmenausflüge (Johann)
- Fahrschüler aus dem gesamten Bundesgebiet bringen Abwechslung (Daniel)
- Man wächst mit seinen Aufgaben (Miglena)
- Super Team, das zusammenhält (Olli)
- Pünktliche Bezahlung (Micha)
- Täglichen Anforderungen stellen wir uns gemeinsam (Claudi)
- Leistungsanerkennung (Andreas)
- Freie Zeitgestaltung (Siggi)
- Familiengefühl (Marco)
- Viele Möglichkeiten zur persönlichen Entfaltung (Felix)
- Man geht nicht auf Arbeit zu Kollegen, sondern zu Freunden (Jessi)
- Ideen können eingebracht werden (Elke)
- Weiterbildungsmöglichkeiten (Christian)
- Schöne Ausbildungsfahrzeuge (Winne)
- Ein Hobby ausleben zu dürfen (Nancy)
- Nach 26 Jahren geht es mir immer noch unter die Haut (Mike)

Die Reaktionen auf den Post waren überwältigend: Es gingen über 100 Bewerbungen auf die Stelle der »Guten Fee« in unserem Unternehmen ein. Aus denen haben wir 20 Kandidaten ausgewählt und mit ihnen Gespräche geführt. Davon kamen zehn in die engere Auswahl, bis wir uns für eine Bewerberin entschieden haben. Die Top 1 haben wir dann genommen. Sie ist total ausgeflippt vor Freude. Arbeitsvertrag unterschrieben. Eine Woche vor dem geplanten ersten Arbeitstag rief sie an und sagte: »Ich habe zu viel Angst und möchte die Stelle doch nicht mehr.« Das haben wir akzeptiert, wir hatten schließlich noch genügend passende Kandidaten in Reserve.

Also haben wir die Nummer zwei genommen. Doch nach nur einer Woche bei uns hat sie ganz offen gesagt: »Ich schaffe das mit der Technik nicht, es ist zu viel digital für mich.« Sie ist nie so richtig glücklich geworden, obwohl sie alles bei uns toll fand – bis auf den großen Anteil an digitaler Arbeit. Einfach mit Nummer drei unserer Kandidatenliste weiterzumachen und Gefahr zu laufen, nach zwei Wochen wieder neu anfangen zu müssen, war uns zu heikel – neue Mitarbeiter anlernen, ist bekanntlich ziemlich zeitintensiv – wollten wir nicht. Also mussten wir uns eine völlig andere Alternative überlegen.

Schließlich haben wir uns neu organisiert. Wir haben alles Mögliche umgekrempelt und kommen heute auch ohne eine weitere Mitarbeiterin aus. Selbst ohne die zusätzliche Arbeitskraft wurden Arbeitsabläufe effektiver, schneller, qualitativer und letztendlich kostengünstiger. Unsere überraschende Erkenntnis aus dieser Erfahrung war also, dass wir gar keine zusätzliche Kraft brauchten, um gute Arbeit zu leisten. Also können wir uns alle immer wieder die Frage stellen: Welche jahrelang für essenziell erachteten Gewissheiten – angefangen beim Chef-Parkplatz bis hin zu den ganzen Statistiken und Auswertungen und Ähnliches – sollten wir hinterfragen und neu denken?

Auch bei mir im Unternehmen hat sich vieles angehäuft, was wir über den Haufen werfen können. Die Bürokratie bremst uns aus. Nicht nur das behördliche Bürokratiemonster, sondern auch unser firmeneigenes. Es gibt Punkte, die immer mal wieder infrage gestellt werden müssen, um zu erkennen, ob sie wirklich Sinn ergeben oder nur aus Gewohnheit beibehalten werden.

Dazu kursiert eine Geschichte in verschiedenen Varianten im Internet, in etwa so: Eine Mutter bereitet immer zu Weihnachten den besten und saftigsten Truthahn zu, den man sich vorstellen kann. Ein altes Familienrezept. Als die Kinder irgendwann ihre eigenen Familien haben, fragen sie die Mutter, wie denn das genaue Rezept für den Truthahn ist. Die Mutter erklärt ihnen die Gewürzmischung, die Backzeiten und sie sagt ihnen: »Und ganz wichtig: Immer die Enden des Vogels abschneiden! Sonst schmeckt er nicht!« Eine Tochter fragt, wie denn das Abschneiden der Truthahnenden den Geschmack verbessern soll. Muttern sagt: »Keine Ahnung. Ich weiß nur, dass Oma das immer ganz wichtig fand.« Die Tochter fährt zur Oma und fragt sie. Die Oma antwortet ganz gelassen: »Mit dem Geschmack hat das nichts zu tun. Wir hatten damals keinen Topf, der groß genug war. Also mussten wir den Vogel immer zurechtschneiden!« Also, liebe Leser, hinterfragen Sie in Ihrem Betrieb, ob dies oder jenes noch notwendig und sinnhaft ist oder ob die abgeschnittenen Enden nur wegen des zu kleinen Topfes nötig waren, während Sie doch längst einen viel größeren haben.

Hier ist eine Liste der Dinge, die ich in meinen Unternehmen regelmäßig infrage stelle: Mitarbeiterorientierungsgespräche, Kostenstellenplanung, leistungsabhängige Vergütung, Mitarbeiterbefragung und Auswertung, Mitarbeiterbeurteilung, Soll-Ist Vergleiche, Unterschriftsreglungen, Urlaubsreglungen, Erfolgsquoten, Stellenbeschreibungen, Gesundheitsprogramme, Kostenanalysen, Marktforschung, Chefparkplätze, Chefbüro, Hierarchiestufen, feste Arbeitszeiten, Ergebnis-und Liquiditätsplan, Mahnwesen, Berichtswesen, tägliche, wöchentliche, monatliche, jährliche Zielvereinbarungen, Sinn des Unternehmens.

Eine Frage habe ich dazu an Sie:

- Wie wäre es, Ihre Mitarbeitenden zu fragen, warum es sich lohnt, bei Ihnen zu arbeiten?

Vom abgelehnten Auszubildenden zur Geschäftsführerin – Nancys Transformation

Wir sitzen in einer der vielen Bäckereien Geras, reden über große Ziele und wie wir die kommenden Herausforderungen für unsere Firma meistern. Es geht um neue PR-Aktionen, genauer um Ideen für die Social-Media-Kommunikation. Wir denken groß in dieser kleinen Bäckerei. Sie wissen ja bereits: Ich bin ein Fan von Bäckereigesprächen mit meinen Mitarbeitern. Diesmal sitze ich da mit der Geschäftsführerin der Fischer Academy. Und plötzlich fragt Nancy: »Hast du eigentlich gewusst, dass ich mich, schon Jahre bevor du mich eingestellt hast, als Auszubildende bei dir beworben habe?«

»Wie jetzt?«, frage ich zurück, »Du wolltest schon deine Ausbildung bei uns machen?«

»Ja, ich habe zu Hause noch das Antwortschreiben von dir. Darin steht: ›Wir melden uns die nächsten Tage bei Ihnen.‹«

Ich erinnere mich dunkel: Das war so eine typische, sachlich-neutrale und herzlose Rückmeldung, wie sie in einer Ich-Kultur nun mal geschrieben wird.

»Und? Haben wir uns gemeldet?«, will ich gespannt und zugleich etwas nervös wissen.

Nancy lächelt. »Nein.«

Ich entschuldige mich mit einem kleinen Zurücklächeln und denke mir dabei: Das interessiert mich jetzt doch näher.

»Wenn du dich damals beworben hast und wir uns nicht gemeldet haben, könnte man ja denken, dass du sauer oder beleidigt warst und mit mir und meiner Firma nichts mehr zu tun haben wolltest.«

»Ja«, erklärt sie, »ich hätte euch eigentlich ausblenden müssen, aber ich fand die Fischer Academy schon immer cool. Es war die größte Fahrschule weit und breit, und dann will man ja bei den Besten mit dabei sein. Ich habe dann später – während meiner Ausbildung – bei euch den Führerschein gemacht, und zwar nicht nur Pkw, sondern auch Motorrad, Lkw und die Königsdisziplin Bus.«

Ich denke zurück. Mir war Nancy damals als Mensch nicht aufgefallen. Doch immer noch hat sie unsere Firma geliebt. So sehr, dass sie aus Liebe zu unserer Firma ihren deutlich besser bezahlten Job bei der Telekom gekündigt hat und mit ihrer zweiten Bewerbung mit 23 bei uns Fahrlehrerin geworden ist. Nancy hatte damals ein Leuchten in den Augen, das mich schwer beeindruckt hat. Die ist Bus und Lkw gefahren, da ist den anderen die Kinnlade runtergefallen. Also habe ich sie eingestellt.

Aber als sie einige Zeit als Fahrlehrerin bei uns war, hat sie das Leuchten in den Augen verloren. Zuerst habe ich es kaum bemerkt. Irgendwie war mir zwar die ganze Zeit bewusst, dass sie noch mehr kann – ich wusste nur noch nicht, was, und ich habe nicht nachgehakt, habe abgewartet. Fast zu lange. Da war ich nicht wach genug. Und im Februar 2014, als mir auf einmal zwei Geschäftsführer fehlten, kommt sie zu mir und sagt: »Mike, ich habe genug. Fahrlehrerin zu sein ist auf Dauer nicht mein Ding. Ich möchte mehr Verantwortung.«

Und da kommt mir ein Gedanke: »Weißt du was, Nancy? Du könntest Geschäftsführerin werden.«

Heute, vier Jahre später, kann ich sagen: Die vergangenen vier Jahre waren die besten unserer Firmengeschichte. Das ist natürlich nicht ausschließlich Nancys Verdienst, dazu sind die Ereignisse und Entwicklungen zu komplex. Aber ich weiß, dass sie einen wichtigen Anteil hatte. Und damit komme ich vom Bäckereigespräch direkt zu ein paar Fragen an Sie:

- Haben Sie alle Ihre Mitarbeiter wirklich im Blick?
- Wie erkennen Sie alle Potenziale Ihrer Mitarbeiter?
- Wie offen sind Sie für die Potenziale von Mitarbeitern, die vollkommen anders sind als Sie? Sind Sie bereit, sie in ihrer Andersartigkeit und Innovationskraft mit voller Kraft und allen Konsequenzen zu fördern?

Unser Motto »Glücklich sein« – Glück als Unternehmensprinzip

2017 haben wir viel investiert und neu gebaut. Der Fokus lag eher darauf, etwas Neues zu errichten. Die Frage wie es den Mitarbeitenden geht, ist dabei etwas zu kurz gekommen. Deshalb werden wir im nächsten Jahr in unserem Unternehmen das Motto »Glücklich sein« leben. Im Chat habe ich jedem Einzelnen aus meinem Team die Frage gestellt: »Wenn dich heute jemand fragt, wie glücklich du in deiner beruflichen Welt bist, wobei eins für sehr unglücklich und zehn für sehr glücklich steht: Welche Zahl wirst du nennen?«

In meinen Unternehmen lagen diese »Glücksmomentaufnahmen« zwischen sieben und zehn. Das bedeutet, dass es ganz gut um das Glück im Team steht, wenn ich das Ergebnis mit einigen Studien vergleiche, bei denen die meisten Unternehmen mit ihren Antworten überwiegend bei vier bis sieben landen.

In einer Studie von »StepStone« wurde herausgefunden, dass beim Glücklichsein die Arbeit einen dreimal (!) größeren Einfluss auf das Privatleben hat als das Glücklichsein im Privatleben auf die Arbeit. Das Arbeitsglück spielt also für das Gesamtlebensglück die entscheidende Rolle. Die Arbeit selbst ist also das wichtigste Instrument für ein glückliches Leben. Ist das allen Arbeitgebern so bewusst? Oder vergessen wir im Alltag darüber nachzudenken?

Ich merke in meinem Unternehmen, seitdem wir das Motto »Glücklich sein« ausgerufen haben, dass sich direkt nach Verkündung des neuen Mottos schon vieles sich zum Positiven verändert hat. Dass wir überhaupt dieses Motto gewählt haben, liegt daran, dass ich – und mit mir immer mehr auch meine Mitarbeiter – davon überzeugt sind, dass wir nur im Glück beziehungsweise im Zustand des Glücks die kommenden, spannenden und aufregenden Herausforderungen der Zukunft meistern können.

Der Wohlstand in Deutschland ist zwar in den vergangenen Jahren kontinuierlich angestiegen, aber sind wir auch glücklicher geworden? – Ich glaube nicht. Deshalb möchte ich Sie dazu anregen, darüber nachzudenken, wo Sie sich auf dem Glücksbarometer aktuell befinden und was passieren muss, damit Sie auf den Maximalwert kommen:

- Auf einer Skala von eins bis zehn: Wie glücklich fühlen Sie sich aktuell?
- Welchen Wert nennen Ihre Mitarbeiter, Ihre Kollegen, Ihre Vorgesetzten, Ihre Kunden?

Meine Leseempfehlung:
StepStone: »Glückliche Mitarbeiter – erfolgreiche Unternehmen? StepStone Studie über Glück am Arbeitsplatz«:
http://www.stepstone.de/b2b/stellenanbieter/jobboerse-stepstone/upload/studie_gluck_am_arbeitsplatz.pdf

Der Wohlfühlfaktor – Warum die Trennung von Arbeit und Freizeit eine Illusion ist

Mein Telefon klingelt. »Hallo Mike, kann ich nachher mal vorbeikommen, ich muss mit dir reden?« »Klar«, sage ich, »Dafür bin ich da.« Zwei Stunden später sitzt Robin mit geknickter Miene in meinem Büro, mit seiner typischen gebeugten Haltung. Sein Gesichtsausdruck zeigt eine Null auf der Skala der Lebensfreude. Robin ist einer unserer jungen Fahrlehrer, und er wog 109 kg. Bei ihm hatte man immer das Gefühl, ihn begleitet das Unwohlsein. Er fühlte sich krank und hatte überall dort Schmerzen, wo man nur Schmerzen haben kann.

»Mike, was ich dir jetzt sagen muss, wird dir nicht gefallen.«

»Na, was denn?« frage ich.

»Mein Arzt hat gesagt, dass ich aufgrund meines Gesundheitszustandes den Fahrlehrerberuf nicht mehr ausüben kann. Mein Rücken schmerzt und mein Arzt meint, es wäre besser, zu Hause zu bleiben und Rente zu beantragen.« Ich bin schockiert. Nicht, weil ich damit einen guten Fahrlehrer verliere. Sondern weil Robin 32 Jahre alt ist. Wir haben noch einige Minuten über seine Probleme gesprochen. Für den Moment wusste ich nicht genau, ob und wie ich ihm helfen kann. Wenn schon der Arzt seines Vertrauens keine bessere Idee als Frühverrentung hat, dachte ich mir, was kann ich da schon ausrichten?

Beim Abendessen mit meiner Frau Corinna erzähle ich vom Gespräch mit Robin. Corinna reagiert so fassungslos wie ich: »Wie kann ein 32 Jahre junger Mann schon so am Ende sein, dass die Ärzte ihm raten, aufgrund seines Zustandes Rente zu beantragen?! Da muss es doch noch andere Lösungen geben ...«

»Bestimmt!«, sage ich und beflügelt von der Aussage meiner Frau mache ich mir Gedanken, wie wir Robin helfen können.

Und dann fällt mir eine unserer Referentinnen ein. Sie heißt Jacqueline Q. und bietet bei uns Weiterbildungen für Berufskraftfahrer mit dem Thema »Gesund leben, gesund ernähren« an. Regelmäßig bekommen wir Feedback von begeisterten Teilnehmern ihrer Seminare, nach denen viele ihr Leben und ihre Einstellung zum Leben vollkommen neu überdacht haben und fortan anders handeln.

Also frage ich sie, ob sie mir in der Sache mit Robin helfen kann. Selbstverständlich übernehme ich die Kosten dafür. Jacqueline sagt zu, spricht mit Robin, um zu erfragen, ob er überhaupt bereit ist, Veränderungen zuzulassen.

Was dann beginnt, ist eine Reise ins Glück. In vielen Einzelgesprächen mit Jacqueline und in Waldspaziergängen beginnt Robin seine Einstellung zum Leben zu hinterfragen. Er beginnt, sich anders zu ernähren. In den nächsten Wochen bin ich mit Robin öfter in Kontakt, entweder persönlich oder via Messenger. Seine Waage zeigt bald 106,9 kg, dann 103,9 kg, bald darauf nur noch 100,8 kg. Die Veränderungen fangen an zu wirken.

Einmal sage ich zu Robin: »Mein Lieber, bei 99,9 kg machen wir eine Party.«

Er lacht. Diesmal ist es ein anderes Lachen als noch vor ein paar Wochen. Da klang sein Lachen gepresst, mutlos. Ich freue mich für ihn. Dann, am 27. Dezember 2017, schreibt er mir eine Nachricht:

»99,8: erstes Etappenziel erreicht. Und das trotz Weihnachtsessen.«

Seine Lebenslust kehrte zurück. Heute wiegt er 87 kg, seine Schmerzen sind weg, privat geht es ihm großartig, und einen neuen Arzt hat er sich auch gesucht.

Warum erzähle ich Ihnen das? Ich will hier zwar auch meine Freude über die Entwicklung von Robin mit Ihnen teilen, doch zugleich geht es um viel mehr. Es geht um nichts weniger als den Wohlfühlfaktor im Unternehmen. Und der hängt wiederum damit zusammen, wer wann und wie in seinem Leben arbeitet.

Unternehmen, die sich den kommenden Herausforderungen stellen wollen, sind gut beraten, sich mit dem Wohlfühlfaktor zu beschäftigen. Ein Unternehmen, das ein Wohlfühlort ist, hat einen umfangreichen, intensiven Auseinandersetzungsprozess hinter sich mit einer Mission, und diese Mission hat Gründe. Unternehmen müssen heute zu einem Wohlfühlort werden, denn es wird anders nicht mehr gehen. Zum Thema Wohlfühlort brauchen wir eine ähnlich radikal neue Haltung wie zum Thema Kontrolle und Vertrauen.

Jeden der folgenden Punkte, die StepStone in einer Studie beschrieben hat, kann ich für unser Unternehmen bestätigen. Je bewusster wir unser Unternehmen zu einem Wohlfühlort gemacht haben, desto mehr zeigen sich diese Vorteile:

> **27. Dez. 2017**
>
> [Bild: Anzeige mit "99.8" und "33.0"]
>
> 💪 erstes etappenziel erreicht und das trotz Weihnachtsessen 😂   09:40
>
> Sau geil Yehhhhhhh   10:49
>
> **6. Jan. 2018**

- Höheres Mitarbeiterengagement
- Geringere Fluktuation
- Weniger Fehlzeiten
- Leichtere Rekrutierungen von neuen Mitarbeitern
- Mehr Kreativität
- Attraktivität gegenüber den Wettbewerbern
- Höhere Gewinne
- Größerer Marktanteil

Bei uns gibt es deshalb sogar eine Wohlfühlbeauftragte: Jacqueline, die schon Robin so gut auf einen neuen Weg gebracht hat. Wir nennen sie heute scherzhaft »Gemeindeschwester Jacqueline«. Sie kümmert sich nämlich um die Balance und Freude in unserer Firma – beispielsweise in Einzelgesprächen mit Mitarbeitern oder mit Fahrschülern mit starken Prüfungsängsten.

Wer halb arbeitet und halb lebt, macht irgendwie alles nur halbherzig, ich sagte es bereits. Die Zeiten, in denen Privates vom Beruflichen strikt getrennt wurde, sind längst vorbei. Auch wenn das in vielen Köpfen noch als schöne Illusion und als Wunschbild herumspukt. Alles hinter sich lassen, wenn man nach Hause oder zur Arbeit geht? Das stimmt doch ohnehin nicht. Man nimmt sich selbst immer mit, nicht nur auf Reisen.

Damit wir uns richtig verstehen: Den Arbeitsplatz als Wohlfühlort zu gestalten heißt nicht, wo gerade noch Platz ist, eine Hängematte aufzuhängen und einen Tischkicker aufzustellen. Nein, es geht um viel mehr. Es geht um eine neue Haltung. Eine selbstbestimmte und freie Arbeitshaltung. Die neue Generation will ungefragt arbeiten oder ausspannen dürfen, wann immer jemand gerade will. Ich habe einmal Nancy, meine junge Geschäftsführerin, an einem Sonntag im Büro beim Arbeiten angetroffen und meinen Unmut darüber deutlich gemacht. Ich habe ihr vermittelt, dass doch bitte am Sonntag ein Ruhetag einzuhalten wäre. Darauf antwortete Nancy:

»Mike, mir widerstrebt es, irgendwas mit Zwang zu machen. Ich möchte bitte selbst bestimmen, wann ich arbeiten will und wann nicht. Ich fühle mich eingeengt und bevormundet, wenn du mir die Arbeit am Sonntag schlechtmachst. Müsste ich feste Arbeitszeiten einhalten, würde ich sogar lieber gehen. Für mich ist Zwang *der* Arbeits-, Kreativitäts- und Freudekiller Nummer eins.«

Das waren klare Worte. Und sie haben mich zum Umdenken gebracht. Nancy hatte mal wieder recht. Ich habe meine Konsequenzen daraus gezogen, wie ich hier gerade schon erzählt habe. Doch von vielen Unternehmen – gerade im Mittelstand – wird diese Entwicklung noch mit Skepsis betrachtet. Was ist eigentlich aus dem E-Mail-Abrufverbot von VW geworden? Das war doch groß in der Presse zu lesen. Haben sich alle daran gehalten? Wollen Mitarbeiter das wirklich? Muss man die Mitarbeiter tatsächlich so bevormunden? Ich habe meine Zweifel. Natürlich finde ich die Botschaft, die hinter dem Verbot steht, Geschäfts-E-Mails außerhalb der regulären Arbeitszeit abzurufen, super, weil sie bedeutet: »Es muss nicht bis zum Umfallen gearbeitet werden, uns ist wichtig, dass ihr bei Kräften bleibt und abschalten könnt.« Aber gibt es keine Möglichkeit, beides zu erreichen – freie Arbeitszeiteinteilung und zugleich Entspannung in der Freizeit?

Unsere firmeninterne Wohlfühlabteilung ist aus der Erfahrung mit Robin entstanden. Inzwischen nutzen viele unserer Mitarbeitenden dieses Angebot. Doch es ist nicht nur für unsere Mitarbeiter da, auch Kunden können es nutzen. Wer zum Beispiel besondere Angst vor Fahrprüfungen hat, kann mit ihr reden – manchmal helfen schon Kleinigkeiten, um mit der Angst besser umgehen zu können. Wir schaffen eine Wohlfühlatmosphäre, und die gilt für alle: Mitarbeiter, Kunden, Dienstleister, Lieferanten. Wenn es nötig wird, kümmern wir uns zusätzlich um externe Experten, die Hilfestellungen geben. All das hat viel mit Liebe zu tun.

Ich zeige Ihnen eine kleine Übersicht, wie sich der Wohlfühlcharakter unseres Unternehmens darstellt. Mögen solche Wohlfühlorte eine Inspiration für andere Unternehmer sein:

- Steh-Sitz-Arbeitsplätze: Denn das zunehmende Sitzen – zu Hause und bei der Arbeit – begünstigt das Auftreten von Krankheiten, zum Beispiel Bluthochdruck und Fettleibigkeit. Wir bewegen uns zu wenig.
- Verschiedene Tees und Mineralwasser: Bei uns im FischerDorf gibt es für Teilnehmer und Mitarbeiter kostenfreien Zugang zu Wasserflaschen und Gesundheitstees.
- Frei konfigurierbares Arbeitsgerät – zum Beispiel Fahrschulfahrzeuge
- Gemeinsames Mittagessen: Was das mit Wohlfühlen zu tun hat, muss ich wohl nicht extra erzählen.
- Seminare und Weiterbildung zur Entwicklung der eigenen Persönlichkeit: Lernen und persönliche Entwicklung ist Freude und Wohlfühlen pur.
- Selbst entscheiden dürfen: Verkäufer sind verwundert, dass Mitarbeiter ohne nachzufragen über eine Investition von 150 000 Euro entscheiden können, ohne beim Chef nachzufragen.
- Selbst gebackener Kuchen
- Gemeinsam wandern in den österreichischen Bergen
- Freie Arbeitszeitgestaltung
- Gemeindeschwester Jacqueline leitet die Abteilung »Wohlbefinden«

- Nicht zu viel und nicht zu wenig Arbeit – Balance: Jeder will arbeiten, wann er arbeiten will. Niemand schreibt vor, wann jemand genau zu arbeiten hat.
- Friseurbesuche
- Grundsätzlich familiäre Atmosphäre bei Gesprächen suchen
- Angenehmes Arbeitsumfeld schaffen: zum Beispiel unser Fischerdorf
- Konsequente Urlaubsplanung
- Reden, quatschen, miteinander kommunizieren
- Arbeitssicherheit erhöhen: Da ist immer was zu tun.
- Fußball schauen, zusammen sein
- Ideen umsetzen, ohne zu fragen

Man kann Arbeit und Privates nicht trennen. Das ist das Fazit meiner Erfahrungen. Wie können wir also Berufliches mit Privatem verbinden? Wir müssen selbst entscheiden können. Ich wünsche das mit vollem Herzen jedem Unternehmen und jedem Mitarbeiter. Wir werden sehen, wie die Arbeitswelt in zehn Jahren aussieht. Ich bin sicher: Unternehmen werden dann längst Wohlfühlorte geworden sein. Oder sie sind vom Markt verschwunden.

- Wer ist in Ihrem Unternehmen derjenige, der sich in Gesprächen den Sorgen und kleinen gesundheitlichen Problemen aller Beteiligten annimmt?
- Was tun Sie selbst, damit Ihre Mitarbeiter, Kollegen, Vorgesetzten, Kunden sich wohlfühlen?
- Was tun Sie für sich selbst, um sich bei der Arbeit wohlzufühlen?

Meine Leseempfehlungen
Dirk Böttcher/brand eins: »Das Private? Ist in Arbeit«:
https://www.brandeins.de/magazine/brand-eins-wirtschaftsmagazin/2013/privat/das-private-ist-in-arbeit

Xing Spielraum: Interview mit Prof. Gerald Hüther: »Chefs sind als Eselstreiber überflüssig«:
https://spielraum.xing.com/2016/06/chefs-sind-als-eselstreiber-ueberfluessig/

Gibt dir das Leben Saures, mach Limonade daraus – Antifragilität

Wenn wir die Samen einer Pusteblume wegblasen, werden 200 neue Blumen daraus. Die Pusteblume ist das Symbol für Antifragilität. In diesem Kapitel geht es darum, wie wir mit Antifragilität unvorhersehbaren Ereignissen und kommenden Herausforderungen entgegentreten, sie meistern und sogar gestärkt aus einer vermeintlichen Niederlage herausgehen können. Dafür sehen wir uns erst einmal an, was das Gegenteil von Antifragilität ist: Fragilität.

Fragil ist alles, was schnell zerbricht, leicht zerstörbar ist. Auf den Postpaketen mit zerbrechlichem Inhalt steht »fragil«. Eine Porzellantasse ist fragil. Das Fragile ist das Zerbrechliche eines Unternehmens. Hohe Unternehmensschulden oder schlechte unzuverlässige Informationen und negative Gedanken machen Fragilität aus. Ebenso können bestimmte Mitarbeiter den Grad der Fragilität in einem Unternehmen erhöhen: Der Zerbrechliche hat innerlich gekündigt. Ein Mitarbeiter, auf den ich mich nicht verlassen kann, ist fragil. Ein Fahrlehrer, der langweiligen Unterricht abliefert, ist fragil. In meinen Vorträgen steht ein Glas als Symbol für Fragilität.

Was kommt jenseits der Fragilität? Da gibt es den Robusten, der den Schwierigkeiten trotzt und ihnen standhält. Der Robuste macht Dienst nach Vorschrift. Robust ist alles, was stabil ist und widrige Einflüsse ziemlich lange aushält, ohne Schaden zu nehmen: Eine Betonplatte, ein Unternehmen mit großen Geldrücklagen oder mit langer Tradition ist robust. Deutschland ist robust, weil wir bisher auf die uns auferlegten Krisen robust geantwortet haben. Dafür nehme ich im Vortrag als Symbol ein Kettenglied. Aber diese Robustheit hat einen Haken: Die Robusten werden nicht besser.

Um neuen, noch nie da gewesenen Herausforderungen und künftigen Veränderungen zu begegnen und Krisen in Unternehmen ebenso wie persönliche Tiefschläge zu meistern, braucht es mehr als Robustheit. Nämlich Antifragilität. Antifragil wird etwas, wenn es durch äußere, auch destruktive Einflüsse nicht schwächer oder starrer, sondern stärker oder besser wird. In der Mythologie versucht Herakles, der Wasserschlange Hydra den Kopf abzuschlagen. Fällt ein Kopf, wachsen zwei neue nach. Hydra geht aus einer vermeintlichen Niederlage gestärkt hervor. Sie ist antifragil. Ich nehme als Symbol für Antifragilität die Pusteblume.

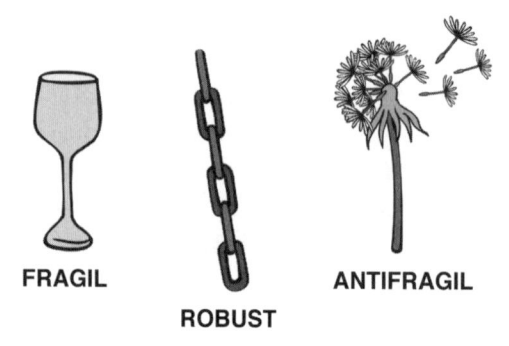

FRAGIL — **ROBUST** — **ANTIFRAGIL**

Antifragiles profitiert, sobald es unter Druck gerät. Unser Knochenbau ist zum Beispiel antifragil: Die Knochen von Menschen werden durch Belastung dichter, ohne Belastung dagegen schwächer. Dieses Phänomen wird vom sogenannten Wolff'schen Gesetz, genauer gesagt, dem Wolff-Transformationsgesetz beschrieben. Es wurde 1892 von dem Berliner Mediziner Julius Wolff entdeckt und besagt, dass ein Knochen sich aufbaut und an Festigkeit zunimmt, wenn er belastet wird. Wird der Knochen hingegen nicht oder nur wenig belastet, baut er sich ab.

Antifragile Menschen, Unternehmen und Systeme mögen Unsicherheit, Fehler und Herausforderungen. Sie lernen daraus, sie passen sich an, und sie profitieren sogar davon. Geben wir uns daher dem Zufall und damit dem antifragilen Leben hin. Das zumindest schlägt Nassim Nicholas Taleb in seinem Buch »Antifragilität:« vor. Der bekannte Zufallsforscher beschäftigt sich mit Fragen, wie wir mithilfe der Antifragilität flexibler und besser mit der zwangsläufig ungewissen Zukunft umgehen können.

Antifragil ist also auch derjenige, der die Firma tatsächlich liebt und deshalb aus einem Sturm gestärkt hervorgehen will, anstatt zu kündigen. Es braucht antifragile Chefs und Mitarbeiter, die sich auf den Weg machen. Und dafür müssen sie glücklich sein. In solch einem Unternehmen wollen sie auch in Zukunft arbeiten.

2006 musste ich selbst antifragil werden. Mein Husten hat damals nicht aufgehört. Tag und Nacht habe ich gehustet. Eine gute Freundin riet mir, endlich einen Arzt aufzusuchen. Zwei Tage später saß ich beim Hals-Nasen-Ohren-Arzt. Schnell wurde dem Arzt klar, dass der Grund keine einfache Erkältung war. Ich wurde zur Durchleuchtung in die Radiologie überwiesen. Den Chefarzt der Radiologie kannte ich seit vielen Jahren sehr gut. Niemals vergesse ich seinen Blick, als er mir mit den Röntgenbildern in der Hand zum Auswertungsgespräch gegenübertrat.

»Mike, das gefällt mir gar nicht.« Die Röntgenbilder zeigten unübersehbar einen »Schatten« in der Mitte beider Lungenflügel. Sofort kam ich in eine Lungenkrebs-Spezialklinik. In den nächsten 14 Tagen konnte ich an allen Monitoren dieser Klinik alle meine Organe sehen. Der Diagnoseverdacht lautete »Lungenkrebs«.

Was nützt bei solchen Diagnosen noch Leidenschaft, die Liebe zu dem, was uns wichtig ist – das Leben, Freunde, die Familie, das Unternehmen, das Team? Die seelische Widerstandskraft geht innerhalb weniger Sekunden verloren, und meine Fragilität, meine Zerbrechlichkeit wurde mir bewusst und war in den nächsten Wochen allgegenwärtig.

Wäre es gut, in diesem Moment robust zu sein? Nein. Ich musste antifragil werden. Ich habe mich, ohne es damals bewusst wahrzunehmen, antifragil verhalten. Ich habe das Positive aus diesem schockierenden Diagnoseverdacht gezogen, habe überlegt, was ich alles noch im Leben machen werde, und habe jeden negativen Gedanken ausgeblendet. Ich habe auf meiner Krankenstation gute Laune anstatt gedrückter oder schlechter Stimmung verbreitet. Ich habe keine Ahnung, wo ich diese Kraft hergenommen habe.

Von der Klinik aus habe ich meinen zweiten Pizzaladen eröffnet, die damalige »OK-Fahrschule« und die »Verkehrs- und Fahrlehrerausbildung Fischer« mit der Fischer Academy GmbH, also dem heutigen Unternehmen, verbunden und mit meinem damaligen Team die Zentralisierung unseres Unternehmens in einem neuen Gebäude begonnen, und damit den Grundstein für das heutige FischerDorf gelegt.

Nach vier Wochen intensivster Untersuchungen war klar, dass der Brustkorb geöffnet und der »Schatten« operativ entfernt werden musste. Ich wurde zum Vorgespräch für die geplante Operation gerufen. In diesem Gespräch hielt der Arzt minutenlang die neuen Röntgenaufnahmen gegen das Licht, ohne ein Wort zu sagen. Ich dachte schon, er habe vergessen, dass ich auch noch im Raum bin. Schließlich sagte er: »Komisch, irgendwas ist hier anders als bei der ersten Aufnahme. Ich schicke Sie noch mal zum MRT.«

Drei Professoren haben sich die Auswertung dieses MRT angesehen und letztendlich ziemlich fassungslos und immer noch ungläubig bestätigt: »Da ist nichts. Es ist alles in Ordnung bei Ihnen.« Der Schatten war aus medizinisch nicht erklärlichen Gründen verschwunden. Im Auto habe ich erst mal Minuten lang geheult, meine Mutter angerufen und gesagt, was für ein wahnsinnig emotional großartiger Tag heute sei. Mir geht es immer noch, zwölf Jahre später, während ich dieses Buch schreibe, blendend.

Ich glaube fest daran, dass das Überleben von Menschen wie auch das Überleben von Unternehmen vom Grad der Fragilität oder Antifragilität abhängen. Auch unsere Fahrschule ist auf den ersten Blick fragil, bei genauerem Hinsehen aber doch nicht. Lassen Sie mich dazu noch einmal das Beispiel vom autonomen Fahren bemühen: Alles, was mit dem autonomen Fahren kommt, macht mein Unternehmen auf den ersten Blick extrem fragil, zerbrechlich und am Ende überflüssig. Im Extremfall benötigt, wenn sich autonomes Fahren durchsetzt, niemand mehr einen Fahrlehrer, der Wissen vermittelt, das niemand mehr anwenden muss. Immer, wenn ich vom autonomen Fahren rede, meinen viele, mich beruhigen zu müssen. »Ach, Mike, das kommt doch nie. Jedenfalls wirst du das doch nicht mehr erleben. Das kommt vielleicht in 100 Jahren.«

Aber ich sage: Egal, wann und wie es kommt. Es kommt. Und deswegen hätte ich gerne vorher Antworten, selbst dann, wenn ich den Tag, an dem Maschinen vollständig selbstständig fahren, höchstwahrscheinlich nicht mehr erlebe. 2017 hat der Gesetzgeber juristisch der automatisierten Mobilität alle Möglichkeiten zur weiteren Entwicklung eröffnet. Wie lange es dauert, bis sie sich durchsetzt, kann niemand seriös beantworten, sodass ich mich mit eventuellen Auswirkungen schon jetzt beschäftigen muss. Was also tun in unserer Branche, die dadurch einfach abgeschafft wird, wie so viele andere Berufe durch Automatisierung abgeschafft werden? Autoverkäufer, Fahrlehrerinnen, Lkw-Fahrer, Taxifahrerinnen, Angestellte von Autozulieferfirmen, Pannendienste, Automobilclubs, Handel, Maschinenbau – sie alle müssen sich neu erfinden. Der deutsche Arbeitsmarkt wird sich revolutionär verändern. Dafür ist der Spruch »Wenn dir das Leben Saures gibt, mach Limonade daraus« eines meiner Lieblingszitate. Was bedeutet der Spruch angewandt auf unsere Fahrschule und im Kontext von Antifragilität?

Fragil würde bedeuten, die Fahrschule irgendwann zu schließen. Robust würde bedeuten, dem Druck standzuhalten, aber nicht besser zu werden. Antifragil dagegen bedeutet, an der Niederlage durch das autonome Fahren zu wachsen. Ich sage: »Schlagt uns den Kopf ab, und wir gehen gestärkt mit zwei Köpfen wie Hydra aus der vermeintlichen Niederlage hervor!«

2017 habe ich DIFAF, »Das Institut für autonomes Fahren«, gegründet. Denn die Mobilitätsrevolution hat längst begonnen. Wir spüren das. Die Auswirkungen der nächsten Jahre in der Elektromobilität mit autonomem Fahren und Sharing Economy bieten ungeahnte neue Chancen. Wir werden eine Lösung finden.

Ich mache mir jetzt schon Gedanken darüber, was wäre, wenn das autonome Fahren schon im Jahr 2034 Realität würde:

- Ich beschäftige mich mit Elektromobilität.
- Ich beschäftige mich mit autonomem Fahren: Was würde sich verbessern? Welche neuen Geschäftsfelder ergeben sich daraus?
- Ich habe das »Institut für autonomes Fahren« gegründet.
- Wir errichten in Gera das »Kompetenzzentrum für autonomes Fahren – Mobilität 2030 Gera«.
- Wir lernen mit, indem wir Projekte akquirieren: Unser Kompetenzzentrum soll das erste autonom fahrende Auto in Gera auf die Straße bringen.

Bis 2021 wird die Fischer Academy in Zusammenarbeit mit DIFAF in der Stadt Gera das erste autonome Fahrzeug fahren lassen, an verschiedenen Pilotprojekten mitwirken und einen Beitrag dazu leisten, städtische Verkehrskonzepte neu zu denken. Wir wollen es mit dieser Art zu arbeiten nicht nur schaffen, unser Unternehmen besser zu machen, sondern auch einen Beitrag zu leisten, der die Gesellschaft positiv verändert. In diesem Moment entsteht Sinnhaftes. Dann haben wir wirklich etwas erreicht, worauf wir stolz sein können. Das ist für mich Antifragilität in Reinform.

Als ich damals, 1990, mit meiner Fahrschule angefangen habe, hieß es immer, ein Unternehmen müsse wachsen um jeden Preis, damit es eine Zukunft hat. Nun, Größe habe ich ausprobiert und festgestellt: In der Größe waren wir fragil. Auch die demografische Entwicklung hat mich damals schon fragil gemacht, weil ich von der regionalen Kundschaft abhängig war. Deshalb haben wir das Fahrschulinternat gegründet, mit dem wir deutschlandweit Kunden gewinnen konnten.

Ich bin überzeugt, der beste Weg ist, ständig alles zu überprüfen, zu verbessern und nichts als selbstverständlich hinzunehmen. Sich antifragil auf die Herausforderungen der Zukunft einstellen, das ist mein Weg.

In einer Studie der Universität Oxford aus dem Jahr 2013 von Carl Benedikt Frey und Michael A. Osborne wurden 702 Berufe beziehungsweise Tätigkeiten nach ihrem Automatisierungsgrad in den nächsten 10 bis 20 Jahren katalogisiert. Auf Platz eins landet – kaum automatisierbar – der Beruf »Physiotherapeut/in«. Dagegen landet auf Platz 702 die Tätigkeit »Telefonverkäufer/in«. Diesen Beruf sollten Sie Ihren Kindern als Berufswunsch ausreden.

Welche Fragen können Sie sich für Ihre Antifragilität stellen? Hier ein paar Vorschläge:

- Was bedroht Sie persönlich, was bedroht Ihren Arbeitsplatz, was bedroht Ihr Unternehmen?
- Wird es Sie und Ihre Dienstleistung, so wie sie sich jetzt darstellt, in zehn oder 20 Jahren noch geben?
- Was ist das Schlimmste, was Ihnen heute passieren kann, und wie würden Sie reagieren?
- Wie hoch ist Ihr Grad der Antifragilität?

Meine Leseempfehlungen
Nassim Nicolas Taleb: »Antifragilität: Anleitung für eine Welt, die wir nicht verstehen«. Btb, 2014.

Frey, Carl Benedikt & Osborne, Michael A.: »The Future of Employment: How Susceptible are Jobs to Computerisation?«
https://www.oxfordmartin.ox.ac.uk/downloads/academic/The_Future_of_Employment.pdf

Uwe Techt: »Antifragilität: Weshalb Systeme antifragil statt nur robust sein sollten«:
https://uwetecht.de/antifragilitaet-weshalb-systeme-antifragil-statt-nur-robust-sein-sollten/

Bastian Wilkat: »Antifragilität: 26 Wege, unabhängig von der Zukunft zu werden«:
https://medium.com/@bastianwilkat/antifragilität-26-wege-unabhängig-von-der-zukunft-zu-werden-1cf775a95e46

8 DIE BEDEUTSAME FIRMA – WARUM WIR SINNVOLL WERDEN MÜSSEN

Felix – Wie wir besondere Mitarbeiter besonders fördern

Jedes Schulkind, jeder Jugendliche ist doch normalerweise froh, wenn die Schule vorbei ist. Ab nach Hause, Ranzen in die Ecke und erst mal chillen. Oder? Nicht Felix. Felix kam jeden Tag nach der Schule zur gleichen Zeit in unsere Fahrschule, ins Büro. Er hat mit den Mitarbeitern gesprochen, war einfach mit dabei und hat sich wohlgefühlt. Ich kannte ihn nicht. Niemand von uns kannte ihn anfangs. Er hatte eigentlich mit uns gar nichts zu tun. Er hat weder in den Ferien bei uns gearbeitet, noch war er zur Fahrerlaubnisausbildung angemeldet. Trotzdem konnten wir uns darauf verlassen, dass Felix uns besuchte. Das ging über Wochen und Monate so. Irgendwann gehörte er zur Firma. Mit einem Sonderstatus. Er hatte mittlerweile schon einige Aufgaben übernommen wie Kaffee für Kunden zubereiten, Kunden begrüßen, aufräumen usw. Er wollte das einfach. Natürlich ist Felix auch irgendwann mir aufgefallen, und ich habe ihn gefragt:

»Felix, sag mal, du kommst jeden Tag nach deiner Schule zu uns in die Firma, verbringst hier deine Freizeit, kochst für unsere Kunden freiwillig Kaffee und bist total nett zu ihnen, räumst auf. Dabei bist du doch kein Mitarbeiter bei uns. Warum machst du das?«

Felix guckt mich an: »Mir gefällt es hier, alle sind so nett, ich bin gern hier. Mir macht das hier einfach Spaß.«

Ich hatte nichts dagegen, und so vergingen mit Felix weitere Wochen. Normal im Sinne von üblich ist Felix' Verhalten natürlich nicht. Felix ist besonders und anders. Als Kind galt er wohl nicht gerade als der coolste, mit dem alle abhängen wollten. Er war eher ein Einzelkämpfer, und niemand hat daran geglaubt, dass er was besonders vollbringen könnte. Er ist sehr tiefgründig, exakt in seinen Handlungen und seinem Denken, und er ist ungemein wissbegierig. Und liebenswert. Wir haben Felix alle tief in unsere Herzen geschlossen. Das Leuchten in seinen Augen, wenn er die Tür der Fahrschule öffnete, ins Büro trat und dann bei allem einfach mit dabei war, hat mein Herz stark berührt. Irgendwann habe ich Felix dann noch mehr gefragt:

»Sag mal, Felix, du kommst jetzt jeden Tag zu uns mit einem Leuchten in den Augen. Ich habe zwar keine Ahnung, was für einen Arbeitsplatz ich dir anbieten kann, aber ich würde dich einfach wegen deiner Begeisterung erst mal einstellen. Was hältst du davon?« Danach hätten Sie sein Gesicht sehen müssen. Er starrte geradeaus, und er hatte Tränen in den Augen.

Und so wurde Felix erst einmal Kundenbetreuer. Sein bemerkenswerter Intellekt, seine Genauigkeit bei allen Arbeitsabläufen und seine schnelle Auffassungsgabe haben dazu geführt, dass Felix sich als Kundenbetreuer rasch weiterentwickelt hat. Vom Kundenbetreuer zum Qualitätsmanagement-Beauftragten. Um Bildungsgutscheine für die Agentur für Arbeit annehmen zu dürfen, brauchen wir einen Qualitätsnachweis. Ich erinnere mich noch sehr genau, wie der Qualitätsprüfer der Agentur für Arbeit unser Qualitätshandbuch auseinandernehmen wollte, um in der Tiefe vielleicht doch den einen oder anderen Fehler oder eventuelle Unstimmigkeiten in unserem Arbeitsablauf zu finden.

Nicht mit Felix. Felix war so besessen und überzeugend, dass der Prüfer nach zwei Tagen aufgab und versicherte, es sei alles in bester Ordnung. Felix sagte zu ihm im Ernst: »Wollen Sie wirklich schon Schluss machen?« Während der Prüfer nur noch seine Ruhe haben wollte, lief Felix gerade erst warm. Er war besessen davon, das Beste zu geben.

Schließlich qualifizierte er sich als Ausbilder in dem schwierigsten Feld unserer Ausbildungsbranche: der Gefahrgutfahrerqualifikation. Hier werden die Kraftfahrer und Spediteure ausgebildet, die mit Tanklastzügen, mit brennbaren Gefahrstoffen, mit Sprengstoff und sogar mit radioaktiven Stoffen auf unseren Straßen fahren. Dieser Ausbilder trägt eine besonders hohe Verantwortung und muss sich wegen der ständig ändernden Gesetze immer weiterbilden, um auf der Höhe des Geschehens zu bleiben.

Eines Tages rief mich Frau Meinhardt an. Frau Meinhardt ist Leiterin der Lebenshilfe in Gera. »Herr Fischer, in Ihrem Buch beschreiben Sie Ihre Ideenkultur. Ich überlege, ob das auch was für unser Unternehmen ist.« Frau Meinhardt lud mein Team zum monatlichen Ideen-Meeting in den Betrieb der Lebenshilfe ein. Es gab frische Brötchen und heißen Kaffee für meine Truppe, und die Führungsriege der Lebenshilfe war stiller Beisitzer unseres Ideen-Meetings. Anschließend zeigte uns Frau Meinhardt ihren Betrieb. Alle von uns wissen nun, wer da in den Werkstätten der Lebenshilfe sitzt. Für mein Team war das damals eine sehr gute Erfahrung, auch diese Welt besser kennenzulernen.

Während wir so durch den Betrieb der Lebenshilfe laufen und sich die Türen zu den Werkstätten öffneten, läuft Felix neben mir. Plötzlich stößt er mich an, sein Gesicht wirkt angespannt, und er raunt mir zu: »Mike, wenn du damals nicht an mich geglaubt hättest, dann würde ich wahrscheinlich heute hier sitzen.« Er zeigt auf die Arbeitsplätze in der Einrichtung.

Ich bekam eine Gänsehaut vom Kopf bis zu den Füßen.

»Felix, du bist so ein toller Junge, so tiefgründig, so sensibel und so intelligent. Ich verspreche dir, du wirst im Alter von 40 Jahren, wenn du so weitermachst, Lehrbücher zum Thema ›Gefahrgut‹ schreiben. Weil du es kannst.«

Wieder war er tief gerührt. Warum? Weil jemand an ihn geglaubt hat. Weil das Team an ihn geglaubt hat. Weil er das Gefühl entwickeln konnte, etwas Bedeutsames in seinem Leben zu entwickeln. Als Kind, als Jugendlicher hatte er diese Erfahrung wohl nicht machen dürfen.

Ein halbes Jahr später erhielt ich von Felix folgende E-Mail:

»Hallo Mike, hallo Nancy, ich habe gerade mit dem Springer-Verlag telefoniert. Mit einem Co-Autor darf ich, nachdem ich ihn von meinen Qualifikationen überzeugt habe, die Lehrbücher für die Aufbaukurse 1 und 7 verfassen. Damit würde ich innerhalb des nächsten Jahres neben den Veröffentlichungen in Fachzeitschriften auch schon mein erstes Lehrbuch schreiben. Fischer Academy fetzt, Felix.«

Das muss ich kurz erklären: Klasse 1 der Gefahrgutverordnung »Straße« befasst sich mit dem Transport von Sprengstoffen, und die Klasse 7 regelt den Transport von radioaktiven Stoffen. Der Junge war zum Zeitpunkt dieser E-Mail nicht mal 30 Jahre alt.

Ja, ich gebe es zu: In Wirklichkeit bin ich, wenn es um das geht, was ich tue und für was ich verantwortlich bin, »gänsehautsüchtig«. Tätigkeiten, die sich auf dem Weg beziehungsweise im Ergebnis nicht so anfühlen, langweilen mich. Wenn Menschen so von ihrem Job reden, dass ich Gänsehaut bekomme, dann sind das genau die Momente, nach denen ich strebe. Ich brauche das.

Ein anderes Beispiel, ähnlich wie das mit Felix, handelt von einem Fahrlehrer aus meinem Team, der sehr schüchtern ist und früher gehänselt wurde. Er war ein Außenseiter und hat sich minderwertig gefühlt. Dadurch brachte er auch nicht den Mut auf, als Theorielehrer aufzutreten. Er wollte schon gern Theorieunterricht geben, aber er traute sich nicht. Was der Junge jedoch mitbringt, ist Herzblut und Leidenschaft für seinen Job als Fahrlehrer. Ich wusste das von ihm und habe mir vorgestellt, wie er sich wohlfühlen würde, wenn er es geschafft hätte, eine erfolgreiche Unterrichtsstunde zu halten. Wenn das gelänge und ich ihm dabei helfen kann, will ich in seine Augen sehen und spüren, was er fühlt.

Gemeinsam haben wir uns auf den Weg gemacht und dieses Vorhaben umgesetzt. Er hat nun bei uns eine Chance bekommen, weil wir an sein Talent glauben, weil er die Liebe und die Leidenschaft für den Beruf des Fahrlehrers mitbringt. Gerade in dieser Woche, in der ich das schreibe, hat er seinen ersten Unterricht absolviert, und ich habe die Feedback-Auswertungen der Fahrschüler vor mir liegen. Es war wirklich so, der Junge ist über sich hinausgewachsen und ist heute – nur wenige Monate später – einer der besten Theoriefahrlehrer unseres Unternehmens. Ich habe mit ihm gesprochen und ihn gefragt, wie er sich jetzt fühlt. Sie hätten seine Augen sehen sollen.

Für mich war es einfach nur Gänsehaut. Deswegen bin ich in Wirklichkeit auf dieser Welt.

- Wer ist Ihr »Felix« im Unternehmen?
- Wer aus Ihrem Team hat Potenziale und Talente, die Sie noch nicht kennen?
- Wem können Sie mehr zutrauen, als es andere tun?

Der Brief an die Zukunft – Warum wir jetzt schon stolz sein können

Bei meinem Sohn Paul sehe ich immer wieder neu, wie wichtig Lehrer für unsere Kinder sind. Mich faszinieren außergewöhnliche Lehrer. Schon immer. Und nun habe ich im Internet von einem kanadischen Englischlehrer gelesen, Bruce Fahrer, der hat bei seinen Schülern weit über deren 14-jähriges Leben hinausgedacht. Und damit ist er für mich so, wie Lehrer sein sollten und können: Er hat das Leben der Schüler als Ganzes gesehen. Er war Visionär. Von ihm können wir lernen.

Vor vielen Jahren hat dieser Lehrer seine 14-jährigen Schüler einen Aufsatz schreiben lassen zu der Frage: »Wie würdet ihr euch das Leben vorstellen, wenn ihr später mal 34, 35 oder 40 seid?« Die Schüler haben das damals nicht so ganz für voll genommen, eine typische Schulaufgabe eben. Die Texte hat der Lehrer bei sich zu Haus aufbewahrt. Denn er wusste damals schon, dass er sich später einer Aufgabe stellen würde: Nach 20 Jahren hat er recherchiert und die Adressen seiner damaligen Schüler herausgefunden. Und Sie wissen schon, was er dann gemacht hat: Er hat die Briefe an die mittlerweile 34-jährigen ehemaligen Schüler geschickt. Die waren perplex, gerührt, dankbar, begeistert. Sie haben auf sich selbst zurückgeblickt. Damals als Schüler hatten sie daran gedacht, wie ihr Leben werden kann – dann, als sie den Brief lasen, sahen sie, wie ihr Leben ist.

Und die folgende Frage können wir uns alle stellen, wenn wir zurückdenken, wie wir als Jugendliche vorausgedacht haben:

- Bin ich das geworden, was ich sein wollte?

Es ist aufregend und wichtig, über diese Frage nachzudenken. Und das Ergebnis kann in zwei Richtungen gehen:

Erstens können wir merken, dass wir total vom Weg abgekommen sind. Wir haben vielleicht einige Kilos zu viel auf der Waage, wir sind in einem verhassten Job gefangen, wir haben uns selbst verloren. Dann können wir die Frage als Inspiration nehmen und sagen: »Danke, dass dieser Brief jetzt kommt. Ich kann das Ruder noch herumreißen und in die richtige Richtung navigieren. Mein Leben ist ja noch nicht zu

Ende.« Wir können einen neuen Brief schreiben. Der muss ja diesmal nicht erst in 20 Jahren zurückkommen.

Und es gibt die zweite Richtung, in die wir antworten können, und diese Richtung finde ich noch viel bedeutsamer. Ich habe mit Freunden über die Frage geredet und immer wieder Folgendes gehört: »Also, wenn du mich fragst und ich zurückdenke, was ich damals wollte, dann kann ich heute doch im Großen und Ganzen ganz zufrieden sein. Okay, ich wollte einen Hund und eine Katze, und nun habe ich zwei Katzen. Aber das ist doch toll. Und auch meinen Berufswunsch habe ich mir so ungefähr erfüllt.«

Und genau das kann ein enorm wichtiges Ergebnis eines solchen Briefes sein: Viele von uns können – oder könnten – sagen: »Es ist ja doch gelungen.« Wir können oftmals sehr zufrieden sein mit dem, was wir schon erreicht haben. Wir können sagen: »In Wirklichkeit ist mein Leben sehr schön geworden. Was ich doch alles erreicht habe! Worauf ich alles stolz sein kann! Mein Job, meine Freunde, meine Kollegen, meine Mitarbeiter. Ich habe Kinder, ich habe eine Familie.«

Wir vergessen das viel zu leicht, dass wir doch ein ganz schönes Leben haben. Wir sind auf das, was schon da ist, viel zu selten stolz. Uns wird viel darüber erzählt, wie man glücklich wird. So meinen wir, wir müssten noch glücklicher werden, als wir sind. Aber es geht gar nicht darum, noch mehr Glück oder Erfolg oder Besitz zu erreichen. Ich habe viele große Autos gehabt, jetzt fahre ich einen Mittelklassewagen. Früher hatte ich drei oder vier Uhren – heute brauche ich nur eine Uhr, eben die eine für mein linkes Handgelenk. Ich bin heute mit weniger zufrieden. Natürlich, wenn jemand am Hungertuch nagt, ist das anders. Aber bei den meisten von uns geht es vielmehr um die Frage: Wie viel ist genug? Muss es immer noch mehr sein? Wir rennen dem »Mehr« hinterher. Genügsamkeit könnte uns helfen, den Fuß vom Gas zu nehmen. Das wiederum würde uns helfen, in unserem Leben anzukommen. Wir müssen gar nicht noch glücklicher sein. Es ist schon ganz gut so, wie es ist.

Um so auf unser Leben zu sehen, ist es wichtig, nicht am Detail der Umsetzung festzuhängen, sondern aufs Ganze zu sehen – das Schicksal hat ohnehin immer ein Wörtchen mitzureden, sodass wir nicht alles selbst steuern können und Schicksalsschläge unseren Lebensweg mitgestalten. Woher soll ein Jugendlicher schon die genaue Ausgestaltung seines Wunsches wissen? Es geht um den Kern des Wunsches, nicht aber darum, die Sachen perfekt, eins zu eins, hundertprozentig umzusetzen. Wir können nach links und rechts abweichen. Jemand sagt später: »Ich habe nun doch kein eigenes Unternehmen, sondern bin nur in einer Führungsposition. Aber ich führe doch trotzdem Menschen, und so ist es gut.«

Wir können uns also zwei Fragen stellen, 14-Jährige genauso wie 40-Jährige:

Die ersten beiden Fragen:

- Wie würde mein Brief lauten, den ich heute an mein künftiges ich schreiben würde?
- Was möchte ich in Bezug auf Beruf, Familie, Sport, Reisen, Bildung, Freunde, die eigene Entwicklung der Persönlichkeit erreicht haben?

Die dritte Frage ist der Abgleich – und was für eine Frage ist das!

- Was hätte ich damals geschrieben und wo stehe ich damit heute: Bin ich das geworden, was ich sein wollte?

Meine Website-Empfehlung:
Unter www.brief-in-die-zukunft.de zum Beispiel kann jeder seinen Brief eingeben und ihn sich selbst in 10, 15 Jahren oder auch nächste Woche zuschicken lassen.

Der Sinn – Was haben andere davon, dass es mich gibt?

Ich stehe im Frühjahr 2016 neben der Tanksäule. Der Sprit fließt in den Tank meines Autos. Ich blicke umher. Autos. Mit Autos kenne ich mich aus. Aber dann. Mein Blick bleibt an einem Auto hängen, das nicht an einem Tankschlauch, sondern an einem Kabel hängt. Ein Tesla. Sie wissen schon, diese Firma, über die fast alle Auto-Interessierten reden.

Ich lasse Tanken tanken sein und renne rüber. Zu dem Auto gehört natürlich jemand. Ich habe ziemlich viele Fragen an den Besitzer. Eine Antwort bleibt bei mir besonders hängen: »Heute Nacht, während ich schlafe, spielt mir Tesla das neueste Software-Update auf. Ab morgen kann ich damit perfekt automatisch einparken. Und ich lade nur bei Langstreckenfahrten überhaupt mal an so einem Supercharger. Sonst bequem zu Hause.«

In jener Nacht, in der der Tesla-Besitzer friedlich das Software-Update verschläft, kann ich nicht einschlafen. Ich gehe auf die Tesla-Website. Ich lese Teslas Mission: »Die Beschleunigung des Übergangs zu nachhaltiger Energiegewinnung«. Danach lese ich gar nicht mehr viel anderes, sondern gehe ziemlich schnurstracks zum Modell 3 und klicke auf den roten Button unten recht: »Reserve for 1 000 Euro«. So, und jetzt wird es interessant:

Warum habe ich auf den Button geklickt? Obwohl ich weiß, dass die Auslieferung Ende 2017 nicht klappen wird und Tesla bekannt dafür ist, sich mit der Auslieferung zu verspäten. Obwohl Tesla-Chef Elon Musk immer wieder Dinge versprochen hat, die nicht funktioniert haben. Obwohl ich gerade in der Zeitung gelesen habe, dass Tesla 2016 wohl das schwierigste Jahr haben wird. Und obwohl ich nur für die Reservierung schon 1 000 Euro bezahlen muss. Vieles spricht gegen Tesla. Warum sind wir dennoch wie magisch angezogen von solch einer Firma? Ich sage »Wir«, denn ich bin nicht der Einzige. Allein im April 2016 reservierten 400 000 Kunden innerhalb von 14 Tagen das neue Model 3 bei Tesla. Nur mal so zum Vergleich: Weltweit verkauft Porsche mit allen Modellen rund 170 000 Fahrzeuge pro Jahr.

Hier kommt meine Antwort, warum ich auf den Button geklickt habe: Tesla hat eine *Mission*. Tesla stiftet *Sinn*. Endlich redet jemand nicht nur darüber. Seit Jahren wird Elektromobilität gehypt, aber mit wenig glaubwürdigen Ergebnissen: Alle 100 km Strom tanken – das ist ein Witz. Tesla dagegen liefert tatsächlich sinnvolle E-Mobilität ab – und verspricht ganz nebenbei, im bald weltweiten Supercharger-Netzwerk nur einmal pro 600 km zu tanken. Und das alles allein mit Sonnenenergie! Zwar wissen wir heute, dass Teslas Versprechen, lebenslang kostenfrei zu tanken, nicht mehr gilt. Aber dennoch trägt die Firma dazu bei, dass wir uns langfristig vom Erdöl unabhängig machen. Im besten Fall werden dadurch nie mehr Kriege wegen Öl geführt.

Wir haben alle eine Riesensehnsucht nach genialen, sinnvollen Ideen. Elon Musk ist einer, der Antworten gibt. Aber nicht nur er. Jeder sollte seine Antworten finden. Über Sinn denke ich eigentlich ständig auch für meine Firma nach. Angeregt durch Tesla gleich noch viel mehr. Und sofort hatte ich den Gedanken: Wir wollen auch dabei sein, den Öl-Multis, die die Welt durch Ressourcenausbeutung mit all ihren Folgen an den Rand der Klimakatastrophe führen, ein Schnippchen zu schlagen. Dieser Gedanke wuchs, und heute haben wir längst unseren Sinn gefunden: Wir satteln um. Wir sind die erste E-Fahrschule Thüringens. Schließlich haben viele, die mit klassischem Schaltgetriebe unterwegs sind, einfach noch keine Erfahrung mit dem Fahren von E-Autos. Oder sie lassen sich vom unvollständigen Netz der Aufladestationen abschrecken. Das können wir ändern.

Bei uns kann man auf Wunsch 80 Prozent seiner Fahrstunden mit Elektroautos leisten, danach übt man im Fahrsimulator das Schalten und fährt dann nur noch die vorgeschriebenen 20 Prozent im Schaltwagen mit Verbrennungsmotor. Aber nicht nur das: Wir installieren auf dem Flachdach unseres neuen Fahrschulzentrums Solarzellen und können mit dem erzeugten Strom zwei bis drei Schnellladestationen in Gera speisen. Und da tanken nicht nur wir mit unseren Elektroautos, sondern wir geben den Strom, der übrig ist, an andere E-Fahrzeuge in Gera ab. »Mit E-Auto in die Zukunft«, nennen wir diese Initiative. Sie ist sinnvoll für uns.

Für mich steht unumstößlich fest: Zuerst müssen Mission und Sinn eines Unternehmens klar sein. Der Erfolg ist dann nur noch reine Formsache und das Ergebnis. Er kommt wie eine Zugabe.

So habe ich nun drei entscheidende Fragen für Sie, und zwar nach Rollen getrennt. Die Antworten sind unkopierbar. Jeder kann sie nur allein für sein Unternehmen und seine Arbeit finden. Und wenn Sie auf diese Fragen keine Antworten finden? Dann wäre es dringend an der Zeit, darüber nachzudenken.

1. Für alle am Unternehmen Beteiligte:
   - Was ist der Sinn Ihres Unternehmens?
   - Was haben andere davon, dass es Sie gibt?
   - Was können Sie beitragen?

2. Für Unternehmer:
   - Was haben Sie dafür getan, damit Ihre Mitarbeiter wissen, warum sie in Ihrem Unternehmen arbeiten?

3. Für Mitarbeiter:
   - Was haben Sie getan, damit Ihnen klar ist, warum Sie in Ihrem Unternehmen arbeiten?

Meine Website-Empfehlung:
Fahrschulfernsehen.de/Fischer-Academy:
https://www.fahrschulfernsehen.de/de/how-it-works

Der Kern ist die Liebe – Auf welcher Grundlage Organisationen wirklich funktionieren

Ich habe vorige Woche eine Teamweiterbildung organisiert. Ich war 15 Minuten eher da als alle anderen und konnte beobachten, wie sich die einzelnen Teammitglieder bei der Anreise begrüßten. Sie haben sich in die Arme genommen, so als würden sich Familienmitglieder treffen. Mir ist diese Szene nicht aufgefallen, weil ich bewusst danach Ausschau gehalten habe, sondern weil mir die intensive, herzliche Begrüßung der Teammitglieder unbeabsichtigt ins Auge gestochen ist. Daran erkennt man, ob etwas besonders ist oder nicht.

Wer nicht mit Liebe führt, hat mehr unzufriedene Mitarbeiter, mehr Krankheitstage, weniger Kundenzufriedenheit, weniger Teamgeist. Die Mitarbeiter haben keinen Bock auf neue Ideen. Der Unternehmer, der ohne Liebe führt, hat auch nie wirklich Zeit, weil er alles selber machen muss. Ohne Liebe gibt es auch kein Vertrauen. Vertrauen, dass es auch andere besser können als der Chef, die Chefin. Ohne Liebe zu führen bedeutet Fluktuation und Fachkräftemangel. Kurz gesagt: Wer nicht mit Liebe führt, wirft sprichwörtlich in seinem Unternehmen das Geld zum Fenster hinaus.

Es wird ja immer mehr vom Fachkräftemangel gesprochen. Können wir diesen Fachkräftemangel vielleicht auf fehlende Liebe zurückführen? Zumindest in meinem Unternehmen bewerben sich mehr Fahrlehrer, als ich wirklich brauche. Dabei bezahle ich nicht einmal die Spitzenlöhne der Branche. Und das, wohlgemerkt, obwohl täglich der Fahrlehrermangel als das größte Problem meiner Branche gesehen wird. Ich bin mir sicher: Das muss damit zu tun haben, dass wir umgedacht haben und die Liebe in den Mittelpunkt unseres Handelns stellen. Liebe kann man nicht verordnen, mit Liebe zu führen ist eine Einstellung, ein Gefühl, das sich vermittelt. Die Liebe ist der Kern, wenn Organisationen funktionieren sollen.

Also: Die Liebe und das bedingungslose Vertrauen zu den Mitarbeitern und Mitarbeiterinnen ist die einzige Revolution für eine glückliche Arbeitswelt. Denn unser Verhalten wird gesteuert durch gemachte Erfahrung, und aus den persönlich gemachten Erfahrungen entsteht die persönliche innere Haltung. Damit sind die Mitarbeiter dann im Unternehmen, sie verhalten sich damit, sie arbeiten damit.

Was wir ändern sollten, ist also nicht das Verhalten der Mitarbeiter, sondern deren innere Haltung. Das ist ein himmelweiter Unterschied, denn um die innere Haltung zu verändern, benötigt man neue Erfahrungen. Da kommt nun als ein Beispiel, wie es gehen könnte, unsere »Fischer Academy Ideenkultur« ins Spiel. Die Fischer Academy Ideenkultur ermöglicht es, ständig neue Erfahrungen zu machen. Ich habe das in meinem ersten Buch sehr ausführlich beschrieben: Jeder Mitarbeiter bringt neue Ideen ein, für die er mit einem eigenen Budget selbst verantwortlich ist. Jeden Monat werden die Ideen des gesamten Teams ausgewertet und die beste Idee ausgewählt. Diese wird dann eigenverantwortlich vom Ideengeber umgesetzt, natürlich bei Bedarf mithilfe von uns anderen. Es funktioniert!

Diese Ideenkultur ist optimal dafür geeignet, eine andere Haltung zu entwickeln, die von Liebe geprägt ist. Ich sehe jeden Monat, wie Mitarbeiter und Mitarbeiterinnen durch die Möglichkeit, sich entfalten zu können, ihre innere Haltung verändern. Sie blühen auf und wechseln in eine innere Haltung, die von Liebe, dem Wunsch, zu geben und etwas zu gestalten, geprägt ist.

Das Dilemma dagegen, in dem wir uns in der Arbeitswelt befinden, ist Folgendes: 85 Prozent der Mitarbeiter gehen in dieser Arbeitswelt mit schlechter Laune am Montagmorgen zur Arbeit. Arbeit wird als Mittel zum Zweck gesehen, um Geld zu verdienen, um zu überleben oder schlicht zu konsumieren. Das ist ein Dilemma, weil die Menschen bei der Arbeit etwas ganz anderes tun sollten und könnten: aus einer inneren Freude und einem inneren Sinn heraus arbeiten.

Aus diesem Dilemma kommen wir nur heraus, wenn es uns erstens gelingt, Organisationen und Unternehmen zu schaffen, in denen die Mitarbeiter wirklich neue Erfahrungen machen können, die dann ihre Einstellung verändern und dazu beitragen, ihre innere Haltung zu überdenken, zu erneuern oder die seit Geburt angelegten unendlichen Potenziale frei zur Entfaltung zu bringen. Dazu wiederum benötigen wir bedingungsloses Vertrauen und Liebe zu den Menschen. Liebe ist eine innere Haltung. Und zweitens kommen wir aus dem Dilemma des Dienstes nach Vorschrift oder des inneren Abdankens nur heraus, wenn die innere Haltung mit dem Bewusstsein der eigenen Würde so gelebt wird, dass sich niemand mehr von anderen zum Objekt machen lässt beziehungsweise machen lassen muss.

Wir werden auch nicht ungewöhnliche Projekte stemmen können, wenn wir diese nicht mit Liebe realisieren. Die Veränderungen, die in Zukunft auf uns alle zukommen werden, werden gewaltig sein. Die Automatisierung fegt ganze Berufszweige und Branchen einfach weg. Die Veränderungen werden alle Lebensbereiche beeinflussen. Wie mit dem Thema »Autonomes Fahren« mit der Vision »Null Verkehrstote« kann das eine bessere Welt werden, aber bei alldem ist eben das Führen mit Liebe die Voraussetzung.

Gelingt uns das nicht, werden wir weiter und weiter unglücklich, unzufrieden und mittelmäßig gelaunt irgendwelchen Tätigkeiten nachgehen, die uns tief im Herzen keinen Spaß machen. Es wird uns nicht gelingen, am Ende des Tages und des Lebens sagen zu können: »Ja, ich hatte einen glücklichen Tag. Und ja, ich hatte ein wirklich erfülltes glückliches Leben.«

- Wie lieben Sie andere Menschen – nicht nur Ihren Partner, Ihre Partnerin, Ihre Kinder, die nächsten Angehörigen?
- Was tun Sie dafür, dass in Ihrem Unternehmen eine Atmosphäre, ein Spirit entsteht, der von Liebe getragen ist?
- Wo herrscht bei Ihnen noch das Gegenteil von Liebe? Missgunst, Konkurrenz, Angst, Neid und Gier?

Vertrauen ist gut ... - und ohne Kontrolle sogar besser

Nach einem meiner Vorträge kam ein Unternehmer zu mir. Er duzte mich, weil ich in Vorträgen gerne die Du-Kultur lebe, sie ist persönlicher, und ich fühle mich dann mit dem Publikum besonders verbunden. Er sagte zu mir:

»Mike, ich glaube, der Erfolg, den du hast, hängt in erster Linie damit zusammen, dass du ein bedingungsloses Vertrauen in das Gute des Menschen hast.«

Ich habe erst mal gar nichts gesagt. Ehrlich gesagt hatte ich darüber noch nie so nachgedacht. Ich fand den Gedanken aber sehr spannend, weil ich doch ganz anders erzogen wurde.

Mein Vater und Mentor hat mir mit dem Zitat »Vertrauen ist gut, Kontrolle besser« immer vermitteln wollen: »Junge, du kannst Vertrauen haben, aber bitte kontrolliere, was in deiner Firma gemacht wird. Du musst immer alles kontrollieren. Denk dran, du kannst nur dir selbst vertrauen.« Die Redewendung »Vertrauen ist gut, Kontrolle ist besser« wird dem russischen Politiker Lenin zugeschrieben, auch wenn man in seinen Werken nichts darüber findet. Es ist letztlich auch egal, wer es gesagt hat, wichtig ist vor allem, dass sich das Zitat als Kernsatz in so mancher Führungskultur wiederfindet. In meinen Unternehmen haben wir es geringfügig, aber entscheidend abgewandelt, und dafür gibt es einen sehr guten Grund.

Heute weiß ich, dass mein Vater insofern unrecht hatte, als seine Kontrollhaltung für mich jedenfalls nicht mehr passt, weil sie sich als nicht sinnvoll und einschränkend herausgestellt hat. Denn diese Haltung richtet sich gegen jede neue Initiative und gegen jede neue Idee. Ich kann Ihnen genau die Entwicklung beschreiben, die mit meiner Kontrollhaltung eintrat. Je größer wir als Firma wurden, umso mehr Fragen meiner Mitarbeiter musste ich beantworten. Ständig musste ich Entscheidungen treffen. Nicht einmal die kleinsten Kleinigkeiten konnten ohne mich entschieden werden. Ich musste doch kontrollieren, ich durfte doch nur mir selbst vertrauen – so hatte ich es schließlich gelernt. Die Mitarbeiter haben einfach alles abgefragt: »Mike, sollen wir das so machen? Mike, findest du das gut so? Mike, was sagst du zu dieser Idee?« Ich wurde selbst dann gefragt, wenn ich vom Thema gar keine Ahnung hatte. Einfach nur, weil ich der Chef war.

Und schuld war einzig und allein mein damaliger Kontrollwahn, nicht die Mitarbeiter. Er hat im Endeffekt dazu geführt, dass die Mitarbeiter keine Verantwortung für ihre eigene Handlung übernehmen konnten. Was war das Resultat? Nun, die Firma war irgendwie langsam, behäbig, es herrschte ein etwas träger Geist. Besonders gute Ideen für Veränderungen, die unsere Arbeit und unsere Arbeitssituation besser gemacht hätten, kamen in der Zeit, in der ich diesen Kontrollwahn lebte, nicht wirklich zustande. Das war im Vergleich zu heute dramatisch schlecht. Inzwischen sieht es zum Glück ganz anders bei uns aus. Aber ich weiß, dass diese Denkweise in vielen Betrieben noch eins zu eins gelebt wird. Der Vorgesetzte, der Chef, der Abteilungsleiter: Sie wollen über alles Bescheid wissen. Heute weiß ich, dass sich Vertrauen und Kontrolle wie Feuer und Wasser zueinander verhalten. Sie vertragen sich einfach nicht. Stärker noch: Das Wasser der Kontrolle löscht das Feuer des Vertrauens. Wer das Ausprobieren neuer Ideen, neuer Verhaltensweisen oder den Versuch, Innovationen zu erreichen, doppelt und dreifach kontrollieren will, erstickt jegliche Initiative. Ein Unternehmen ohne Vertrauen muss jedes Detail regeln und kontrollieren und geht deswegen irgendwann an seinem eigenen Kontrollaufwand und den Kontrollkosten zugrunde. Was zwangsläufig folgt, ist Stillstand.

Dagegen gilt andersherum: Je größer das Vertrauen ist, desto größer ist der Raum für die Handlungsfreiheit der einzelnen Menschen. Und die Handlungsfreiheit ist der Treibstoff der Innovation.

Mein Spruch von heute lautet deshalb eben auch anders als der von Lenin und meinem Vater: »Vertrauen ist gut ... ohne Kontrolle sogar besser.« Ich habe ein grenzenloses Vertrauen, dass es gut wird. Denn ich weiß, dass meine Mitarbeitenden großartig sind und dieses Vertrauen verdienen.

Für alle, die ihre Kontrollbedürfnisse noch nicht so richtig loslassen können, ist eine kleine Anpassung des Satz schon ein wichtiger erster Schritt zu mehr Vertrauen: »Ein bisschen Kontrolle ist gut, Vertrauen ist besser.«

Doch wir können die Haltung des Vertrauens, mit der wir in unserer Firma Erfahrungen machen, auch auf größere Zusammenhänge übertragen. Auf Gesellschaften, vielleicht auf eine neue Weltordnung. Was wiederum dadurch so bedeutsam wird, dass in der Welt einiges nicht stimmt. Ich habe ein Beispiel dafür, wie ungerecht die derzeitige Welt funktioniert. Da ist vieles ganz gewaltig verschoben. Überall auf der Welt. Wir erkennen es zum Beispiel an Zahlen wie diesen: Kürzlich habe ich gelesen, dass wir in der Welt für 12 Milliarden Menschen Nahrung produzieren, obwohl wir nur rund 7 Milliarden Menschen auf der Welt sind. Und dennoch leidet eine Milliarde Menschen täglich an Hunger. 2,1 Milliarden Menschen sind übergewichtig, vor allem in den Industrieländern. Dort wird zudem ein beträchtlicher Teil der Nahrung weggeworfen. Allein in Deutschland wirft jeder Mensch im Durchschnitt jährlich 82 Kilogramm Lebensmittel in den Müll (Quelle: Bundesministerium für Umwelt, Naturschutz und nukleare Sicherheit).

Das ist absurd und für mich ein Anzeichen dafür, wie schief manches läuft. Es ist eine riesige Veränderung im Gange. Die Menschen in unserem Land haben diese Stimmung der Veränderung längst schon aufgegriffen. Wir sind eigentlich wie die Tiere, die bereits vor dem Vulkanausbruch nervös werden. Ich gebe Ihnen dazu ein Beispiel, das besser in den Kontext passt als die Nahrungsmittelüberproduktion. Und es hat – wohl erst auf den zweiten Blick, aber vertrauen Sie mir – viel, sehr viel mit Vertrauen zu tun.

Dieses Jahr habe ich für Jacqueline D., meine »Hygienebeauftragte«, wie ich sie nenne, das erste Mal keine Urlaubsvertretung von der Firma bekommen, die uns sonst jedes Jahr mit einer Vertretungskraft ausgeholfen hat. Warum? »Wir haben keine Leute, niemand will den Job machen. Wir suchen wie verrückt, aber ohne Erfolg!«, war die Begründung der Firma. Woran liegt das? Schnell wird gesagt, der Arbeitskräftemangel sei die Ursache. »Arbeitskräftemangel« – in anderen Branchen auch »Fachkräftemangel« – ist überhaupt das geflügelte Wort unter Unternehmern. Doch er wird gern missbräuchlich als Argument ins Feld geführt, um von den wirklichen Problemen der einzelnen Branchen abzulenken. Ich glaube, es geht hier um viel mehr als um Arbeits- und Fachkräftemangel. Es läuft in den Arbeitswelten der Jobs, die niemand machen will, nicht rund. Auch hier ist die Welt verschoben, nicht nur bei den produzierten Nahrungsmitteln für 5 Milliarden Menschen, die es nicht gibt.

Ich schlage vor, dass wir uns mal die folgende Frage stellen: Was machen wir eigentlich, wenn niemand mehr Toiletten reinigen will? Wenn niemand mehr alte und kranke Menschen pflegen will? Wenn niemand mehr als Fließbandarbeiter am Band stehen will? Was dann? Ich sehe drei Möglichkeiten: Erstens, wir gestalten die vermeintlichen »Will-niemand-machen-Jobs« endlich attraktiv, würdevoll und gut bezahlt. Zweitens, wir entwickeln für diese Jobs, die keiner machen will, eine Maschine, die die Arbeit erledigt. Drittens, wir machen es selbst. Welche der Möglichkeiten taugt? Zu zweitens: Im Zuge der Digitalisierung und Automatisierung lassen sich sicherlich einige unbeliebte Jobs durch Maschinen ersetzen. Einen Großteil dieser unattraktiven Jobs wird es auch in einer stark automatisierten Welt geben müssen. Wenn also auch Möglichkeit drei, die Arbeit selbst durchzuführen, nicht infrage kommt, weil wir keine Klos putzen wollen, dann müssen wir diese unattraktiven Jobs durch die Möglichkeit Nummer eins attraktiv, würdevoll und sinnhaft gestalten.

Aber was ist schon eine »Putzfrau« in unserer Gesellschaft wert, und wie sollen wir ihr vermitteln, dass sie etwas wert ist? Wir sind gezwungen – und das zu Recht –, wenn wir die Arbeit nicht selbst erledigen wollen und keine Maschine die Arbeit ersetzen kann, die Mitarbeiter würdevoller zu behandeln. Was bedeutet »würdevoll behandeln«? Zuerst einmal muss jedem, der eine Dienstleistung dieser Berufe in Anspruch nimmt, bewusst sein, was passiert, wenn diese Tätigkeiten niemand mehr ausführen würde. Wie die Vertretungs-Reinigungskräfte der Firma, mit der ich zusammenarbeite. Da hat einfach niemand mehr Lust dazu. Wir müssen also wegkommen von dem Gedanken, es wäre eine Selbstverständlichkeit, dass jemand diese Jobs macht.

Wir müssen zweitens bei der Frage nach dem Wesen würdevoller Arbeit von dem Gedanken wegkommen, dass allein mit der Bezahlung der Rechnung die Arbeit des anderen genügend gewürdigt wurde. Arbeitszeit – oder besser: Lebenszeit, die mit Arbeit verbracht wird – ist und wird niemals für Geld bezahlbar sein. Wer legt denn fest, wie viel eine Putzfrau oder ein Krankenpfleger verdienen darf? Woher nehmen wir die Annahme, dass die Bezahlung gerecht ist?

Drittens versteht niemand, warum Fußballer Millionen verdienen und die Reinigungskraft, der Kraftfahrer, die Pflegehelferin mit wenigen Hundert Euro im Monat auskomme müssen. Gerechtigkeit entsteht genauso wenig durch Anhebung des Mindestlohnes um 40 oder 50 Cent alle zwei Jahre.

Und viertens – das ist vielleicht das Wesentliche: Wir müssten alle, die in diesen Berufen arbeiten, zu »Helden der Herzen« machen und täglich »Danke!« sagen und ihnen vermitteln, wie wichtig und wie sinnvoll ihre Tätigkeit für die Familie, das Unternehmen, die Gemeinschaft ist. Eigentlich müsste man ihnen vermitteln, dass durch ihre Arbeit die Welt zu einem besseren Ort wird. Mit der Begleichung einer Rechnung vermitteln wir dagegen keinen Sinn und kein Gefühl für den eigenen Wert.

Da ich ein praktischer Mensch bin und gerne Nägel mit Köpfen mache, habe ich damit angefangen, indem ich an meinen Geschäftspartner von der Reinigungsfirma einen Brief geschrieben habe. Ich habe ihm angekündigt, dass ich als Verbraucher, Konsument und Auftraggeber freiwillig das Doppelte für die Leistung seiner Mitarbeiter bezahle – was immer noch nicht viel ist.

Ich habe auch noch eine Antwort auf das Thema Fachkräftemangel. Diese Idee stammt nicht von mir, wird schon seit längerer Zeit in der Gesellschaft diskutiert und klingt sinnvoll. Für mich, wenn auch noch viele Fragen dazu offen sind, wirkt sie wie ein Weg und eine Lösung, wie wir künftig würdevoller, eigenverantwortlicher, liebevoller und glücklicher leben und arbeiten werden: Die Antwort lautet: Bedingungsloses Grundeinkommen.

Mir gefällt der Gedanke. Denn dadurch werden Menschen in die Lage versetzt, nur noch zu tun, wofür sie wirklich brennen. Arbeiten, die getan werden, weil man sie ausschließlich des Geldes wegen tut, fallen weg oder werden nur dann erledigt, wenn sie mit Sinn, Achtung und Respekt behandelt werden. Das »Ich muss ...« fällt weg.

Somit sind wir wieder beim Thema Vertrauen angelangt. Wir müssen bedingungslos vertrauen, dass die Menschen tief im Herzen anständig sind. Ich selbst habe gelernt, bedingungslos zu vertrauen. Für den einen oder anderen klingt das vielleicht naiv, aber es funktioniert doch offensichtlich ganz gut in meiner Firma. Letztendlich ist bedingungsloses Vertrauen die Voraussetzung für eine bessere, gerechtere und glücklichere Arbeitswelt. Was nun aus Vertrauen folgt und wie Würde damit zusammenhängt, darum geht es im nächsten Kapitel.

Wenn Sie sich also nach und nach von einem Kontroll-Freak immer mehr zu einem vertrauensvollen Unternehmer hin entwickeln wollen, prüfen Sie mal für sich:

- Kontrollieren Sie Ihre Mitarbeiter?
- Was wäre, wenn Sie einen Monat lang in Ihrem Unternehmen, bei Ihren Mitarbeitern, Lieferanten und Kunden, nichts, also rein gar nichts kontrollieren würden?
- Wie vertrauen Sie sich selbst?

Die Würde des Mitarbeiters ist unantastbar – Was Würde mit Neinsagen zu tun hat

Daniel, einer unserer Fahrlehrer, stellt das Video in unseren Dienst-Chat. Die Fahrschüler in dem Video stehen Spalier. Alle bedanken sich mit einem riesigen Blumenstrauß und einem Präsentkorb bei Elke. Das Video hat Gänsehautmomente, weil es so echt ist und weil es die »unkopierbaren« Alleinstellungsmerkmale unserer Fahrschule sehr anschaulich zeigt. Wie kann Potenzialentfaltung in einem Unternehmen gelingen? Ich zeige das an zwei Beispielen: von Elke und von Henry. Zuerst einmal zu Elke.

Elke hat es durch ihre eigene Potenzialentfaltung geschafft, die beliebteste Mitarbeiterin im Unternehmen zu werden. Sie hat sich langsam entwickelt. Vor vielen Jahren begann sie, nebenberuflich bei uns in der Firma zu arbeiten. Wir hatten für unser Fahrschulinternat eine Reinigungskraft gesucht. Jemand, der die Zimmer reinigt, die Betten macht, aufräumt und so weiter. Nach einiger Zeit trat Elke mit der Bitte um eine Festanstellung an mich heran. Dann reagiere ich immer schnell, wenn jemand so einen Wunsch hat, und ich überlege, wie man gleich noch größer denken kann, denn dass ich sie fest anstellen würde, war mir bereits klar, als sie den Wunsch formulierte. Kurz darauf habe ich Elke angerufen und sie für den Folgetag in mein Büro gebeten. Ich wollte ihr sagen, dass sie den festen Arbeitsplatz bei uns bekommen kann, den sie gerne haben wollte. Ich wusste auch, dass sie sich darüber freuen wird.

Aber dann habe ich während des Gesprächs etwas erfahren, was mich sehr berührt hat. Elke sagte zu mir:»Mensch Mike, du weißt nicht, was ich für eine Angst hatte, als du gesagt hast:›Komm mal zu mir ins Büro.‹ Ich konnte den ganzen gestrigen Tag über nichts essen, weil ich wusste, dass ich zu dir kommen sollte.«

Ich war ziemlich baff, hatte ich doch nicht damit gerechnet, dass mein harmloser kurzer Anruf so etwas bei ihr auslösen würde, und teilte ihr das mit.

»Immer, wenn ich zu meinem Chef kommen sollte, gab es nur einen Anpfiff«, antwortete Elke.»Ich habe mit Ärger gerechnet. Als du mir dann erzählt hast, dass du mich fest anstellen willst, habe ich die ganze Zeit nur gedacht: Wieso putzt der mich nicht runter, sondern überbringt mir sogar eine so tolle Nachricht?«

Das war schon ein ziemlicher Schock für mich, denn ich konnte mir das einfach nicht vorstellen, dass man Elke so behandeln könnte. Aber dieses Gespräch stand ja noch recht am Anfang von Elkes Entwicklung.

Ich habe irgendwann mitbekommen, dass sie gegenüber ihren Kollegen immer von ihrem Garten geschwärmt hat:»Dort wachsen die besten Gurken, Tomaten, Heidelbeeren und Kirschen. Ach, wenn ihr wüsstet …!« Und sie hatte dann angefangen, uns gelegentlich das eine oder andere Erzeugnis aus ihren Gartenfrüchten mitzubringen: eine Suppe oder einen Kuchen. Denn Kochen und vor allem Backen ist ihre Leidenschaft. Deshalb haben wir irgendwann überlegt:»Was können wir tun, um Elkes Leidenschaft zu fördern?«

Irgendwann nach einigem Nachdenken bin ich zu ihr gegangen:»Elke, wir bauen dir im FischerDorf die schönste Küche, damit du den ganzen Tag deiner Leidenschaft nachgehen kannst.«

Da hatte sie Tränen in den Augen, und zwar vor allem deshalb, weil sie gemerkt hat, dass jemand so etwas extra für sie und für ihre Leidenschaft macht. Und dass es sich um eine Leidenschaft handelte, die sich noch weiter entfalten würde, ist uns erst nach und nach klar geworden. Elke backt nämlich in der Regel nicht nach Rezept, sondern probiert sich gerne aus. Sie macht tolle, selbst erdachte Kuchenkreationen, die alles übertreffen, was wir an Kuchen jemals zuvor kennengelernt hatten. Sie tut das aus Liebe. Wir sehen es, wenn wir ihr beim Kuchenbacken zusehen und die fertigen Kreationen sehen.

Wir schmecken es, wenn wir ihre Kuchen essen. Sie macht das, was sie von Herzen gerne tut.

Elke bäckt nun nicht nur Kuchen. Sie macht auch das Frühstück für die Fahrschüler im Fahrschulinternat. Vor einiger Zeit sagte sie in diesem Zusammenhang zu meiner Frau: »Corinna, ich mache hier immer das Fahrschulinternatsfrühstück, und mache es einfach so, wie ich denke, dass es gut für unsere Schüler ist. Ich würde aber gerne mal sehen, wie das Frühstücksbuffet in einem richtigen Hotel gestaltet ist.«

Corinna ist irritiert: »Wieso richtiges Hotel? Was für Hotels kennst du denn mit Frühstück?«

»Ich war noch nie in einem Hotel mit so einem richtigen Frühstück«, gesteht Elke.

Corinna hat mir das erzählt, und ich war baff: »Das gibt's doch gar nicht! Elke war noch nie in einem Hotel mit gutem Frühstück, und ich habe hier den Eindruck, sie hat eine dreijährige Ausbildung als Frühstücksengel!« – Sie wird bei uns nämlich auch »Frühstücksengel« genannt.

Elkes Wunsch haben wir natürlich gerne erfüllt, und Corinna ist mit ihr zu Inspirationszwecken in ein tolles Hotel gefahren, um sich alles anzugucken und die Abläufe erklären zu lassen. Ich persönlich glaube, sie hätte diese Anregungen gar nicht nötig gehabt, denn ihre Herangehensweise an unser Frühstücksangebot war instinktiv besser: Wenn die neuen Fahrschüler kommen, begrüßt sie sie, fragt sie nach Allergien, ob sie Vegetarier sind und was eventuell sonst relevant ist. Aus diesen Informationen aus erster Hand erstellt sie dann immer individuell die Einkaufsliste, um auf dieser Grundlage die nötigen Besorgungen selbst zu erledigen. Dazu muss man sagen, dass es hier nicht um ein paar Frühstücke für ein paar müde Fahrschüler am Morgen geht. Wir haben im Schnitt im Monat 800 bis 1000 Kundentage (als »Kundentage« bezeichnen wir die Tage, die ein einzelner Kunde bei uns verbringt – ein Kalendertag kann also mehrere Kundentage haben). Also betreibt Elke eine richtige Großküche. Und es ist kaum vorstellbar, aber sie macht das für alle 800 Fahrschüler mit dem Herzen. Man sieht es ihr an. Sie läuft einfach glücklich durch unsere Firma.

Und das wirkt sich natürlich auch auf unsere Kunden aus. Jeder merkt das. Wir bekommen von unseren Kunden Briefe, E-Mails oder Nachrichten über Social Media, in denen die Kunden sich für die Führerscheinausbildung und die tolle Zeit, die sie generell bei uns hatten, bedanken. Nicht selten wird Elke bei diesen Gelegenheiten explizit hervorgehoben. Also, wir können es in einem Satz zusammenfassen: Elke ist mit Abstand die beliebteste Mitarbeiterin im Unternehmen, weil sie alles, was sie tut, aus vollem Herzen gerne tut.

Und was das mit Würde zu tun hat, darauf komme ich jetzt.

Als ich begann, meine Mitarbeiter zu fragen, was die Würde jedes Einzelnen ist, ist sich Elke ihrer eigenen Würde bewusst geworden.

»Mensch, Mike«, sagt sie zu mir. »Was ich hier gelernt habe: Ich habe gelernt, Nein zu sagen.« Und das ist für sie kein einfach so dahingesagter Satz. Für sie war es ein langer Weg der persönlichen Entwicklung, aber auch der positiven Erfahrungen. Sie darf hier bei uns Nein sagen. Das ist eine neue Erfahrung für sie.

Sie war krank geworden durch den alten Arbeitgeber und durch die Art, wie sie dort behandelt wurde. Eine Arbeit oder überhaupt ein Umfeld, in dem man würdelos behandelt wird, macht krank. Sie hatte ihre Würde verloren und jetzt wiedergefunden. Eine Arbeit, in der sie würdevoll arbeiten und eben auch mal Nein zu Bitten und Anfragen von Kollegen und Kunden sagen kann, macht gesund. Man könnte also sagen, für Elke hat es sich schon gelohnt, dass ich Unternehmer geworden bin.

Jeder hat seine eigene Vorstellung, wie etwas erledigt werden sollte. Man kann seine Würde verlieren, weil man etwas anders machen muss, als man es machen würde. Wer zu oft Ja sagt, läuft Gefahr, ausgenutzt zu werden und sagt irgendwann nur noch Ja, um nicht anzuecken. Das führt letztlich zu einem Leben entgegen der eigenen Würde.

Elke sagt heute ab und zu: »Bis hierhin und nicht weiter!« In diesem Moment merkt man ihr an, wie glücklich sie damit durchs Leben geht. Sie freut sich auf die Arbeit, weil sie hier ihre Würde wiedergefunden hat, und ist heute glücklich und voller Freude.

Um die Thematik der Würde noch deutlicher zu illustrieren, habe ich ein zweites Beispiel. Henry ist sozusagen das Gegenbeispiel zu Elke. Ich traf ihn vor vielen Jahren häufig beim Frühstücken in einer Bäckerei. Er half auf Baustellen, und er kam immer zu mir und grüßte mich freundlich: »Guten Tag, Mike.« Man muss ihn einfach mit seiner offenen Art sofort ins Herz schließen. Einmal hat er erzählt, dass er ein massives Alkoholproblem hatte. Inzwischen hat er es längst überwunden – wobei seine Kinder ein zusätzlicher Anreiz waren, Entzug und Reha-Maßnahmen durchzustehen.

Bei der ersten sich bietenden Gelegenheit habe ich ihn als Hausmeister eingestellt. Und bei ihm war es – ähnlich wie bei Elke – das erste Mal, dass wieder jemand an ihn geglaubt hat. Henry war unglaublich dankbar für die Chance, bei uns neu anzufangen.

Vor recht kurzer Zeit – inzwischen ist Henry seit vier Jahren bei uns – ist er krank geworden. Ich habe mehrfach versucht, Kontakt mit ihm aufzunehmen – vergeblich. Dann habe ich mit seiner Partnerin gesprochen, die auch bei uns arbeitet. »Henry ist jetzt im Krankenhaus, er macht eine Gesundheitskur. Er will gerade mit niemandem sprechen und braucht von allem Abstand. Vermutlich kommt er nicht zu uns zurück«, erklärte sie mir. Nun, ich hatte schon gemerkt, dass ihm die Arbeit zu viel wurde, aber ich habe nicht geschaltet und mit ihm darüber geredet.

Henry, finde ich, hatte einen sehr würdevollen Arbeitsplatz bei uns. Wir haben ihm viel geholfen, auch seiner Familie. Wir haben ihn auch immer noch sehr gerne. Ich habe jedoch über die vier Jahre gesehen, dass er alles angenommen hat, worum er angefragt wurde. Er war mir und der ganzen Firma so dankbar für seine Chance, dass er niemanden enttäuschen wollte. Er hatte wohl sogar ein schlechtes Gewissen.

Er hat die viele Freundlichkeit und Liebe, die ihm hier entgegengebracht wurde, nicht ausgehalten, weil er sich ihrer nicht würdig fühlte. Er hat zu allem Ja gesagt. Er war sich dabei seiner eigenen Würde nicht bewusst. Ich habe zu ihm in den vier Jahren immer wieder gesagt: »Henry, lass dich nicht von allen einspannen! Du musst nicht alles machen. Du musst am Wochenende nicht noch die Spieler im Bus zum Fußballspiel fahren.« Aber er hat das ignoriert und sich dabei selbst übergangen. Ich habe zu ihm auch gesagt: »Wenn du immer Ja sagst, werden andere immer wieder fragen. Du musst ab und zu mal Nein sagen, damit alle merken, der macht nicht immer alles mit!«

Damit er sich besser fühlt, hätte er an seiner persönlichen Würde arbeiten müssen, um Neinsagen zu lernen. Er hat nie Nein gesagt und damit seine Würde aufgegeben. Immer zu allen und allem Ja sagen ist kein würdevolles Verhalten.

Liebe Leser, schauen Sie sich mal in Ihrem Unternehmen um, ob jemand ständig zu allem Ja sagt. Da sagt vielleicht manch einer: Na super, der arbeitet gerne, der widerspricht mir nicht, den kann ich gut einspannen. Aber das ist nie wirklich gut und gesund. Das geht irgendwann nach hinten los. Denn niemand ist unendlich belastbar. Irgendwann ist der Punkt erreicht, an dem die Grenzen erreicht sind. Wir müssen also hauptsächlich Arbeitsplätze schaffen, die würdevoll sind und nicht profitorientiert. Mit Würde lässt sich zum Beispiel niemand mehr benutzen. Viele Mitarbeiter sagen: »Ich lasse mich benutzen, damit ich mein Gehalt bekomme.« Erst wenn sich das Bewusstsein für die eigene Würde entwickelt hat, ändert sich das. Und erst nachdem diese Änderung eingetreten ist, kann die Potenzialentfaltung beginnen. Wenn ich mir meiner Würde bewusst werde, bin ich frei und freue mich auf meine Arbeit.

Im Team habe ich meine Leute gefragt: »Kennt ihr das Thema Würde?« Alle haben nach unten geguckt und wussten es nicht so recht. Ich habe dann gefragt: »Wie bewusst ist dir deine Würde?« Dann sagen manche »Keine Ahnung« oder »Ist mir total wurscht«. Ich frage auch: »Wir würdevoll empfindest du deinen Arbeitsplatz?« Auch auf diese Frage kann erst mal so mancher nichts antworten. Ich sehe in den Gesichtern meiner Mitarbeiter, wie die sich angucken: »Willst du da jetzt was sagen, oder muss ich?« Weil sie noch kein Bewusstsein dafür haben. Aber das wird sich ändern.

Es gibt nun diese Bewegung, die ich schon kurz erwähnt habe, sie heißt »Würdekompass« (www.wuerdekompass.de). Von dieser Initiative bin ich unsagbar begeistert. Sie können damit in jeder Stadt Ihre eigene Würde-Gruppe gründen. Wenn wir alle in dieser Würde leben und wenn uns jedes Unternehmen bewusst würdevolle Arbeitsplätze anbieten würde, dann hätten wir eine glückliche Arbeitswelt. Vielleicht ist die Würde mitunter deshalb so weit oben im Grundgesetz verankert. Das Erste, was dort steht, ist: »Die Würde des Menschen ist unantastbar.« Aber niemand weiß genau, was diese Würde ist. Wir bieten diesen Würde-Kompass jetzt an, wo sich die Mitarbeiter ab und zu über das Thema der Würde austauschen.

Und jetzt frage ich Sie: Was ist Ihre Würde? Für was sind Sie, lieber Leser, bereit, Ihre Lebenszeit zu opfern? Wie deutlich und klar ist Ihnen das? Die innere Haltung, die eigene Würde – wie ist das bei Ihnen?

**Wie bewusst ist Dir
Deine Würde?**

**Wie würdevoll empfindest Du
Deinen Arbeitsplatz?**

- Was ist Ihre Würde?
- Wie vermitteln Sie Ihren Mitarbeitern Würde?
- Wie würdevoll wollen Sie Ihr Unternehmen führen?
- Wie wollen Sie das nach außen tragen, damit sich Menschen bei Ihnen bewerben, die dieselben Vorstellungen von Würde haben?
- Wie wäre es, wenn Sie beim Würde-Kompass mitmachen, um mit diesem unglaublich wichtigen Thema voranzukommen?

Von innen heraus – So entwickelt sich Bedeutsamkeit

Als mein Sohn Paul mit 14 Jahren Jugendweihe hatte, haben wir Fotos und Filme von ihm aus Kinderzeiten rausgesucht. Bei der Jugendweihe gibt es die Möglichkeit, ein Foto des Kindes aus der Zeit einzureichen, als es ein oder zwei Jahre alt war. Corinna und ich durchstöbern alle Alben und Filme, die sich angesammelt haben, und finden schließlich einen Film, in dem Paul als kleiner Zweijähriger in einem Fischteich steht. Er hat eine Schwimmbrille auf, steht da im kalten Wasser, taucht unter die Wasseroberfläche, kommt wieder hoch, taucht wieder unter,

und so wiederholt sich die Situation noch mehrfach. Er entdeckt gerade zum ersten Mal, wie es unter Wasser aussieht. Wir gucken den Film ein paar Mal an. Dann sind wir still. Bis Corinna sagt: »Was ist aus der Entdeckerfreude des Jungen geworden? Wo ist sie hin?«
»Ich weiß es auch nicht.«
Ich glaube, Corinnas Frage hat mit Bedeutsamkeit zu tun. Das Suchen im Teich war für Paul damals bedeutsam. Es gehörte zu seiner Sinnsuche. Er wollte etwas Neues entdecken und erkunden. Er wollte etwas verstehen, nämlich die Welt unter der Wasseroberfläche. Er wollte etwas lernen. Dazu hat ihn niemand angehalten, es kam vollständig aus seinem Inneren, in dem Film ist es deutlich zu erkennen.

Ich beschäftige mich seit Jahren mit dem Begriff »bedeutsam«. Für mich ist Bedeutsamkeit dann erreicht, wenn ich etwas eigenes entwickeln kann, wenn ich nicht nach dem Plan eines anderen vorgehe. Früher habe ich oft in Ratgebern nach Handlungsanweisungen gesucht; das Versprechen ist nun einmal sehr verlockend: Folge dem Sieben-Punkte-Plan des Autors, und du wirst erfolgreich sein. Heute frage ich mich: Wo bleibt meine Bedeutsamkeit, wenn ich mich Schritt für Schritt an das halten soll, was mir jemand anders vorgeschlagen hat? Ich will inzwischen nur noch Impulse und Inspirationen in Form von Fragen, Übungsvorschlägen, Geschichten oder einfach neuen Gedanken annehmen. Das bringt mich weiter, weil Platz für meine eigene Bedeutung ist.

Wenn ich heute von Bedeutsamkeit rede, meine ich eine Bedeutsamkeit, bei der der einzelne Mensch seine eigenen Potenziale zur freien Entfaltung bringen kann. Er kann wachsen wie im Leib der Mutter, ohne dass ihn jemand beeinflusst. Wachstum funktioniert von innen heraus, ohne eine Lenkung von außen – und so entwickelt sich Bedeutsamkeit. Paul hat einfach aus sich heraus in dem Fischteich gesucht und geforscht.

Wir kommen zwar mit diesem in uns selbst angelegten Forscherdrang auf die Welt, doch dann merken wir, dass wir uns doch nicht ganz so in unserem eigenen Tempo und nach unseren eigenen Bestrebungen entwickeln können. Von vielen Seiten werden uns Regeln und Begrenzungen auferlegt, die viele innere Lernimpulse hemmen und nicht unbedingt immer dazu beitragen, dass wir wachsen, wie es uns selber entspricht, weil die Regeln dafür zu uniform sind.

Wäre es nicht großartig, diese Uniformität aufzubrechen und den Individuen Raum zu geben, sich anhand der eigenen Erfahrungen zu entwickeln?

Unternehmen könnten genau das ermöglichen. Ein Unternehmen könnte der ideale Entfaltungsort für bedeutsames Arbeiten und Leben sein. Es sollte so etwas sein wie der Mutterleib und Auszubildenden und Mitarbeitern anbieten, dort wachsen zu können, wie es ihnen entspricht. Die Gestaltungsmöglichkeiten von Unternehmen sind groß, in der Regel viel größer als in einer Behörde oder einer anderen staatlichen Institution, wo vieles streng reguliert ist.

Unternehmen könnten *der* bedeutsame Ort für die Menschen sein. Doch oft geht es eben auch dort darum, jemanden beherrschen zu wollen. Wenn ein Chef in seinem Unternehmen sagt: »Du machst das so, weil ich dir das vorschreibe!«, dann entsteht keine Bedeutsamkeit, sondern Frust für den Mitarbeiter und auf lange Sicht natürlich auch für den Chef.

Bei diesem Frust ist den Mitarbeitern oft gar nicht bewusst, wo er herkommt. Oft vergessen wir, wie es damals war, als wir uns von innen heraus auf den Weg gemacht und uns so entwickelt haben, wie es uns entsprach. Ich habe Paul den USB-Stick mit dem Video im Fischteich gegeben, damit er sich in dem Moment, wenn er unglücklich ist und seinen Weg nicht sieht, daran erinnert, wie er als Kind geforscht hat.

Mir wurde erst klar, was Bedeutsamkeit im Unternehmen bedeutet, als mir klar wurde, dass wir Mitarbeiter nicht wie Objekte behandeln dürfen. Heute blicke ich ganz anders auf unsere Azubis, die so jung und voller positiver Erwartungen in unsere Firma kommen. Wie können wir ihnen bedeutsames Arbeiten bieten? Das ist für mich eine Dauerfrage, die immer wichtiger wird. Ich glaube, es ist die Schlüsselfrage für eine bedeutsame Firma.

Überlegen Sie deshalb auch mal für sich, kurz vor dem Ende dieses Buches:

- Wie sind Sie zu Ihrem Job gekommen? Haben Sie sich dafür entschieden, weil Ihre Eltern überzeugt waren, der Job sei sicher, und Sie deshalb dazu gedrängt haben? Oder haben Sie die Entscheidung von sich aus getroffen?

- Was ist das Besondere, das Außergewöhnliche an Ihrem Unternehmen? Was ist der Sinn: Was haben andere davon, dass es Sie gibt? Denken Sie in großen Dimensionen?
- Wie können Sie den Menschen in Ihrer Firma, Ihren Mitarbeitenden, Ihren Auszubildenden, ein bedeutsames Arbeiten mit Liebe und Möglichkeiten zur Potenzialentfaltung bieten?

Wir stehen am Ende doch erst am Anfang

In dem Buch »Liebe ist die einzige Revolution« des Autorentrios Anselm Grün, Gerald Hüther und Maik Hosang steht ein kraftvoller Ausspruch des französischen Philosophen Pierre Teilhard De Chardin:
»Wir beherrschen bereits die Energie des Windes, der Meere und der Sonne. Doch an dem Tag, an dem der Mensch mit der Energie der Liebe umzugehen weiß, wird diese Erkenntnis so wichtig sein wie die Entdeckung des Feuers.«

Von Anfang an hat jeder junge Mensch, der ins Berufsleben einsteigt, eine Vorstellung, wie dieses Leben werden soll. Und das ist für die meisten zunächst eine schöne Vorstellung. Fast alle Azubis, die ich kenne, hatten zu Beginn der Ausbildungszeit, auch in meinem Unternehmen, leuchtende Augen. Sie waren voller Erwartungen, sie strotzten vor Lerneifer, Neugier und Freude, sie wollten Neues ausprobieren und gestalten. Im zweiten Lehrjahr, manchmal schon nach den ersten sechs Monaten, waren diese Freude und das Leuchten in den Augen verloren gegangen. Warum? Darüber habe ich mir damals nie Gedanken gemacht. Daher widme ich das Abschlusskapitel meinen ehemaligen Lehrlingen, jenen jungen Menschen, die teilweise heute selbst Unternehmer sind. Die ihren Weg als Führungskraft oder Mitarbeiter in anderen Unternehmen gegangen sind.

Dieses Kapitel steht für Franziska, Sybille, Jennifer, Nicole, Claudia, Antje, Melissa, Janine, Christian J., Lucas, Vinh, Kenny, Laura, Johann, Denise, Christian C., Christiane, Sebastian, Rico, Silvio, Patrick, Patricia, Jennifer, Jessica, Lukas, Alexander und Lydia. Fast alle Azubis habe ich bis heute in guter bis sehr guter Erinnerung. Von Johann, dem Praktikanten, der dann Azubi wurde, habe ich schon erzählt. Er war einer meiner jüngsten Lehrlinge, und mit ihm hat sich mein Denken, wie es gelingen kann, dass sich die Lernlust und die Freude bei einem Azubi länger als sechs Monate hält, grundlegend verändert. Letztendlich wäre es mit ihm so gelaufen, wie es normalerweise oft läuft: Ausbildung als Bürokaufmann (was nicht seinen Potenzialen entsprach) – sechs Monate arbeiten – sich nicht mehr auf Montag freuen – fertig. Wir haben nicht gelernt, dass Arbeit glücklich machen muss.

Aber mit Johann hat bei uns die Veränderung begonnen. Johann sollte nicht zum Objekt unserer Absichten werden. Er sollte keine Erwartungen erfüllen. Er sollte das tun, was er selbst liebt und was er gern macht. Wir haben dann gemeinsam ein für ihn passendes Berufsbild gefunden, er hat einen anderen Beruf erlernt als geplant, eine andere Berufsschule besucht, er hat das gemacht, was er machen wollte, und nicht das, was andere ihm vorgeschlagen und von ihm erwartet haben. Mit dem Ergebnis, dass er sich jedes Jahr verbessert hat und seine Lehre mit sehr guten Ergebnissen abgeschlossen hat. Bis heute ist Johann ein tolles Teammitglied in der Fischer Academy.

Der Transformationsprozess in der Arbeitswelt ist unvermeidlich. Die Frage, die ich mir am Ende dieses Buches stelle und die wir uns alle stellen sollten, lautet: »Wie meistern wir künftig den Transformationsprozess, damit uns die Welt nicht sprichwörtlich um die Ohren fliegt?« Das Weltwirtschaftsforum veröffentlicht jedes Jahr »The Global Shapers Annual Survey«. Weltweit nehmen mehr als 30 000 junge Menschen aus mehr als 100 Ländern im Alter von 18 bis 35 Jahren daran teil. Mit der Umfrage will man herausfinden, welches die größten Probleme und Herausforderungen der nächsten Jahre in der Welt sein werden. Es sind die Stimmen der Jugend, denen hier eine Bühne geboten wird. Diese jungen Menschen sehen die größten Probleme weltweit in Arbeitslosigkeit, Welthunger, Korruption der Regierungen, fehlender Bildung, fehlenden Berufschancen, Armut und Klimawandel.

Nun, ich habe keine Antwort auf die oben genannten großen Probleme der Welt. Ich muss Sie mit dieser Frage allein lassen. Wir alle sind allein mit dieser Frage. Und können uns doch zusammenfinden, um gemeinsam darüber nachzudenken. Mit diesem Buch mache ich einen Versuch, das Denken dazu anzuregen. Es könnte so etwas sein wie der Visions-Workshop zum autonomen Fahren, den wir in Gera veranstaltet haben. Ich versuche, gemeinsam mit anderen weiterzudenken. Mit diesem Buch, mit meinen Vorträgen, mit den Gesprächen mit Menschen, die ebenfalls weiterdenken wollen.

Ich habe eine Ahnung, ein Gefühl, wie es gehen kann. Dieser Gedanke stammt von Goethe: »Jeder kehre vor der eigenen Tür und die Welt ist sauber.« Für mich bedeutet das, ich kümmere mich um meinen eigenen Kosmos, in meiner kleinen Welt, in meiner kleinen Familie, bei meinen Freunden, Kollegen, Mitarbeitern, in meinem kleinen unbedeutenden FischerDorf. In meiner Welt finde ich den Ursprung für eine gelungene Transformation und Verbesserung der Welt und insbesondere der Arbeitswelt.

Für mich steht dabei fest: ich will Potenzialentfalter, Ermutiger, Liebender, Funkensprüher bleiben und immer mehr werden. Wir gehen neue Wege. Im FischerDorf wollen wir uns von einer Ich-Kultur hin zu einer familiär verbunden fühlenden Wir-Kultur in allen Bereichen des Miteinanders entwickeln. Auf der Website (www.fischer-academy.de) können Sie dazu einiges erfahren.

Mit dem Kompetenzzentrum »Autonomes Fahren – Mobilität 2030« lernen wir die Trends der Zukunft. Ziel ist die Bündelung des Fachwissens und die Qualifizierung von Unternehmen, Bürgern und Kommunen zu den Themen autonomes Fahren – Mobilität 2030, zu deren Auswirkungen, Chancen und Gestaltungsmöglichkeiten.

Mit der Aktion »Held der Herzen« wollen wir zum Gelingen einer neuen Beziehungskultur und zu einem Wertewandel beitragen, die gegenseitigen Respekt, Wertschätzung und Anerkennung in den Mittelpunkt rücken. Wir arbeiten aktiv in der »Akademie für Potenzialentfaltung« (www.akademiefuerpotentialentfaltung.org) mit, um zu lernen, wie es andere besser machen. Das Ziel der Arbeit dieser Akademie ist die Transformation unserer gegenwärtigen Beziehungskultur. Es geht um die Herausbildung und Stärkung kleiner, überschaubarer Gemeinschaften, deren Mitglieder einander auf eine ermutigendere und inspirierendere Weise begegnen als bisher.

Am 17. November 2018 haben sich 20 Interessierte in unserem Fischer-

Dorf in Gera/Thüringen zusammengefunden, um die »Würde-Kompass-Gruppe Region Gera« (www.wuerdekompass.de) zu gründen. Ein besonderes Anliegen der Teilnehmer ist es, die Arbeitswelt glücklicher und würdevoller zu machen. Wir tauschen uns aus und laden jeden herzlich ein, sich daran zu beteiligen und darüber nachzudenken, was einen würdevollen Arbeitsplatz ausmacht. Es geht um die Fragen: »Was ist eigentlich deine Würde?« und »Wie wollen wir gemeinsam künftig in Würde leben?«

Die meisten Menschen halten die Liebe für ein Gefühl. Über die Liebe wurde viel geschrieben, viele Studien erstellt und geforscht. Bei Google kommen auf die Frage »Was ist die Liebe?« 425 Millionen Erklärungen. Meine Erklärung ist folgende: Liebe entsteht aus dem, was ich fühle, was ich denke und wie ich handle. In Liebe zu führen ist eine innere Haltung. Liebe gelingt nur, wenn wir bedingungslos vertrauen können.

Ein Unternehmen mit Liebe zu führen bedeutet nicht, den ganzen Tag mit Gänseblümchen um sich zu werfen, Herzchen an die Wände zu malen oder sich ständig zu beteuern, wie lieb man sich hat. Mit Liebe zu führen ist eine große unternehmerische Leistung. Wer wirklich liebt, lässt die Erwartung los, von anderen etwas bekommen zu müssen. Er oder sie wird wieder so, wie wir auf die Welt gekommen sind: Helfer, die anderen ohne Hintergedanken, absolut selbstverständlich und voller Freude helfen. So wie die kleinen gelben Dreiecke aus dem Kapitel »Niemand kommt als Egoist auf die Welt«.

Und ich prophezeie Ihnen: Für Unternehmen, Organisationen und Konzerne, denen es gelingt, mit Liebe zu führen und bedingungsloses Vertrauen zu schenken, eröffnen sich die Möglichkeiten, mit kommenden Herausforderungen erfolgreich mitzugehen. Werte wie »Liebe, Vertrauen und Würde« sind zwar weiche Begriffe, und in der Arbeitswelt können sie leicht verspottet und belächelt werden. Deshalb sind gerade diese Werte schwieriger und härter im Unternehmen umzusetzen als das Altgewohnte. Wir brauchen dafür Unternehmerinnen und Unternehmer, Führungskräfte und Personalverantwortliche, die Menschen mögen und lieben. Und die bereit sind, bedingungslos zu vertrauen. Professor Gerald Hüther hat beim Personalmanagementkongress 2018 gesagt: »Der Chef von morgen ist ein Liebender.«

> **»DER CHEF VON MORGEN IST EIN LIEBENDER.«**
>
> **Prof. Dr. Gerald Hüther**
> (Hirnforscher)

Dazu müssen wir dafür sorgen, dass die Helfer, die gelben Dreiecke aus dem Experiment, mehr werden und sich gegen die Verhinderer, die blauen Rechtecke, durchsetzen.

Wie werden wir wieder zu Anschiebern, die von unten helfen und Entfaltung ermöglichen? Der rote Kreis hatte es ja schon zur Hälfte selbst den Berg hoch geschafft. Wir helfen nur noch für den Rest. Wir müssen Organisationen schaffen, die darauf ausgerichtet sind, ihren Mitarbeitenden bei der Potenzialentfaltung zu helfen. Wenn ich davon erzähle, spüre ich, wie sehnsuchtsvoll und hoffnungsvoll jeder sagt: »Ach, wäre das schön, wenn es so sein könnte!« Aber es schwingt auch oft ein Zweifel mit. Die deutsche Wirtschaftslage war noch nie so gut, und dennoch sind wir immer noch weit davon entfernt, einen substanziellen Schritt nach vorne gemacht zu haben.

Das Buch soll dazu beitragen, dass die Helfer mehr werden. Helfer zu sein ist mein Anspruch als Unternehmer, und der macht mich glücklich. Besonders dann, wenn ich persönlich mitverfolgen kann, was sich aus ein wenig Hilfestellung entwickelt.

Doch es geht neben den ganz persönlichen, menschlichen Beziehungen, auf Augenhöhe, helfend, im Wir-Gefühl auch um eine andere Ebene. Es reicht nicht, dass wir uns aus dem Egoismus lösen, das gegenseitige Helfen jenseits von Konkurrenz und Vereinzelung wieder in den Vordergrund stellen. Wir müssen auch ganz groß denken:

Haben Sie gewusst, dass es um 1900 in der Stadt New York 150 000

Pferde gegeben hat, die den Transport von Gütern und die Beförderung von Menschen erledigt haben? Zum Glück für diese Stadt wurde in dieser Zeit das Auto erfunden. Die 150 000 Pferde sollen nämlich pro Tag über 3 000 000 Pfund feste Ausscheidungen abgeworfen haben und dazu noch 40 000 Gallonen flüssiger Stoffwechselprodukte. Noch ein bisschen länger, und die Stadt wäre in Pferdeexkrementen erstickt.

Kaiser Wilhelm II. hat mal gesagt: »Ich glaube an das Pferd, das Automobil ist nur eine vorübergehende Erscheinung.« Wir wissen heute, dass mit der Erfindung des Autos die erste mobile Revolution alles verändert hat. Der wirkliche wirtschaftliche Erfolg war aber nicht das Auto selbst, sondern das Drumherum, das nötig und möglich wurde: die Straßen- und Autobahnbauer, die Hotelbetreiber, die Einkaufszentren am Stadtrand, der gesamte Handel und viele Dienstleistungen und Industrien mehr.

Der Pferdemist von damals sind heute die Staus und die Umweltbelastung, die wir durch das Auto erleben. Doch die zweite mobile Revolution und damit ein neues Denken in der Arbeitswelt haben längst begonnen. Wenn ich darüber spreche, verstehen mich viele gar nicht. Manche meinen auch heute wie damals Kaiser Wilhelm, dass es die Mobilität und die Arbeitswelt, so wie wir sie heute kennen, auch in den nächsten 20 bis 30 Jahren noch geben wird.

Doch Tatsache ist: Zwischen 600 000 und 2 500 000 Arbeitsplätze werden sich durch neue Berufsbilder verändern. Andere Schätzungen gehen davon aus, dass in den nächsten 20 Jahren durch die Digitalisierung, Künstliche Intelligenz, autonomes Fahren und ähnliche Disruptionen circa drei Millionen Arbeitsplätze in Deutschland vollständig verändert werden. In vielen Köpfen ist das noch nicht so richtig angekommen. Wir Deutschen sind eben eher die »Reaktionsweltmeister« als diejenigen, die sich auf das, was kommt, vorbereiten und antifragil einstellen.

Ich glaube, dass die vergangenen Herausforderungen, die wir Deutschen gemeistert haben – Mauerfall, Währungsreform, Eurokrise, Flüchtlingskrise –, sich im Vergleich zu den kommenden Herausforderungen wie der zweiten mobilen Revolution und den Veränderungen in der Arbeitswelt anfühlen werden wie Ferien auf dem Ponyhof. Und meine Botschaft dazu ist: Wir werden die kommenden Herausforderungen nicht meistern, indem wir abwarten. Die Veränderungen der

Arbeitswelt werden wir nur meistern, wenn wir uns jetzt und gleich mit dem, was kommt, auseinandersetzen.

Erfolg hat, wer mit Liebe führt. Warten wir nicht, verändern wir die Welt, machen wir etwas gemeinsam, fangen wir endlich an: Jeder in seinem Kosmos kann eine glückliche Arbeitswelt mit Herz und Verstand gestalten. Wir stehen am Ende doch erst am Anfang.

Meine Leseempfehlungen
Anselm Grün, Gerald Hüther und Maik Hosang: »Liebe ist die einzige Revolution: Drei Impulse für Ko-Kreativität und Potenzialentfaltung«. Herder, 2017.

Weltwirtschaftsforum: »The Global Shapers Annual Survey«:
http://shaperssurvey.org/

DANK – DANKBARKEIT KANN SO VIELES BEWIRKEN UND KOSTET NICHTS, GAR NICHTS

Als ich 1989 das erste Mal, es war Nacht und dunkel, nach dem Mauerfall in den Westen bei Wolfsburg mit meinem Trabi gefahren bin, war ich tief beeindruckt von der hellblau erleuchteten, leeren, sauberen ARAL-Tankstelle. Zu DDR Zeit war ich eben nur stinkende Warteschlangen an verdreckten Tanksäulen gewohnt. Bis heute verbinde ich diese Erinnerung mit Demut und Dankbarkeit. Es ist die Dankbarkeit, dass aus dem großen geschichtlichen Ereignis – dem Mauerfall 1989 – mir Freiheit und die Möglichkeit gegeben wurde, Gestalter meines Lebens zu werden und nicht Pechvogel der Umstände. Freiheit ist die Voraussetzung für Potenzialentfaltung.

Ich habe ein erfülltes Leben, nicht weil ich *ich* bin, sondern weil ich von anderen tollen Menschen aus Ost und West, Nord und Süd lernen durfte. Insofern gilt mein allererster Dank all jenen, denen ich in den vergangenen Jahren in meiner Arbeitswelt, im Alltag und bei meinen Vorträgen begegnet bin und mich mit ihnen in einem lebendigen Diskurs über Gedanken und Ideen einer glücklichen Arbeitswelt austauschen konnte.

Corinna, meiner Traumfrau, gilt mein Dank, weil sie mich die zurückliegenden 18 Jahre als Lebenspartnerin privat wie beruflich begleitet und hinterfragt hat und mich immer wieder erdet. Mit ihr will ich im Alter auf der Parkbank sitzen, sie küssen und Händchen halten.

Ich danke meiner Familie und meinem Bruder Heiko – ein großartiger Mensch. Wir sind all die Jahre füreinander da, beschützen uns gegenseitig und fühlen uns eng verbunden. Meiner Mutti und meinem bereits verstobenen Vati danke ich, weil sie immer für mich da sind, wenn ich sie brauche und gebraucht habe.

An der Entstehung dieses Buches war wesentlich meine Beraterin, Freundin und Schreibstimme Ulrike Scheuermann beteiligt. Sie hat mich bereits im ersten Buch »Erfolg hat, wer Regeln bricht« als Ghostwriterin begleitet. Danke, Ulrike, dass es dir gelungen ist, meine chaotischen Gedanken aus vielen Gesprächen heraus in eine lesbare Schreibstimme zu wandeln. Ohne dich wäre das Buch nicht entstanden.

Bei diesem Buchprojekt, das circa zwei Jahre gedauert hat, hat mich Ute Flockenhaus unterstützt, indem sie den richtigen Buchverlag, den Campus Verlag, Frankfurt/Main, für mich gefunden hat.

Patrik Ludwig, mein Verlagslektor, hat den stilistischen und inhaltlichen i-Punkt gesetzt. Mich hat immer wieder seine coole, ruhige Art, etwas auf den Punkt zu bringen, begeistert. Er ist eine echte Bereicherung für dieses Buch geworden. Darüber hinaus gilt mein Dank dem gesamten Verlagsteam. Es war eine inspirierende Zusammenarbeit.

Ralf Danndorf begleitet mich über 20 Jahre. Er ist ein genialer Grafiker. Mit seinen Zeichnungen und Cartoons lässt er Geschichten lebendig werden und bietet mit seinen Bildern Abwechslung zu den Texten der Kapitel.

Ich danke denjenigen, deren Geschichten ich in diesem Buch erzählen durfte und die mitgeholfen haben, dieses Buch authentisch, offen und lebendig werden zu lassen.

Meinen Finanzberatern Alfred Rührer und Antje Laß habe ich zu verdanken, dass ich meine Rechnungen immer pünktlich bezahlen kann.

Nancy, Corinna, Fee und Lisa haben mir dabei geholfen, dass das Manuskript bei meinem Verlag so fehlerfrei wie möglich abgegeben wurde. Ich stehe tief in eurer Schuld!

Ich danke Dr. Dr. Cay von Fournier und dem Team von Schmidt-Colleg. Das Lehrwerk »UnternehmerEnergie« ist in der FischerAcademy Wegbegleiter und Kompass geworden. Als Praxisreferent habt ihr mir seit vielen Jahren die Möglichkeit gegeben, mein Wissen an andere Unternehmer und Unternehmerinnen, Führungskräfte und Personalentscheider weiterzugeben.

Meinem Freund Frank »Vetti« möchte ich für die vielen Stunden danken, in denen wir über das Leben und die Denkweisen der neuen Arbeitswelt geredet haben.

Und ihr seid das beste Team der Welt: Nancy Bradtke, Marco Grunert-Hettwer, Corinna Fischer, Claudia Gurski, Janine Steinbrücker, Johannes Mehner, Laura Bungu, Marco Grunert-Hegwer, Christian Juza, Elke Dümont, Jacqueline Deutsch, Michael Stein, Peter Müller, Mario Hartinger, Winni Jacob, Andreas Schwarz, Daniel Lecker, Jan Fritzsche, Maximilian Schein, Ronny Werner, Mario Hartinger, Nadja Prinz, Frank Lober, Felix Hahm, Maria Bruder, Johannes Seeger, Udo Stegenta, Siggi und Miglena Hirschfeld, Michael Müller, Sebastian Zander, Oliver Haudek, Nico Klammer, Jacqueline Quaschning und unser Wachhund Alwin. Uns wünsche ich, dass wir dauerhaft begreifen, dass der Einzelne wichtig ist, dass wir das große Ganze jedoch nur in der Gemeinschaft finden werden. Mit euch zusammen möchte ich eine ethisch, würdevolle und ästhetische Beziehungskultur aufbauen, in der wir wie gelbe Dreiecke einander helfen, unterstützen und uns sprichwörtlich »über den Berg helfen«.

Letztendlich gilt mein Dank Ihnen, liebe Leserinnen und Leser, verbunden mit der Hoffnung, dass wir Mut haben, gemeinsam eine glückliche, liebe- und würdevolle Arbeitswelt zu gestalten.

Für Ihre Ideen, Anregungen, Vorschläge und auch Kritik bin ich gerne für Sie erreichbar. Schreiben Sie doch eine E-Mail an *mike@fischer-academy.de* oder rufen Sie an: 0171-6 25 00 14.

Ihr *Mike Fischer*

ÜBER DEN AUTOR

Mike Fischer ist Ausnahmeunternehmer und Querdenker aus Leidenschaft. Seit 30 Jahren ist er Fahrschulunternehmer, Gastronom, Bildungsträger, Auto- und Fachkräfteverleiher. Der Überflieger und Erfolgsredner strebt immer weiter – und ist zugleich bodenständiger Familienmensch, der nicht mehr verdient als die meisten Mitarbeiter seiner Firmen. Und vielleicht das Wichtigste: Er lebt – nachweislich – wovon er erzählt.

Aufgewachsen in der ehemaligen DDR gründete der Selfmade-Man nach der Wende aus dem Nichts seine Fahrschule, die heute zu den umsatzstärksten in Deutschland gehört. Mit damals fast undenkbaren Ideen wie einem Fahrschulinternat gelang ihm statt Umsatzrückgang durch die geburtenschwachen Jahrgänge eine Umsatzsteigerung von über 33 Prozent. Aus ganz Deutschland kommen seine Kunden nach Gera. Was er anpackt, wird zum Erfolg: So etwa baut er mit seiner Baufirma die Gebäude selbst, die er für seine Firmen braucht, aktuell das Projekt »FischerDorf«. Die Liste seiner Erfolge und Preise wird zwar ständig länger, doch viel interessanter ist, wie er seine Firmen aufgebaut hat und welcher Spirit sie trägt: sein unkonventioneller und leidenschaftlicher Führungsstil, der von Querdenken und Werten wie Ehrlichkeit, Fairness und Menschenliebe geprägt ist.

Längst kümmert er sich darum, wie er sein Wissen und seine Erfahrung an andere und die nachfolgende Generation weitergeben kann.

2014 erschien sein Buch *Erfolg hat, wer Regeln bricht: Wie Leidenschaft zu Spitzenleistung führt. Ein Ausnahmeunternehmer packt aus* beim Linde-Verlag, Wien.

Mehr unter www.mike-fischer.com bzw. www.fischer-academy.de